“十三五”上海重点出版物规划项目
上海市文教结合“高校服务国家重大战略出版工程”资
社会政策前沿译库

全球社会政策与治理

Global Social Policy and Governance

[英] 鲍勃·迪肯(Bob Deacon) 著
张广利 万胤婕 译

華東理工大學出版社
EAST CHINA UNIVERSITY OF SCIENCE AND TECHNOLOGY PRESS
·上海·

图书在版编目(CIP)数据

全球社会政策与治理 / (英) 鲍勃·迪肯(Bob Deacon)著;张广利,万胤婕译.—上海:华东理工大学出版社,2021.12

(社会政策前沿译库)

书名原文:Global Social Policy and Governance

ISBN 978-7-5628-6351-9

Ⅰ.①全… Ⅱ.①鲍… ②张… ③万… Ⅲ.①社会政策—研究—世界 Ⅳ.①C916.1

中国版本图书馆 CIP 数据核字(2020)第 272025 号

著作权合同登记号:"图字 09-2015-976 号"

策划编辑 / 刘　军

责任编辑 / 秦静良

装帧设计 / 王　翔

出版发行 / 华东理工大学出版社有限公司

地址:上海市梅陇路 130 号,200237

电话:021-64250306

网址:www.ecustpress.cn

邮箱:zongbianban@ecustpress.cn

印　　刷 / 江苏凤凰数码印务有限公司

开　　本 / 710 mm×1000 mm　1/16

印　　张 / 17.5

字　　数 / 277 千字

版　　次 / 2021 年 12 月第 1 版

印　　次 / 2021 年 12 月第 1 次

定　　价 / 138.00 元

社会政策前沿译库

从书序言

preface

社会政策一直以来被视作西方工业化与现代化的产物。市场作为资源分配的最重要手段面临失灵的困境，个人及家庭不得不面对各种风险，而传统的对抗风险的主体，如家庭、教会、互助组织在此过程中也面临变革及不确定性，因此国家干预成为大势所趋，福利国家的扩张与发展成为历史的必然。20 世纪 70 年代以后，社会政策的焦点才开始超越费边福利国家主义的狭隘边界，将市场、家庭、第三部门等其他多元福利提供主体重新带回理论争论中，重新反思福利权利与福利责任、福利多元治理等议题，以及对“国家福利是否值得追求”“为什么要去追求”等更深层次的意识形态问题进行探讨。

纵观 20 世纪 70 年代末福利国家危机以来，西方社会政策在实践上已有诸多变革。首先是福利市场化与私有化的改革。曾经的福利国家橱窗英国在撒切尔政府的带领下逐步开始福利市场化的改革，与强调“管得少的政府是最好的政府”的美国具有不谋而合之处。市场化及私有化理念在世界银行、国际货币基金组织、经济合作与发展组织的推动下被广泛传播，对全球社会政策的改革都产生了深远的影响。然而值得注意的是，大家已不约而同地开始反思福利市场化改革所带来的问题、市场化是否促进了社会政策中关于公平与正义的价值理念。其次是福利国家的类型化不断被打破。哥斯塔·埃斯平-安德森的《福利资本主义的三个世界》把资本主义福利制度划分成三种类型后，不断有新的福利国家类型被提出，比如地中海福利国家类型、东欧转型福利国家类型、东亚福利国家类型等。不同国家的社会政策改革总是具有一定的路径依赖性，同时又被打上时代烙印。而不断涌现的福利国家类型本质上体现了不同国家在福利治理上的因地制宜的实践。最后是社会政策的改革越来越强调对社会政策的评估，即政策中谁从中受益、谁没有受益、谁应该受益等。这与社会政策这一学科的独特性有关，与其他学科相比，社会政策更关注弱势群体，以及社会公平正义的价值取向。对社会政策的评估反过来可以对更加科学地制定和实施社会政策具有一定的促进作用。

与西方国家相比，我国的社会政策发展在理论和实践上都非常“年轻”。直到21世纪初，我国才快速步入了社会政策时代。一方面，这意味着我国社会政策发展面临前所未有的机遇，社会政策既作为社会的稳定器，同时又作为经济发展的助推器，在制度设计、原则确立以及推进方式上进行了多种创新实践。另一方面，也意味着我国社会政策的发展由于基础弱，尚面临诸多难题和挑战。

为推动中国社会政策研究和学科的发展，吸收和借鉴国际最新理论与经验，2015年年初，华东理工大学社会学系同仁决定引进翻译一批国际社会政策领域的前沿著作。历经多年的努力，这套《社会政策前沿译库》终于付梓。该丛书涉及社会政策理论、全球社会政策治理、环境社会政策、家庭社会政策等领域，涵盖了国际上社会政策各个分支学派的思想与智慧。希望这套丛书的出版能够为推动中国社会政策理论研究与实务发展做出一定的贡献。

何雪松

华东理工大学社会与公共管理学院院长、教授、博士生导师

目 录

contents

前　言

《全球社会政策与治理》是一本关于全球社会政策（GSP）、社会发展、国际关系和全球化的教科书，主要包括两个方面的内容：一是关于由国际行为主体（例如国际组织）所参与和推动的国家社会政策的发展与对策，二是关于作为新兴的超越国界的社会政策以及全球再分配、全球社会规则和全球社会权利机制等。

本书首先比较系统地回顾并梳理了各种国际行为主体参与制定的有关国家社会政策，并在此基础上，试图初步创建一个在区域和全球层面上跨国家的社会政策与治理的体系。这是针对新自由主义全球化主张的另一种发展方向或者是另一种选择，以便在全球层面上解决社会治理和改革的问题。本书所讨论的是一种关于全球再分配、全球社会规则和全球社会权利机制的更为系统的方法。但是我希望，这并非仅仅是相对于美国所主张的全球市场自由的新自由主义而简单地重述欧洲的全球社会改良主义，而是对当前在如何进行全球社会治理改革的争论中，试图引入来自南半球的社会现实状况进行分析，进而建立一种超国家和区域的社会政策理念和思路。同时，本书也是一项研究计划的报告。从 1997 年开始，我有幸主持全球化与社会政策方案（GASPP）的研究，这项由芬兰出资支持的项目主要包括两个方面的工作：一是审查全球化对国家社会政策和福利国家的影响及其证据，二是开始阐明和论证替代新自由主义全球化的方案。1997 年至 2004 年，我们先后举办了 7 次全球化与社会政策的研讨会，这些研讨会促进了全球化与社会政策项目团队研究思路的形成和优化。与该项目同时开展的，还有我所承担的一系列子项目。我和我的同事们的研究主要专注于以下几个方面：国际非政府组织在国际社会政策中所发挥的作用；

在国际医疗保障政策中，政府与私人合作模式的出现与发展；欧盟的外部政策以及咨询公司在国际政策推广中的作用；全球社会治理中的创新、社会政策对贸易措施的影响以及地域性的社会政策等。所有这些研究和所取得的成果，都影响着本书的方方面面。并且，本书的撰写还得益于我在过去 10 年中参加的大约 40 场学术会议、研讨会、专题讨论会，以及我所主持和参与的各种咨询项目。尤其是在解决世界银行（WB）、国际劳工组织（ILO）、世界卫生组织（WHO）、联合国儿童基金会（UNICEF）、联合国开发计划署（UNDP）、联合国教科文组织（UNESCO）、联合国经济和社会事务部（ENDESA）、联合国社会发展研究机构（UNRISD）、欧盟（EU）等有关全球社会政策及其组织治理问题等方面的研究与思考，为本书的成稿奠定了坚实的基础。这里需要感谢的是，在我所参与的这些会议及各种咨询项目中接触和合作的国际机构的公务员及学者们，他们对促进和推动全球社会政策转变（在反全球化运动中所形成的更广泛的社会政治语境），即从 20 世纪 80 年代和 90 年代占主导地位的有针对性地缓解贫困，转变为关注高质量公共服务的普遍化，起到了重要作用。

本书研究的重点是关于在超国家层面上的社会福利衔接和全球政治问题，而不仅仅是讲述全球化如何对某个特定国家产生影响，或全球新自由主义的经济压力对一些福利国家的改变及其程度。当然，这一全球性的政治进程也影响到了特定的国家，这在本书中也有所体现。关于这个主题，我将在另一本书中详细回顾和阐述，主要涉及国家层面的具体业务活动，以及世界银行、联合国开发计划署、国际劳工组织、国际非政府组织对特定国家的影响等。

本书共分为 8 章。第 1 章对社会政策与全球化的概念进行界定，并充分考虑到全球化对国家层面及全球层面制定社会政策的影响。第 2 章主要回顾世界银行的社会政策。第 3 章主要回顾国际货币基金组织（IMF）、世界贸易组织（WTO）、经济合作与发展组织（OECD）的社会政策。第 4 章主要回顾国际劳工组织、世界卫生组织、联合国教科文组织、联合国开发计划署、联合国经济和社会理事会（ECOSOC）以及联合国儿童基金会的社会政策。第 5 章阐述国际非国家行为主体所主张的社会政策，包括全球智库、知识网络、全球商业和全球公民社会等。第 6 章重新审视全球再分配、全球社会规则和全球社会权利衔接的产生机制。第 7 章分析全球社会政策治理的制度和过程的合法性与有效性，以促进全球社会政策的发展与实施。第 8 章考虑到已经发生的所有的现实影响，为确保国内及国家之间更为广泛的社会正义和政治策略，对全球范围内的社会政策进行了分析。

另外，本书的章节结构与每四个月在期刊 *Global Social Policy* 上刊登的“全球社会政策摘要”有着密切的联系。这些联系是：第 2 章至第 5 章的内容对应于摘要中的国际行为者和社会政策，第 3 章世界贸易组织部分对应于摘要中的贸易与社会政策，第 6 章对应于摘要中的全球社会政策：重新分配、规则与权利，第 7 章对应于摘要中的全球社会治理。通过网络资源链接可以看到和使用 www. gaspp. org 网站上预刊登的“摘要”草稿版本。

1　社会政策的国际化与全球化维度

本章内容主要是关于社会政策和全球化以及目前全球化对社会政策进程的影响。这里主要提供一些思考社会政策和全球化的方式，回顾全球化影响社会政策的5种路径和全球化影响下社会政策的研究方法，以及提供一种在全球化背景下国家和全球社会政策变革的解释框架。

本章所讲的社会政策既是一种学术活动，又是一种政府及其他机构所采取的关于公民社会福利的实际行为。本章的一个重要论点是，无论是社会政策分析者的学术行为，还是社会政策制定者和实践者的具体活动，都不能不考虑到全球化过程中的经济、政治和社会生活等方面的影响。这里存在两种方向相反的现实状况：就个别国家的社会政策而言，全球化进程对国家社会政策的内容产生很大影响；而在区域层面或是全球层面，经济、政治和社会生活的全球化又带来了被视为超越国家的社会政策的产生。对任何一个国家制定的社会政策的理解，都无法脱离其所处的全球化环境。社会政策要求解决的许多社会问题都具有全球性维度，这样一来，就需要超越国家层面的社会政策进行应对。进入20世纪80年代以后，就出现了社会政策全球化和全球政策社会化的发展趋势，其中表现之一是在8国首脑会议（G8）的议程中，出现了越来越多的关于全球贫困和健康的内容。

1.1　社会政策

社会政策作为一个学科领域或研究领域，人们对它的理解和认识通常有两种：一种观点认为，社会政策与经济学、社会学、政治学等社会科学没有密切的联系，社会政策仅是关于社会保障福利或医疗保障体系的管理和应用性问题。另一种观点与前一种理解正好相反，认为社会政策可以借助经济学、社会学、政治学等社会科学，更好地来研究人类的需求和满足世界人民的社会福利，并有助于提高社会公平与规范等问题。以下是对于社会政策的一些主要的界定。

1.1.1 作为部门政策的社会政策

社会政策的学科领域或研究领域可以通过有关各方达成共识的方式进行界定。在某个层次上，社会政策是关于公共医疗卫生服务、社会保障或与社会保护、教育、住房、庇护所等相关的政策与实践。这是通过部门政策的方式界定的社会政策研究领域，这种界定在发达的福利国家中得到广泛使用，并越来越多地被应用到发展中国家（Hall and Midgley，2004；Mkandawire，2005）。对于社会政策的这种界定，常常会把公共事业（如水与电等）纳入社会政策的分析框架中，并采取诸多实施措施，对保障不发达国家的人口福利具有重要作用（Gough and Woods，2004）。但本书认为，社会政策的提出最初是基于福利国家的兴起，对发达国家福利及其发展的研究，而这种部门的社会政策界定不利于对发达国家的兴起及其福利进行整体性研究，并且有可能对诸如重点扶贫的社会政策产生破坏，甚至对社会公平和社会政策的普遍性产生损害。

1.1.2 作为再分配、监管与权益的社会政策

另一种对于社会政策学科领域的界定是为了表明某一国家的社会政策，即政府运用政策、机制、程序，与其他行为者共同作用，调节经济活动中的分配和促进社会公平。再分配机制的改变，经常是以一种更公平和更平等的方式对经济活动的结果进行分配。监管活动界定和限制着商业及其他私人行动者的活动，使其能够更多地考虑到他们的行为所产生的社会效果。权利的衔接与立法是保证公民获得自身权益的有效机制。全球最发达地区合作组织（欧盟）的社会政策同样包括了跨越国界的超国家机构的再分配、跨越国界的监管与跨越国界的权利运作等。

1.1.3 作为解决社会问题的社会政策

当考察一个国家的福利政策及其运作时，社会政策学科领域的界定路径一般是列出社会政策分析的各种问题。换一种说法，作为学科领域的社会政策就是社会政策学科要做什么。一个标准的社会政策文本（Alcock et al.，2003）会列出社会政策分析者所关注的概念：社会需求和社会问题，权利平等与社会公正，效率、公平与机遇，利他主义、互惠与义务，分工、差异与排斥。具体如下：

• 社会公正：这个概念意味着什么？如何实现？政府或其他行为主体如何保障公民的社会公正？经济效益和社会公正之间的平衡可能就体现在这里，包括分配、再分配和目标实现机制。

• 社会公民权利：当其他社会科学关注社会公民的民事和政治方面的权利时，社会政策分析者关注的是公民的社会权利，即关注哪些社会权利是公民期望他们的政府能够在一定的领土空间内给予保障并可获得的。

• 普遍性与多样性：社会公正与社会公民权利是如何在各方面都得到保障的同时，又兼顾多样性与差异性的？多元文化的存在与福利服务需求的差异，需要确保机会均等和反对各种歧视等社会政策。

• 自治权与保障：社会政策在多大程度上促进了个人和群体对社会需求的自主性表达，使他们能够行使选择权并施加影响？这种途径如何能与上述保证条款相协调？

• 机构的设定：国家、市场、公民社会组织和亲属等是否应该满足人口福利需求，比例如何？

• 谁来照顾？照顾行为应该是一种私人事务（在更多的情况下是指成人对子女、老人、家属、家庭等的责任和义务），或者是一种由国家制定标准的公共事务，是否把照顾工作的性别分工看成一个社会政策问题？更宽泛地说，社会政策分析者关注的是利他主义与义务的社会问题，谁该来为此负责？

1.1.4 作为社会福利理论研究的社会政策

就作为社会福利理论研究的社会政策而言，社会政策分析者已经发展了两类社会福利理论的社会政策标准：一类主要涉及反映和评估各国向其公民及居民提供福利的各种方式，另一类提供了社会政策发展与福利国家差别的解释方法。大多数试图将福利国家进行类型化分类的方法都是由埃斯平–安德森（Esping-Andersen，1990）的自由主义、社团主义、社会民主主义的“三重类型”开始的。它们的区别在于其组织原则、提供的资金基础以及针对不平等政策的影响等方面。像美国这样的国家强调通过市场发挥更大的作用。

社团主义的福利国家（例如德国和法国）是基于俾斯麦的保险模型，通过服务期限来反映所得的利益的。相反，社会民主主义的福利国家（例如瑞士）强调国家对公民进行普遍的税收资助。这个差别可以在表 1.1 中看到。

表 1.1　发达国家的福利体制比较

福利国家类型	组织原则	去商品化指数	对不平等的影响
自由主义	市场	低	低
社团主义	工作场所	中：国家保险	反映在工作中的不平等
社会民主主义	公民权	高：免费的使用点数	高

注：参见关于东亚福利国家生产方式的文献。

这里需要强调的是霍利迪（Holliday，2000）所描述的第四世界的“生产主义”福利。他和其他学者（Goodman et al.，1988；Ramesh and Asher，2000；Rieger and Leibfried，2003）认为，东亚低福利支出国家，可以通过在国家主导的经济规划中增加某些福利需求议题，以及高度规范个人的责任和行为（例如强制储蓄）来确保福利需求的满足。这里，通过国家获得社会权利不是社会政策的核心部分，而是鼓励家庭和企业关注它们的社会责任。

还有学者关注了福利国家对妇女的关照程度，考察了不同的制度是否能够满足妇女不同的职业福利需求。一种类型学研究（Siarrof，1994）对其做了较好的区分：

• 新教的社会民主主义福利国家（瑞士）：在这类国家中，国家代替了私人护理，妇女在公共服务中获得就业。

• 基督教民主福利国家（法国）：支持妇女在家中的照料职能，但不让妇女与男性在平等的条件下轻松进入职场。

• 新教自由主义福利国家（美国）：对妇女在家照料的工作模式提供有限的支持，并在就业平等方面提供一定的帮助，但是这在很大程度上取决于市场上私人提供的服务。

• 近代妇女运动福利国家（希腊、日本）：关于妇女获得工作的机会或支持妇女在家照料职能的问题才刚刚进入政策议程。

这些不同的福利制度也常常被用来评价某些国家对待少数民族的友善程度。相比较于一些斯堪的纳维亚国家提供的正式平等机会政策和多语教育机会，这里需要特别关注德国和日本的福利体制内，少数民族公民权利状况的内外部影响因素（比较社会政策文献综述，见 Kennet, 2001, Chapter 3）。

古丁等（Goodin et al., 1999）学者提供了在三种世界中对三个典型国家——荷兰（社会民主主义）、德国（社团主义）以及美国（自由主义）——的福利制度进行纵向研究后的评价。他们对这三个国家过去的某些福利标准（包括贫困程度、社会排斥程度、经济效率和提供公民生活选择的能力）进行了经验研究。这些学者认为，从有关指标来看，社会民主主义福利国家优于社团主义福利国家，也优于自由主义福利国家。正是这种经验性结论，加上人们对此类政权取得成功的看法，引发了一场关于全球新自由主义计划对社会民主主义的威胁的激烈争论。

1.1.5 社会政策与福利国家发展的阐释

最初的社会政策研究，从蒂特马斯（Titmuss, 1974）的“道德”或“社会良知”研究，到里姆林格（Rimlinger, 1971）、威伦斯基和勒博（Wilensky and Lebeaux, 1958）的“唯物主义论”或“工业主义的逻辑”研究等，在解释福利国家发展时，均未能很好地诠释其多样性。之后，海登海默等（Heidenheimer et al., 1991）关于“多元主义论”或“政治问题论”的研究，高夫（Gough, 1979）关于“马克思主义”或“阶级斗争”的研究，科尔比（Korpi, 1983）关于“权利资源”（或“民主的阶级斗争”）的研究等，对福利国家的多样性进行了合理的解释。尤其是从高夫和科尔比的论述中我们可以获悉，社会民主主义福利国家都伴随着高度的工人阶级运动和政治动员，自由主义福利国家则缺乏这两个因素。而塑造跨阶级的联盟和团结的形成也是普遍福利国家的一个重要组成部分。中产阶级也被纳入斯堪的那维亚福利国家解决方案，以确保满足其所需要的高质量的普遍服务。与此明显不同的是，德国和法国的保守政权通过与工资相关的福利来满足中产阶级的需要，在某种程度上使中产阶级享有特权。关于这些类型，威廉斯（Williams，1989，2001，2005）做了进一步的解释。她认为，研究社会政策和福利制度不仅要考虑福利国家的阶级关系因素，也要考虑福利国家的性别和多民族友好的因素。威廉斯认为，随着“工作、家庭、国家话语”概念的兴起，特殊福利国家解决方案不仅是阶级而且是性别及民族斗争的结果，这些因素与工作（谁应该得到它，它应该如何被奖励?）、家庭（由谁来照料谁，如何照料?）、国家（就福利获得而言，谁是局内人，谁是局外人?）等共同作用于社会政策和福利制度领域。

接下来，本节将转向对全球化进程的思考。要做到这一点，我们将回顾和描述社会政策主题领域的几种方法，并提出问题：

• 全球化如何去影响被理解为健康和社会保障等服务部门提供的社会政策?

• 全球化是如何改变社会政策分析家研究再分配、管理规定和权利问题的方式的?

• 社会公平、公民权利、普遍性与多样性、机构设定、家庭照料责任等这类问题在全球范围内将会如何变化?

• 全球化是否鼓励发达的福利国家与发展中国家采用和选择一个或多个不同的福利国家模型?

• 全球化如何改变我们对社会政策发展的解释？它是如何改变阶级、性别和种族关于社会福利斗争的?

1.2 全 球 化

全球化有两种含义：一种是拓宽、深化和加快当代生活各个方面全球互通性的一个最初设想（Held et al.，1999）；另一种是世界各地社会现象的相互影响和互联互通的倾向，或者是社会行动者之间具有的世界意识（Therborn，2000）。

当社会学家谈论全球化时，他们谈论的是一个时间和空间缩小的过程，即世界某一地区的社会现象与其他地区的社会现象变得更为密切相关。但这种将跨国关系作为理解全球化关键的观点，与当前关于全球化或反对全球化的争论的主题并不相同。通常，关于全球化或反对全球化的争论与冲突大多集中在特定的国际政策和实践领域，主要是经济方面以及全球化政治的形式等，而不仅仅是时空收缩的事实，这说明全球化涉及更广泛的领域和过程。本书认为，全球化正在发生，全球性的和国家的社会政策正在被全球行动者所关注，从这个意义上来说，全球化是无可争辩的和不可逆的。大多数评论家认为全球化包含了许多方面——经济、政治、生产、社会和文化等。全球化的各个方面所反映出的程度和范围是：

- 以货币交易为依据增加外国资本的流入；
- 在世界其他地区的外国直接投资显著增加；
- 通过有关政策增加世界贸易，减少贸易壁垒；
- 跨国企业有关生产份额增加；
- 随着技术的发展，在全球范围内实现生产的互联互通；
- 以工作或劳动为目的的人口流动增加，包括合法的和非法的人口流动；
- 全球范围内沟通方式的变化，包括电视与互联网；
- 全球化或“麦当劳式”的文化生活。

全球化的这些过程以及与其相关的现象，反过来又引起全球民间社会的出现，共享一个共同的政治空间。当经济活动变得更加全球化时，我们看到了全球民间社会的诞生。然而，全球政治却往往落后于这些发展。它们在很大程度上仍停留在早期政府间协议的历史阶段。事实上，全球政治制度改革如何才能更好地促进全球社会政策与治理是本书的一个重要主题，这将在第 7 章中讨论。

赫尔德和麦格鲁（Held and McGrew，2002a）阐述了关于全球化政治立场的类型学研究：

• 新自由主义派欢迎自由市场经济的全球化；

• 自由国际主义者仍然认为，世界本质上是由国家通过联合国系统互相合作的；

• 机构制度改革者认为，全球化扩大了国际治理改革方面的需要；

• 全球改革者将全球化视为一个时代变化的过程，并寻求强化全球社会治理及社会责任的全球化；

• 统计学家/保护主义者认为全球化是一种危险，并通过贸易壁垒的方法寻求保护他们国家的社会发展；

• 马克思主义者与地方主义者希望通过后资本主义世界秩序或以可持续的方式重新培育当地生产来取代国际资本主义全球化。

本书所采取的政治立场处于制度改革者和全球改革者位置之间，含有以上马克思主义者与地方主义者的很多论点。

1.3 全球化对社会政策的影响

本书认为，当前的全球化通过以下方式影响着社会政策的研究领域和具体实践：

• 在相互竞争的世界中建立福利国家：这引起了人们的忧虑（Mishra，1999），但不一定能够实现（Swank，2002）。在避免福利掣肘的竞争中，各国因担心失去资本投资而减少福利承诺。这就涉及什么样的福利国家或社会政策最具有国际竞争力，而同时又不会破坏社会稳定和团结的问题（Scharpf and Schimdt，2000；Sykes et al.，2001）。现有证据表明，在北半球实行的公平的社会政策是可以持续的（Swank，2002；Caslles，2005），而在新自由主义的环境下，在南半球可能不太容易复制北半球的社会政策。

• 让新的主体参与社会政策制定：国际组织如国际货币基金组织、世界银行、世界贸易组织（简称“世贸组织”），联合国机构如世界卫生组织、国际劳工组织等，更多地成为国家社会政策制定的参与者。这就产生了国家社会政策的全球话语。对于理想的国家社会政策，即使是国内福利政策的制定，也不可避免地要涉及全球维度，即包含了国际组织内部及国际组织之间的一些思想和论点。东欧原来的一些社会主义国家就养老保障制度与世界银行及国际劳工组织的争辩和斗争就是一个经典的案例（Deacon，1997，Holzmann et al.，2003，同样可见本书第 2 章至第 4 章）。

• 关于社会政策中的再分配、调节和权利等问题：在一个既有区域［欧盟（EU）、东南亚国家联盟（ASEAN，东盟）、南方共同市场（MERCOSUR）、南部非洲发展共同体（SADC）等］又有全球维度的超国家层面，自由主义福利国家与社会民主主义福利国家关于经济政策、社会政策的争论和斗争，已在全球和区域内展开。新的自下而上的全球社会运动已进入人们的视线，并可能有助于全球福利政治的改革（O'Brein et al.，2000；Yeates，2001；Scholte Schnabel，2002；Munck，2005；见第 5 章）。在全球再分配过程中，无论新自由主义全球化是否应该为社会改革主义全球化让路，有关监管、权利的社会政策和机制都可以得到改革与发展（见第 6 章）。本书在第 7 章中讨论了这些变化所引起的全球社会治理机制的改革。

• 全球私人市场的形成：自由贸易增加了私人医疗与医院机构、教育机构形成的可能性（主要是美国和欧洲），社会服务机构和社会保险公司在全球范围内的经营得益于自由贸易和全球私人市场。在这种发展背景下，本书在第 3 章中将深入探讨如何在一个国家中维持跨阶级的团结（Sexton，2001；Mackintosh and Koivusalo，2005；Chavez，2006；Holden，2006）。

• 挑战基于领土的福利权利与义务的全球运动：近期争论较多的是关于移民数量在欧盟的扩大，导致了对新移民的福利权利的限制以及一个双层福利国家概念的出现，但并未考虑到欧洲福利国家也需要移民劳工这个事实（Jordan and Duvell，2003；Thomas，2005）。在这里，出现了另一种体现社会公正的社会民主主义福利国家模式。从新移民的角度来看，这种福利国家更容易接受新移民及其福利需求（尽管是“较低”的福利和权利水平）。移民对发展中国家的福利同样带来深远影响，这包括来自福利国家的富有经验的劳工（医生和护士）以及对国外汇款的依赖。国际护理链已经在这种背景下开始出现（Ehrenreich and Hochschild，2002；Yeates，

2004)。因此，人口迁移突破了领土边界，它被视为既预示着全球团结和全球民间社会的形成，又促进了家庭、宗教与种族的重新团结。这些问题将在第5章内并且被放在全球社会运动的背景下来讨论。

以上我们比较广泛地讨论了全球化作为一个学科领域、作为一个政府和有关行动者的实践对社会政策的影响。结合前文对社会政策界定的五个方面，现总结如下：

把社会政策理解为部门的社会政策（卫生、教育、社会保障等），有两种情况比较引人关注：一是国际组织的作用（见第2章至第4章）是通过贷款、有条件援助或技术援助来影响国家的社会政策。我们看到，目前实际上有两个全球卫生部门、两个全球教育部门和两个全球社会保障部门。在20世纪50年代至70年代，联合国机构的设立及其发生影响期间，全球有关部门政策的建议大多来自世界卫生组织、联合国教科文组织和国际劳工组织。到了20世纪八九十年代，世界银行在其贷款政策和实践中增加了社会部门，并开始与联合国社会机构产生竞争。世界银行对于发展中国家的卫生、教育和社会保障的政策建议，往往与由联合国机构给出的建议不一致。另外，世界银行在财务和专业人员方面比联合国有关机构具有更好的和更强的感染力。另一个是全球范围内提供的医院、养老基金，以及私人提供教育的范围正在逐渐扩大。在全球化的背景下，社会福利的政府供给正在转向私人供给。

把社会政策理解为再分配、监管和权利的政策，也存在一定的问题：第一，全球经济竞争在很大程度上影响到一个国家的税收能力，在这种情况下，有哪些国家、在多大程度上能够进行重新分配常常受到怀疑。第二，由于对资本外逃的恐惧，一个国家对企业强制执行的一些社会规则也开始出现了问题。这样，社会权利的保障就变得更加困难。如果一些资本为了逃避国家的管理而被转移到国外已是现实的话，那么当前的政治任务就是在区域和全球层面重塑这些规则。如果全球经济具有同样的社会目标，那么全球税收以及面向实现全球社会权利的全球规则就变得必不可少（见第6章）。

一旦把社会政策理解为所关注的社会正义、公民权利、社会福利的普遍性和多样性，以及机构提供的照顾责任等问题，就会产生许多想法和观点，这将在后文中进一步做出详细的阐释。全球化时代的社会公正问题具有国际性维度，一个国家内的社会公平如何与跨国境的社会公平保持一致？这既涉及哲学层面，也涉及政治层面。罗尔斯的正义论就经常被用作标准来判断资本主义社会的社会公平。在这里，只要由此产生的经济增长能够提高贫困人口的收入水平，一定程度的不平等是可以理解的。人们试图在国家之间重新制定这一原则（O'Neill，1991；Pogge，2002），这就涉及全球化研究中一个非常有争议的问题，也就是新自由主义的全球化观点，即允许在国家内部和国家之间存在不平等，这样可以提高全世界贫困人口的生活水平（Dollar and Kllay，2001；Milanovic，2003）。在政治方面，问题是南半球贫困国家是否能够与北半球境况较好的贫困国家结成同盟，使它们的境况得到改善，但同时又可能会面临不可接受的损失。这具体表现在围绕全球劳工立场和其他政策问题方面的冲突（见第 3 章至第 5 章）。

全球化过程中的公民权利存在明显的双重性：一方面，在民主比较发达的资本主义国家领土空间内，所有人的公民权是能够得到保障的；另一方面，它又是建立在排除了这个国家以外的公民的权利之上的。在 20 世纪的最后几年里，我们已经看到，一些国家在深化和加强公民权利与其他权力的同时，收紧并限制移民寻求获得这些相同的公民权利。

发达国家和地区（包括欧洲）已经出现了体现这一发展趋势的超国家公民权利，与此同时，欧洲内部也在制定和加强对外来人员的排斥政策，这引发了人们对于超国家公民权利的怀疑。但无论如何，双重国籍移民劳工的公民权利概念以及全球公民权利已经进入了社会政策分析家的主流话语和国际政策的实践领域。这个问题将在第 6 章中进行深入探讨。

关于一个国家社会福利的普遍性和多样性问题，社会政策分析者与制定者的分歧往往体现在：如何在尊重文化多样性的同时，又能够促进人类普遍需求的实现。就全球化加剧了跨境移民的压力而言，这一政策问题对任何一个国家来说都变得更加紧迫。这里涉及归属与认同的问题，人们往往呼吁东道国给它们国家的新移民一个更确定的承诺，使新移民在一个易于沟通的世界里增加保持身份认同的可能性。我们将在第 5 章和第 8 章中看到类似的讨论以及在世界范围内产生的政策选择。联合国颁布了一套普遍人权以及经济、社会及文化权利公约。然而，这些权利遭到了由宗教激进主义价值观影响的国家的怀疑：是否有可能在全球秩序中维持一种“普遍的权利”，包含世界各地的社会权利？南半球的一些人认为这种“普遍权利”是由非常自利和虚伪的北半球政府颁布的。

在一个相互联系又非常复杂的世界中，哪个机构应该而且能够为某个群体（国家、市场、公民社会组织、家庭）提供福利需求，尤其是那些在全球经济中试图发展其福利的国家。高夫和伍兹（Gough and Woods, 2004）在他们的著作中有针对性地论述了这一点（在表 1.2 中总结）。他们认为，这些可能的机构应该是那些具有国际维度的组织。福利提供者不仅可以是一个国家政府，也可以是国际组织。学校教育不仅可以由国家、私人公司来提供，也可以由全球教育机构来提供。社会福利机构——如乐施会（Oxfam）——不仅可以由当地的非政府组织协助来组建，也可以由国际非政府组织来组建。个人照料不仅可以由亲戚、亲人来负责，也可以通过国外汇来的款项雇人照料。

表 1.2　全球福利组合

	国内的	超国家的
国家	国家政府	国际组织
市场	国内市场	全球市场、跨国公司
社区	国内非政府组织	国际非政府组织
家庭	一家人	国际家庭策略

来源：Gough and Woods（2004：30）。

社会政策学者和决策者关心的最后一组问题就是健康照料的义务和责任。社会政策分析家已经论证了按性别和种族划分的健康照料（Williams, 1989；Sainsbury, 1996；Daly and Rake, 2003）。女人照料男人与儿童，黑人服务白人。在一般情况下，妇女可以在家里更好地做照料男人和家属的工作。即使是在护理工作公共化和制度化的国家，女性在一定程度上还是承担了照料工作的主要角色。黑人和少数民族劳工则承担了公共机构中更大份额的技能较低、强度较大的照料任务。作为本书的观点之一，全球化拓宽了照料工作中性别、阶级与种族的责任范围，使其分配方式多样化，同时又促进了包括最富和最贫穷国家中妇女家庭照料责任的分担。例如，在美国，白人中产阶级女性和男性的照料工作由黑人或西班牙裔移民工人来承担。与此同时，世界银行已经接受了这样的观点，即投资妇女教育是加速人口向小型化家庭转变的好方法，并减轻了妇女家庭照料的负担。然而在经济全球化的同时，也不可避免地会把女性带入血汗工厂或国际性交易中。

从持有不同社会政策理念的福利国家来看，全球化带来的问题是能否推动某一个国家成为某种类型的福利国家。赛克斯等（Sykes et al.，2001）指出，虽然一些学者（Mishra，1999）认为新自由主义全球化将推动各国采取自由（liberal）或剩余（residual）的社会政策，但其他一些学者则认为，发达国家可以免受这种全球经济压力的影响。赛克斯总结说，对于欧洲来说，全球经济压力确实对一个国家的社会政策产生了一定的影响，但这种影响的本质取决于福利国家的类型。鉴于自由主义福利国家的政治主张在很大程度上是可持续的，它们更有可能变成更加民主自由的社会福利国家，而保守主义福利国家是最受挑战也是最抗拒改变的。我（Deacon，1997，2000a）认为，对于东欧国家来说，是政治的全球化而不是经济的全球化，影响着国家对社会政策的考虑，特别是当这些国家在受到世界银行和其他国际行为者的影响时。柯沃（Kwon，2001）表明，在全球化的影响下，东亚国家的社会福利至少已经变得使更多人受益。泰勒（Taylor，2000）还展示了在全球化的背景下，一些中等收入国家是如何增加公共福利支出的。然而，对于大多数中、低收入国家来说，在华盛顿共识产生影响期间，拉丁美洲、非洲和南亚大部分地区处于萌芽状态的国家福利服务遭到破坏，取而代之的是有针对性的和剩余的社会政策，这仍然是事实。

最后一个问题是，全球化是如何改变我们对社会政策发展的理解的？它对阶级、性别和种族的福利斗争有什么影响？这一问题引导我们进入下一节的讨论。

1.4 在全球化背景下学习和理解社会政策

社会政策作为一项学术活动，借鉴了政治经济学，阶级、性别、种族和制度政治学，以及社会学等理论来解释福利国家的发展和福利国家的多样性。然而，考虑到在全球化背景下国家社会政策所发生的变化，以及针对超国家或全球社会政策的出现，人们必须思考：这些理论是否还能给出合理的阐释，是否已经过时，是否需要跨到其他学术领域去寻找能够给出合理阐释的理论？

本书认为，在全球化背景下，对于国家社会政策的变化以及超国家的全球社会政策的解释，需要借鉴发展研究的成果、国际关系和国际组织理论、政策转移与扩散研究文献、全球社会运动研究、霸权斗争的概念以及一些新的全球政策的民族志。在这些复杂的知识框架中，某些概念可能会具有特殊的解释作用，这些概念所涉及的是一些福利制度理论（如不同的福利国家的政权理论）（Gough and Woods，2004）、复杂的多边主义（O'Brien et al.，2000）、全球政策倡议联盟（Orenstein，2004，2005）、全球知识网络（Stone and Maxwell，2005）和政治的规模（Clarke，2004b，2005；Gould，2005；Stubbs，2005）等。

在发展研究文献中，直到最近才出现了关于社会政策的话语（Hail and Midgely，2004；Dani，2005）。发展研究所关注的是基于一定特权基础上的经济发展和有关概念的拓展，特别是在有海外援助政策和干预的非洲，突出体现在扶贫、生殖保健和基础教育等领域。社会政策分析与发展问题研究领域的专家，通过对话提出了一个很好的观点（Gough and Woods，2004：32）。他们讨论并论证了埃斯平-安德森（1990）应该把“福利制度理论”更名为“福利国家制度理论”，并将它有效地运用于解释那些发达的经济合作与发展组织（以下简称“经合组织”）成员国。根据高夫和伍兹（2004）的观点，全世界的国家可以被分为三元的福利制度，它们是：经合组织成员国的福利国家制度；非正式的保障制度，包括农业经济与其他经济形式并存的不甚明确的社会政策模式；无保障的制度，包括在一定程度上受资本主义掠夺而处于崩溃状态的国家。

某些特定国家的社会政策制度，在高夫和伍兹的文献中，被描述为福利国家制度与非正式保障制度的混合体。因此，巴里恩托斯（Barrientos，2004）认为，20 世纪 90 年代的新自由主义改革之前，拉丁美洲作为一个整体可能具有非正式保守主义的特征。因为其小型的经济部门以工作为基础，与工资相关的福利来自欧洲。改革之后，许多国家让位于以市场为基础的由私人供给，为穷人提供了剩余的安全网，该制度后来被称为自由的非正式制度。我们将在下一章中讨论世界银行和其他全球性的行动者对这些改革的推动，以及对部分拉丁美洲保守福利国家形成的冲击。其原因可能是，在欧洲背景下，一个保守福利国家的普遍福利所代表的是一种为了社会公平和社会正义事业服务的国家权利，而在拉丁美洲的背景下，只是为一小部分经济部门和个人（仅仅针对一些特权阶级而不包括大多数人）提供了这种社会福利。在后殖民时期的非洲和南亚，其国家福利政策也存在同样的情况。这些国家的新的精英阶层总是试图保存和发展当时在贫困情况下，由殖民者留下的城市医院、城市大学以及公务员养老基金等。作为世界银行及其他国际行动者，以农村贫困人群的名义抨击这些“特权堡垒”并不困难。但事实是，在过去 20 年的发展研究话语与实践中，批评这些“飞地式”的福利制度，反而使普遍国家福利的观点受到贬损乃至消失。

在政治学家们的著作及分析中，全球化背景下的国际关系被分割成了现实主义和世界主义民主的两个极端。现实主义者仍然从一个主权国家的角度，用委托代理理论，把国际组织的政策看成国家间交易的产品。对于世界主义民主者来说，世界层面的管理正在改变着全球治理系统的方向，随着全球化进程的推进和众多参与者的影响，一个新兴的全球性规则系统将会出现（Held et al.，1999）。在以国家为中心的现实主义者中，大多数国际关系理论家都非常关注的是，大量非政府的私人行动者和组织是以何种方式进入新兴的全球治理体系中并展开竞争的。乔斯林和华莱士（Josselin and Wallace，2001）在研究中对此进行了梳理，认为这些非政府的私人行动者和组织应该包括跨国公司、全球知识精英或网络和国际工会和私人军队等。它们都应该属于国际非政府组织（INGO），因为这些行动主体已经进入了全球政治空间，而且处在形成初期、尚不完善的正式全球治理体系中，它们还通过私人行为对全球进行监管活动。这些国际非政府组织，在许多领域内发展了能够进行自我管理的国际非正式制度（Hall and Biersteker，2002），并逐渐成为全球或至少自下而上的跨国社会运动的主要力量（Porta et al.，1999；Kaldor，2003；Scholte，2005）。有些问题，诸如世界贫困问题、跨国税收问题、国际劳工标准以及贫困国家药品获得等，如果没有国际非政府组织的出现，就不可能在 8 国集团或世贸组织的会议上进行讨论。世界社会论坛（WSF）为了与世界经济论坛（WEF）提供的组织空间相匹配，也试图为这些活动提供一个全球组织的空间。

有一项研究是非常有意义的，它聚焦于全球社会运动是如何与多边经济制度政策相互作用和影响的（O'Brein et al.，2000）。它通过对世界银行和妇女运动，世贸组织和劳动力，世界银行、世贸组织与环境社会运动等相互关系的研究得出重要结论：

> 研究强调，在国际制度形式与全球社会运动之间的联系中，国家只是作为各种交锋和斗争的一个维度。多边经济机构与全球社会运动之间也可以直接联系，不需要国家作为中介。国家和跨国的社会力量都是决定国际秩序和组织性质的重要因素。（2000：234）

这些学者用“复杂的多边主义”来阐释这种现实状况，其中，现实主义者非常关注那些与国家间相互作用同时并存的一系列新的跨国权力的运作和动态，并认为国际组织及全球社会运动在全球范围内具有一定程度的政策自主性。这个框架有利于我们解释国际组织是如何对国家社会政策形成多方面的影响的，其中也包括全球社会运动对国际组织社会政策的影响。

这个结论表明，在全球社会政策领域内，国家、国际组织和全球社会运动行动者等之间的争论将会不断重演。这个结论还有利于我们质疑发展研究与国际关系研究方面的成果。但博厄斯（Boas）与麦克尼尔

（McNeill）在关于若干国际组织包括世界银行、世界贸易银行、经济合作与发展组织的政策研究中却得出了比较悲观的研究结论：

> 强大的国家（特别是美国），强大的组织（如IMF），甚至强大的学科（经济）主要是通过“规则”或“框架”——该“规则”或“框架”限制了潜在的新思想和实现变革的力量——来行使它们的权力。（2004：1）

而事实真相则是（也是本文的一个更重要的结论），强大的国家（尤其是美国），强大的组织（如IMF）和更强大的学科（经济学），与其他强大的国家（尤其是欧盟、中国、巴西），其他强大的组织（如ILO）和其他学科（如社会与政治科学）等之间会产生相互竞争，并可能会引发一场以全球社会政策立场和观点为内容的斗争。这也呼应了约翰·克拉克（John Clarke）最近正在形成的反对新自由主义全球秩序的思路：

> 关于构建新自由主义霸权的工作正在非常密集地进行，虽然采取了各种策略，但仍遭遇了很多反对和拒绝的行动。这说明必须用其他的政治和文化来容纳、合并甚至取代它们。试图模糊或淡化这种政治和文化的冲突与对抗是新自由主义的幻想。如果相反，我们高度关注压迫和不平等的斗争、冲突与争论的问题，“未完成”的世界整合就变得更加重要。生活在新自由主义的世界中的个体未必就能成为新自由主义者。注意到不同的生活方式，宽容、拥护或反对新自由主义的统治，对于“大画面”投射出的普遍主义是很必要的解毒剂。（2004b：102）

这个思路很好地对应了奥伦斯坦（Orenstein，2004，2005）所采用的关于全球社会政策倡导联盟的概念，以及世界银行自1990年以来优先发展以及在全球销售的全球养老金政策。这个案例的细节将在下一章中阐述。这里需重点关注的是，关于私人的和正式的国际行为的鉴别，以及关于全球社会政策首先被提出再进行甄别的解释方法。早期关于认知共同体作用的研究指出：

> 为了解决复杂的技术性问题，决策者在如何定义国家利益和制定政策时常用的一种解决方法，即当他们面对不确定性时，转而向资深专家寻求建议……知识共同体（基于知识型专家网络）在其中发挥作用……

> 帮助国家识别他们的利益，形成集体辩论的问题并达成共识，提出具体的政策，并确定谈判要点。(Haas，1992：3)

同样可以用这种方法，由专家形成国际知识网络，在帮助国际组织形成集体讨论的问题时发挥作用。的确，自 1992 年开始，世界见证了各种国际知识专家或知识网络（KNET）的激增（Stone and Maxwell，2005）。无论是否把它看成一个“认知共同体”，知识网络都正在成为全球治理的一个组成部分。这个“认知共同体”，或共享了关于某类社会问题的“科学”知识或理论范式（例如养老金制度），或作为“话语联盟和共同体”，使用符号、语言和叙事作为权力的来源，或作为拥有知识产权的“嵌入式知识网络”，都拥有曾经解决问题的记录。正如斯通（Stone）所提出（由 Held 修改），知识网络不只是简单的“不同领域与权利形式的结晶”(Held，2000：19)，它本身就是一种领域和权利形式（2005：100)。在一个缺乏有效全球民主进程的全球化世界，这些知识网络可能会取代其他的社会政策制定形式。斯通阐述道：

> 全球或区域网络……不受像自由民主国家中的公共机构那样通常需要报告和问责的制约。大众（即使是消息灵通的和有政治素养的经合组织国家的公众）在很大程度上仍然不知道全球知识网络的作用和影响力……许多这类具有技术特征的知识网络都把公众排除在外，其政治责任就被弱化了。(2005：103)

以奥伦斯坦（2005）分析的全球养老金政策为例，在很大程度上，政策制定的议程设置，被由新自由主义学派芝加哥学院的经济学家们组成的知识网络所控制，因为这个知识网络与米尔顿·弗里德曼（Milton Friedman)、弗里德里克·冯·海克（Friedrich von Hayek）等的联系具有全球影响力。为了进一步实施这些改革，跨国倡导联盟逐步被发展起来，这个联盟包括世界银行、联合国国际发展局（USAID)、泛美开发银行(IDB）及其他主体（Orenstein，2005：193)。

这项关于知识网络是如何制定全球政策，以及由国际倡导联盟主张的国际关系研究，与强调以世界社会理论为基础的其他学术著作有些不同。

解决这一问题，研究者可以更多地借用社会学的方法。迈耶等（Meyer et al.，1997）认为，随着全球社会的建立和巩固，科学将会获得更多的权利。他们认为，民族国家的许多特征来源于全球文化联系过程中建立起来的全球模型。世界社会理论的研究方法不是从作为社会学分析基础的民族国家开始，而是从一个已经存在的超越国界的全球社会开始的。只要有成员的地方，跨境专业协会就可以推广其政策理念与实践。教育政策及其实践、医疗程序及其做法，在各地就已经变得大同小异，并符合专业标准。这对于解释一个国家的政策如何借用另一个国家的政策具有一定的价值，但它缺乏一种进行政策选择的竞争和创新精神。它与功能主义社会学中帕森斯的理论相呼应，即每一种社会现象都被理解为服务于更高层次的社会功能，但缺失了对社会政策利益冲突的关注。多洛维兹和马什（Dolowitz and Marsh，1996）在分析社会政策转移与政策扩散文献后指出，很明显，在跨国界社会政策转移中，一些借用其他国家政策的国家，它们的“选择”多是因为受到强大的全球行动者之迫，或是因为某项政策符合其特定的意识形态目标，或是更适合于其国家的传统文化等。换句话说，国家社会政策的选择反映了全球化中的政策选择与抗争。

最后，我们转向政治组织方面的问题，对这方面的文献回顾有利于我们更好地了解全球社会政策是如何制定和实施的。在全球化的背景下，鉴于社会政策及其研究的复杂性，如果仅从政府层面、治理层面来分析和研究是远远不够的。任何一类社会政策的制定和研究，若只在亚国家（sub-national）、国家、区域或全球等单一层面上进行讨论和研究，则会陷于片面而导致在全球化社会中的社会政策难以得到决策和实施。社会政策的制定不仅会涉及社会治理的不同层面，更可能会随时超越其每一层面。其决策过程也同时会涉及多方面、多层次和多主体。其中，作为社会政策变革的推动者和解读者的个体，可以在不同层面与组织中发挥作用（Stubbs，2006）。在坦桑尼亚的世界银行、国际护理组织、其他大型国际非政府组织等，与坦桑尼亚的政府、非政府组织和社会各层，就其社会政策制定问题进行了信息征询和讨论。若要更好地理解坦桑尼亚社会政策制定的复杂性，就需要对世界银行、国家政府、国际非政府组织、国际信息咨询公司以及对政府捐助的国际发展部门等行动主体及其行为实践进行认真审视和分析。在地区中的“全球”以及在全球中的“地区”情况下，国家社会政策的决策过程可能会受到很多影响，所以谁能更好地游走于这些组织之间，谁就能更强地影响其决策。

事实上，古尔德（Gould）认为，“跨国私人机构‘发现’他们作为‘捐客’，在政策咨询过程中，在一定程度上取代了当地民间的社会代表”（2005：142）。这一状况增加了私人和私人企业在其运作时进行身份转化的可能性。贾尼恩·韦德尔（Janine Wedel）围绕20世纪90年代初期美国对俄罗斯援助的案例进行了研究，提出了与其相关的观点。她从“当不同系统交互作用时会发生什么”的理论问题出发，重点研究了“捐助者与受赠者之间的相互联系”，并倾向于将援助隐喻成一种“传送带”（2004：154－155）。她强调多元网络在这些实践过程中的重要性（2004：165）。其中，在各个领域或不同的方面，各类主体以多种身份进行互动、相互了解，并在各种角色中进行多重身份（她称此为“跨身份”）认定。她论述了组织机构的多元化及其转变，由她所称的“灵活组织”来促进，具有“变色龙似的、多用途的特点”。其中的行动主体“可以在国内与国际、公与私、正式与非正式、市场与官僚、国家与非国家，甚至合法与非法之间进行运作”（2004：167）①。在极端情况下，这可能会致使个人在全球决策中发挥重要作用。在韦德尔（Wedel）研究中提到的杰弗里·萨克斯（Jeffrey Sachs），就是在俄罗斯私有化过程中，化身成为世界卫生组织宏观经济与健康状况报告的作者，随后成了联合国千禧发展目标工作小组的带头人（见第4章）。

通过对发展研究和国际关系文献进行更广泛的分析，我们可以得出，某些概念、理论和方法，包括福利制度的理论、复杂的多边主义、全球政策倡导联盟、全球知识网络和政治规模，尤其是近来关于全球社会政策制定的多主体、多方面、多层次的研究，对理解全球社会政策是有价值的。然而，这种对行动者作为变革推动者和政策倡导联盟的强调，已经把我们引入以政治经济或阶级斗争为基础（我们较早就开始研究的）对福利国家

① 感谢保罗·斯塔布斯（Paul Stubbs）做出这一总结，参见其相关论述（2005）。

发展的解释。鉴于此，我们是否可以寻找一种全球社会政策制定的方式，来拓展我们先前对于福利国家发展的解释，包括运用国家和阶级的概念、性别和种族斗争的概念、动员和话语的概念等？

全球化对社会政策影响的最后一个问题是，全球化如何影响和改变我们对于社会政策发展的理解和解释？制定新的多元社会政策要求我们必须考虑这些新的国际行动者。但是广义比较社会政策的分析框架带给我们什么呢？首先是社会政策改革中的伦理变化。一个例子可以说明，到目前为止，在过去几十年里，宗教激进主义的新自由主义者已转变为关注经济全球化带来的严重社会后果，这在一定程度上可以说明它们对于发展中国家日益增加的贫困人口的伦理关注。当然，宗教组织一直在全球的债务减免和扶贫活动方面做出不懈的努力。同样，在工业化的发展中国家里，工业化命题的逻辑也被用于社会政策变革。在国际组织内部和国际组织之间，如世界银行和国际劳工组织，在关于福利思想的论争中，政治因素依然发挥着重要作用。

正如我们在福利国家发展理论中所阐述的那样，这场关于全球社会政策和国家社会政策的论争，是社会阶层、性别、种族之间斗争产物的一部分。阶级斗争视角确实适用于跨国界社会政策分析；女性社会运动已经全球化；种族内的组织形式也采取了国际化的形式。威廉斯（1989）提出的关于种族的结构化、父权资本主义的分析框架，被金斯伯格（Ginsburg，1992，2004）用来分析德国、瑞典、美国和英国的社会政策为什么如此不同，这个分析框架也有助于我们对全球化语境下国家社会政策和新兴的全球社会政策的理解。

当国家社会政策面向全球化时，人们普遍认为，新自由主义全球化的一个后果是加强了资本相对于劳动力的权利。资本自由跨越国界，劳动力则将会更加受到限制，在国家福利制度基础上构建跨境贸易联盟的团结变得更加困难。作为结果，收益的利润份额在增加，但它不是工资收入（Wade，2004）。发达国家的某些国家福利规定已经受到破坏，这虽然并不完全是因为工会组织的弱化，但在其他某些中等收入国家中，由于重视发挥工会作用，其普遍的福利收益得到了增加（例如韩国）。

关于全球化对女性的社会福利及其在国内捍卫其福利的组织能力的影响，尚须进行更加细致的调查研究。作为女性工人，虽然在保护、提高工资和改善工作条件方面，可能会遭受全球化带来的一些不利的影响，但随着全球化对跨国网络的促进，女性的社会组织将会得到加强。正如我们将在第 5 章中看到的，联合国会议（如第四届世界妇女大会）促进了全球妇女运动的发展。同时，在发展中国家，当女性面临歧视或不平等发展政策时，女性的社会组织强有力地支持了妇女为此而进行的斗争。在之后的关于性别平等的进程中也出现了许多“值得庆祝”的进展（UNRISD，2005）。

与种族相关的社会组织的发展并不太顺利，也不太理想。有一些观点认为，虽然新自由主义全球化正在全球范围内传播西方文化，但同时，当地和民族的居民身份却变得越发加强。人们的跨境活动在一定程度上加强了一个国家内原居民的身份识别和认同。第二次世界大战之后，移民已经成为一些国家社会政策制定的重要影响因素，发达国家的应对措施主要是限制新移民的一些福利。邵（Chau，2004）认为，全球化虽然推动了多数民族的民主进程，但同时也刺激和驱动了多数民族从少数民族主导的区域夺取权利和资源（例如，印尼人针对当地华人）。因此，全球化增强了种族在国家决策过程中的作用和影响。

资本主义的框架，父权制和种族结构的帝国主义及其伴随的全球社会分工，阶级、性别和种族斗争，以及家庭、社会和国家等，它们是如何被整合到超国家的全球社会政策层面？在全球利益冲突与斗争的背景下，新的国际行动主体所制定的全球社会政策又在多大程度上被认可？谁会在全球层面上获胜，资本还是劳动力，父权制还是女性，白人还是有色人种？全球社会政策又在哪些方面体现了这些利益冲突？图 1.1 较为系统地展示了它们是如何转化为全球层面的一个现有的分析框架的。

第一，阶级斗争具有全球维度。在相同价值层面上的国际组织内，其制定的政策以及为此所做的工作可以被理解。根据斯克莱尔（Sklair，2002：99）或索德伯格（Soederberg，2006）的观点，作为全球一小部分的资产阶级，试图通过“全球专业化”来寻求其合法化，从而建立一个全球化的资本主义，而防止它成为一个全球化的社会主义。我认为，更为重

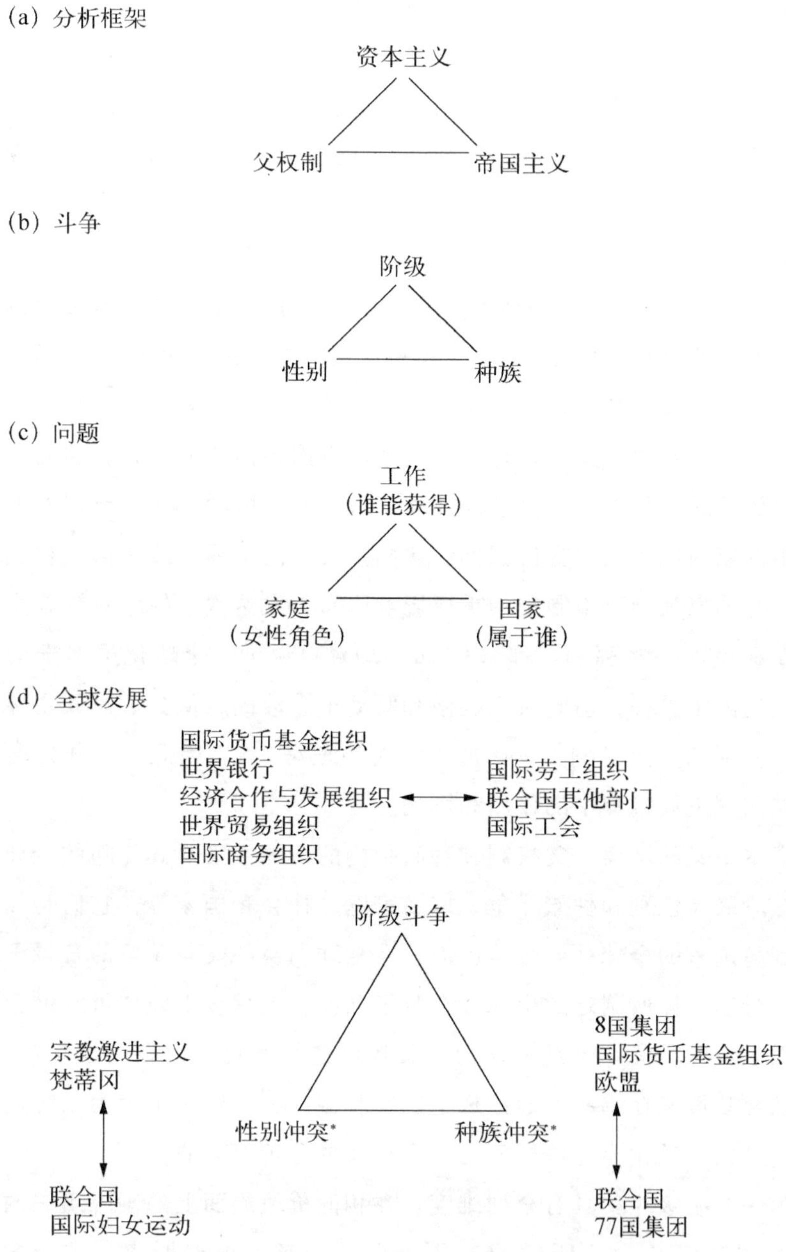

图 1.1　全球利益冲突与全球社会政策

* 这些冲突反映联合国人权习俗之间的纠纷，宗教激进主义的一些国家与国家行为者之间的纠纷，以及广义上讲的属于白人的 8 国集团与南部黑人的 77 国集团之间的纠纷。

要的是，无论全球化专家是否制定出新自由主义的全球社会政策，或者社会民主主义的全球社会政策，关键是都要使全球经济服务于全球社会目的。当前，世界银行中关于更新自由主义的思想和政策，以及国际劳工组织中关于跟社会民主主义的全球社会政策之间的冲突和斗争，实际上就是全球阶级斗争的一种体现。

正如我们将在第5章中所看到的，国际商务组织被公认为对全球政策具有重要影响，而全球工会组织却没有这样的影响（Farnsworth，2005）。如果通过全球契约机制，使全球商务组织与联合国成为伙伴（见第4章），是否可以成为联合国承担全球商务的业务，并促使全球商务组织履行全球社会责任的一种手段。同样重要的是，在全球化的影响下，在跨国层面上达到阶级力量的相对平衡，是否使发展中国家的中产阶级能够把注意力从国家重点建设或发展项目转移到在全球市场中寻找自己的利益的一种方式（Cohen，2004；Gould，2005）。

第二，在全球性别斗争方面，我们已经提到了联合国系统的某些部门，是否可以成为全球妇女运动组织和影响跨越国界社会政策的平台。联合国《世界人权宣言》要求给予性别平等和权利的发展空间。关于性别平等的斗争，在联合国社会机构的许多妇女友好政策中以及世界银行、世界贸易组织的政策中不太明显，但是在联合国辩论和决策机构中，关于性别平等的斗争还是存在的。一些国家的政府，如美国和一些伊斯兰国家，还有梵蒂冈（在联合国拥有国家地位），现在正在质疑一些以前被认为理所当然的假设，即这些有利于妇女的政策是否可取。然而在世界银行中，正如森（Sen，2004，2006）所指出的那样，关于以女性为中心的积极发展的观点和政策，例如保护女童教育机会均等、妇女小额信贷等，现在已经被确定并实施。

第三，关于种族斗争的问题，从非白人的南半球至全球广泛存在的不平等，是帝国时代遗留下来的。在那个时代，白人是受益者，成为全球经济和社会政策的核心。然而，帝国时期确立的全球分工是否能够改变以及如何改变，北半球是否能够以及如何恢复或继续实施对南半球的剥削，北半球给予南半球的贷款形成的债务是否科学以及如何处理，北半球的系统性资源转移政策是否能够以及如何惠及南半球的教育、健康和社会保障等，都是非常关键的问题。在这里，世界银行和国际货币基金组织很显然是由北半球支配和运作的。联合国和世贸组织（其中有一大部分南半球会员）一直在关注和揭示着这些问题。过去 20 年里，在有关这些问题的会议上或会场中，南半球找到了新的话语和力量。几乎每一个全球社会政策问题，如基本药物价格和继续教育经费等问题，在欧盟成员国之间，在美国与 77 国集团之间，在一些发展中国家的联盟，如由巴西、中国和南非发起的 20 国集团成员方之间，都会演变成一场激烈的争论。

在一个国家内，阶级、性别和种族等冲突是相互作用、相互交织在一起的，在全球层面上也完全一样。事实上，在全球化的现实与理想、国家与全球之间，其经济政策和社会政策之间存在着一条鸿沟。在全球舞台上，存在着以北半球为中心、以南半球为中心的立场和观点，导致了北半球的社会改革家与南半球反对全球化者的对立和冲突。在北半球，又存在着由美国主导的新自由主义社会政策和由欧洲主导的全球民主社会政策及其争论与斗争；在南半球，也存在着关于全球社会与经济政策是否应全面脱离北半球任何强加成分的争论。那么，如何破解这一僵局是我们面临的主要挑战之一，我们将致力于全球的社会公正和促进社会公正的全球社会政策，而在世界层面做更多的努力和工作。这是本书的主题，将在最后一章中重点讨论。

拓展阅读：

关于全球化：

Scholte J (2005): *Globalization: A Critical Introduction*. Basingstoke: Palgrave.

Held D and McGrew A (2002): *Globalization /Anti- Globalization*. Cambridge: Polity.

关于全球化与社会政策：

Yeates N (2001): *Globalization and Social Policy*. London: Sage.

关于全球化与福利国家：

Glatzer M and Rueschemeyer D (2005): *Globalization and the Future of the Welfare*

States. Pittsburgh P A：University of Pittsburgh Press.

关于发展背景下的社会政策：

Mkandawire T（ed.）（2004）：*Social Policy in a Development Context.* Basingstoke：Palgrave.

关于比较社会政策：

Kennet P（2004）：*A Handbook of Comparative Social Policy.* Cheltenham：Edward Elgar.

Global Social Policy journal.

2 世界银行的社会政策

本章主要阐述世界银行的社会政策，包括扶贫、养老金政策、社会发展政策、健康保障及教育供给等五个方面，及其通过多种渠道对国家社会政策产生的影响。这些渠道包括设置发展框架、政策性贷款与限制性项目、建立全球性的准则和规范等。我们将在本章及接下来的两章中认真审视和深入分析世界银行、国际货币基金组织、经济合作与发展组织、联合国、国际劳工组织、世界卫生组织、其他国际组织等给予国家社会政策的建议与影响。一般来说，这些国际组织会根据有关原则和规范将部分工作进行托管，并赋予其秘书处一定的自主权和灵活性。这些国际组织虽然在国际舞台上拥有独立自主的权利，但它们的社会政策还是会受到一些主要国家利益的影响和制约的。在国际组织制定社会政策时，霸权国家经常会强力干预并起主导作用（Boas and McNeill，2004）。因此，目前的问题是，国际组织的社会政策是否能够体现一种更具普遍意义或社会民主的社会政策？或是一种具有更多剩余和选择自由的社会政策？在国际组织之间或其内部是否能够形成一种全球共识？在全球化时代，国际组织的社会政策是有力地促进了国家部分社会福利或整个福利体系的形成，还是相反地产生了争论和纠纷？

长期以来，世界银行、国际货币基金组织和联合国机构，都主张帮助那些处于较低经济发展水平的国家，使其能够更好地满足本国人民的福利需求。世界银行与国际货币基金组织所提出的通过出口带动增长战略以使该国私营经济得到发展的“主张”，在很多情况下使人们联想到 20 世纪 80 年代和 90 年代所谓的“结构调整”。作为贷款的条件，各国被迫削减了所谓过多的公共支出以平衡它们的预算。这个“主张”，也就是所谓的华盛顿共识，终结了一些国家通过进口替代战略来保护本国产业的时代。

一般而言，占主导地位的国际机构提出的国际政策也占主导地位。因此，那些诸如剩余的或有针对性的社会福利政策，与欧洲的方式相比，更像是美国方式。在国际劳工组织和其他一些联合国机构内，很多人认为，社会支出是保障社会凝聚力的重要手段，是人力资本的一项重要社会投资。国际劳工组织特别支持的是一个保守的社会保护主义，国际经合组织对于国家福利支出是一种必要的社会投资的观点也表示赞同。世界上没有一个国际组织能够捍卫斯堪的纳维亚国家社会政策的再分配。

通过对这些国际组织在塑造东欧等原社会主义国家社会政策中发挥的作用的研究，我和我的同事得出了如下结论：

> 世界银行主导的自由主义倾向，为全球行动者制定社会政策创造了机会。国际非政府组织的结盟，正在扮演着一个重要的角色，尤其是在不稳定地区，一个未来的社会安全网正在形成。这些非政府组织和南半球很多国家政府及一些东欧国家政府，对欧盟、国际劳工组织以及世界银行所捍卫的普遍主义和社会保障的福利国家形成了有力的挑战（Deacon，1997：197）。

正如我们将在本章和接下来的两章中所看到的，尽管在这场博弈中，行动主体的立场和观点还在持续地变化着，但这些结论仍然得到普遍认同。考虑到一定程度的社会公平是否有利于经济增长，世界银行一方面明确阐述了其在全球化背景下社会保障中的风险及其管理办法，另一方面也表达了对于公共部门支出的更大支持。国际货币基金组织则更加重视全球化的社会维度。经济合作与发展组织警告说，全球化可能会带来更多的社会支出的需求。已经有迹象显示，国际劳工组织对世界银行的社会保障观点开始让步，但同时，它又发展了“自下而上的普遍主义”的新观点。最近，世贸组织关于其自身扮演的角色和它在健康与社会服务供给中培育全球市场的观点，实际上并没有像它所预测的那样显著。

2.1 世界银行：定向扶贫、养老金私有化和公共服务有效化

世界银行对社会政策的影响可以专门写一本书。这主要是因为其社会

政策的内容和影响多年来已有很多改变，并且它本身就是一个非常复杂的国际组织。世界银行有多个部门负责制定相关的社会政策，但社会政策制定部门间以及它们与世界银行相关部门间是相互隔离的，即政出多门，并不一致。这在一定程度上导致世界银行的政策在各个国家的执行过程中可能会被曲解甚至被忽视。世界银行由三个最高级别的部门构成：国际复兴开发银行（IBRD），通常情况下，遵循某些政策提供贷款项目；国际开发协会（IDA），主要为低收入国家提供低息贷款，这个部门经常被社会政策分析家所忽视；国际金融组织（IFC），主要是支持和激励私营部门的发展。世界银行主要是指国际复兴开发银行和国际开发协会，但“世界银行集团”包括了所有的这些组织。

在世界银行（IBRD 和 IDA）中，还有处于较低级别的三大部门（这些部门在 1996 年发生了明显变化），即环境、教育与社会政策、经济发展等部门。大部分的社会政策都是由教育和社会政策部门负责，主要集中在劳动密集型国家的经济增长、教育和健康投资，以及支持养老改革，并强调为穷人提供一个疾病诊断和治疗的安全网。还有一个“持异端者”的小团体，当时作为环境部门的社会政策组，选择人类学的方法去理解贫困，并认为社会政策和政治框架对扶贫是必要的。

1996 年，一项重要的改革形成了五个部门，它们分别是：

- 金融、私人部门和基础设施（FPSI）；
- 环境与社会可持续发展（ESSD）；
- 扶贫与经济管理（PREM）；
- 运营核心服务（OCS）；
- 人类发展网络（HD）。

扶贫与经济管理是世界银行在扶贫方面的重点部门，尤其是在贫困国家，还包含了许多专业部门，其中包括性别小组。大多数世界银行关于社会政策的表述主要来自人类发展网络，它们是：

- 健康营养和人口；
- 教育；
- 社会保障。

这三个部门构成了世界银行社会政策与研究的基本组织架构。在新的组织形式中，环境与社会可持续发展的社会发展部门以人类学为导向的"社会政策异端"（Davis，2004）仍以新的组织形式存在，提出了"社会发展运行计划，即通过改变机构赋权于人民"（World Bank，2005d），这一计划在后面还会经常被提到。最能体现世界银行公众形象的是其一年一度的《世界发展报告》（WDR），它记述了大量关于世界银行内部以及外部的正式讨论和磋商的过程与内容。在世界银行的《世界发展报告》中，对于全球社会政策来说特别重要的是：《1990 年世界发展报告：贫困问题·社会发展指标》（World Bank，1990）、《2000/2001 年世界发展报告：与贫困作斗争》（World Bank，2001a）、《2004 年世界发展报告：让服务惠及穷人》（World Bank，2003c）和《2006 年世界发展报告：公平与发展》（World Bank，2005a）等。另外，世界银行的研究机构还经常向国家部长级人物的工作小组宣传世界银行的社会政策。

2.2 扶贫：从安全网作为对社会保障的攻击手段到对公平的新关注

之后一段时期，在脱贫扶贫和社会保障安全网方面，国际社会开始关注更广泛意义上的社会公平和机会平等问题。英国撒切尔夫人和美国罗纳德·里根的当选及其所采取的社会福利政策，标志着经合组织几个主要国家的社会政策的转向，对世界银行的社会政策思路产生了很大影响。同样重要的还有 1982 年以后产生的债务危机。这场危机始于拉丁美洲，在土耳其、菲律宾和非洲国家显现。利率上升、第二次石油危机以及 1980 年年初全球经济放缓，使大量的民间借贷转而流向发展中国家。

私人资本的流动增加了国际货币基金组织和世界银行对发展中国家政策的杠杆作用。之后，国际货币基金组织、世界银行和美国政府形成了一个共识，被称为"华盛顿共识"。该共识认为，债务危机是 20 世纪 50 年代和 60 年代内向型国家实施其发展战略的结果。发展中国家的问题不是资金短缺，而是其公共部门掌握大量资源并过度对私营部门激励的政策限制了贸易和外国投资。在债务危机时期，用于“结构调整”或“程序改革”的贷款快速增长。这些贷款的发放不是为了支持特定的项目，而是支持政策改革。这些改革包括宏观经济政策调整（财政、货币和汇率政策）以及从私有化到贸易自由化和金融业的改革。在20世纪80年代，政策限制的范围急剧扩大，涵盖了许多社会政策问题，并一直持续到20世纪90年代。其间，世界银行比较深度地参与了东欧、独联体、中国和越南等国家和地区的政策制定。

这一时期，发展中国家对于穷人的发展及其社会福利等进行了大量的结构性调整，对世界银行有关贷款结构调整形成了挑战。这开始于科尼亚等（Cornia et al.，1987）在联合国儿童基金会报告中关于“调整人类面貌”的批评。其结果是，世界银行在1990年关于贫困的报告（World Bank，1990）中，宣布其现时期的主要目标是扶贫；1991年，公布了关于“减少贫困的援助战略”的政策文件；之后在1992年公布了《扶贫手册》；到了1993年，世界银行在其年度报告中指出，其以解决社会问题为主的贷款份额比例攀升，从1984—1986财年的5%提升到1990—1992财年的50%。由此看出，世界银行深度参与了政策性贷款，并努力改善贫穷国家（尤其是在1989年后的东欧国家）的贫困问题。所有这些都没有异议，问题的关键是反贫困政策的内容。世界银行希望继续采取优先策略，将公共开支限制在它认为充其量为过时的不受欢迎的公共部门社会保障体系上。现在的问题是，如何才能在帮助穷人的同时而不危及经济发展及其调整。面对这个问题，世界银行、国际货币基金组织和其他外部捐助者，鼓励政府保护穷人，但坚决反对工会及城市主流阶层的要求。

实际上，现在正在形成的关于扶贫的“社会安全网”，反映了美国的自由或剩余的社会政策。正如当时作为世界银行人力资源副总裁的客座研究员卡罗尔·格雷厄姆（Carol Graham）在其著作《安全网、政治组织与穷人》（1994）中所述：

> 与其把精力集中在有组织的利益集团（例如公共部门和工会，它们在改革过程中可能有很大损失）上，政府不如把精力集中在那些很少从国家得到利益的贫困群体身上。同时，穷人可以在经济持

续发展、公共部门改革的过程中获取利益，通过政府获得国家安全网的利益。

针对有组织的劳工、欧洲统合的社会保障结构、扶贫等，世界银行主导并提出了一个反贫困的政治策略，即世界银行和其他国际非政府组织成立联盟。例如乐施会，该组织致力于直接介入最贫困人群中，高度关注世界银行为穷人提供的社会资金支持。这些基金是利用捐赠资金设立的，作为半自主预算方式，绕过政府社会保障部门，直接解决穷人的问题。它们还旨在“通过向地方非政府组织、社区团体、小企业和企业家提供小规模融资”来刺激参与式发展倡议（Fumo et al.，2000：9）。具有创业能力的女性往往是其受益人（Subbarao and Bonnergee，1997）。然而，它们随后在四个方面受到了批评（Fumo et al.，2000；25；Hall and Midgeley，2004：274）：它们往往没有接触到贫困人群，只是积极的非政府组织；它们并没有被纳入政府的扶贫政策中；它们替代了政府支出，如果一个社会基金能够在健康保险中发挥积极作用，那么政府的预算额度就可能被削减；它们与长期可持续的资金来源没有联系。

许多国际非政府组织和学术界对这种方式的批评，主要集中于社会政策实施的制约过程而不是政策内容本身。1997 年，世界银行提出了结构调整与参与审查的倡议（SAPRIN），该倡议聚焦于几个国家的结构调整政策，它鼓励国际非政府组织与国内非政府组织都参与其中。2002 年公布的《经济危机和贫困的政策根源》（World Bank，2002a）认为，结构调整政策加剧了当地人口进一步贫困化和边缘化，同时加剧了经济不平等（World Bank，2002a）。事实上，这份报告发表后，世界银行已经改变了它的做法，至少在形式上，实现了从政策制约到过程制约的转变。

1999 年早期，由于世界银行的结构调整政策受到批评，在关于从政策制约到过程制约的反贫困战略中，世界银行失去了话语权。而穷人、非政府组织和其他民间社会团体，则在各国政府制定反贫困战略时被给予更大的话语权，这有利于 20 世纪 80 年代和 90 年代期间及之后实施的消除贫困国家债务政策的出台（例如 HIPIC）（见第 6 章债务减免部分）。与此同时，世界银行于 1999 年推出了综合发展框架（CDF），强调非经济发展目标的重要性，例如营养、健康和受教育状况。这似乎与评论员坎伯（Kanbur）的观点一样，但他很快在尝试帮助世界银行制定扶贫政策时，被卷入一个失败的事件，并明显感觉到经济“下行”年的教训和结构调整的负面影响。这可能预示着一个社会政策新时代的开始，这种新社会政策，能够保障权益和安全，并有利于促进经济社会的增长。当然，这只是一个乐观的假设（Kanbur and Vino，2000：102）。

在此背景下，1999 年世界银行减贫战略文件（PRSP）开始启动。这些文件是与民间社会协商编写的国家所有的政策文件，它们的完成成为 HIPIC 下债务减免或从国际开发协会“减少贫困和支持信贷”项目中获取贷款的条件。减贫战略文件中有超过 60 项的条款，实际上在文件起草时就已经开始运作或已经完成。而在这一文件的实施过程中，有关问题和议题的讨论、商榷和评估，经常由国际非政府组织的当地分支机构而不是真正的公民社会的代表参与，并且经常绕过议会审查（Gould，2005）。此外，联合国贸易和发展会议的查尔斯·戈尔（Charles Gore，2004）认为，在该战略文件实施的过程中，所产生的实际效果与世界银行早期政策的实施效果并无太大差别。原因之一可能是，政策设计者非常清楚，他们设计的社会政策方案需要世界银行批准，因而必须符合世界银行的要求，并且他们对新的社会政策的运作效果存在疑虑，尽管拉维·坎伯（Ravi Kanbur）对此保持乐观态度，但世界银行的早期政策并没有得到真正改变。这也反映了在过去几十年里，世界银行通过其研究机构举办的各种研讨会，已成功建立了其社会政策理念的霸权地位。

在世界银行《2000/2001 年世界发展报告：与贫困作斗争》之后，一项新的研究给出了指导性的意见。基于挪威贫困的比较研究报告（CROP，2000），为分析和评价《2000/2001 年世界发展报告：与贫困作斗争》提供了很好的论据。该研究传递了这样一些信号，即世界银行的主导者在一定程度上已经摆脱了狭隘的贫困观，例如已不再仅仅基于收入，或只追求经济增长，而是结合自下而上的社会政策来解决问题。这份报告阐述了穷人的社会资本以及如何使之提高。该报告中还明确肯定了阿马蒂亚·森（Amartya Sen）在其著作《自由的发展》（1999）中所做的贡献。在该著作中，贫困被部分地视为能力问题。穷人脱贫的能力，只能通过赋予他们曾被剥夺的受教育权利，使其健康权利得以提升，或是听取他们的诉求和呼声。该书在《使国家机构有利于穷人》一章中，详细介绍了政府主导减贫行动的制度视角，其中公民社会对民主制度的贡献被看作对消除贫困的重要贡献。

这份研究报告还特别得益于埃纳·布拉桑（Einar Braathan，2000）所做的研究，他为分析该报告提供了有价值的观点和话语。他认为，世界银行在起草这份报告时，面向网络广泛征询意见并开展讨论，吸纳了全球范围内有关的意见和观点，是一次很有意义的尝试，这确保了该报告的合法性和统治地位，并使减贫问题能够由全球范围的知识界和决策界来共同解决。报告的审查者正寻求世界银行赋予其管理权，其中关键问题是关于贫困成因的争论、减轻贫困的方法，以及哪些是主要问题、哪些是附属问题等。布拉桑从解决贫困问题的四个维度审视了该项报告，分别是"社会的家长制""社会自由主义""社会法团主义"和"社会激进主义"。体现社会的家长制作风是《1990 年世界发展报告》的重要特征，这个特征在《2000/2001 年世界发展报告：与贫困作斗争》中，已不明显了，它更体现了一种社会自由主义和社会法团主义的混合。该报告中各部分的重点是扩大穷人的机会，例如首先扩大穷人的资产等。第二部分阐述了国家机构帮扶穷人的更为具体明确的内容。当然，这也符合前面提出的论点，即自 1990 年以来，世界银行希望能够直接为穷人提供支持和帮助，反对那些并不贫困的人从国家社会保障体系中获取利益。另外，社会激进主义者认为，"欧洲社会主义和社会民主劳动运动的成果没有得到应有的重视"（Braathan，2000：35）。尽管在该报告中提到了穷人的自我组织，但这些是建立在穷人的社会资本基础上的，而不是挑战国家权力的阶级基础。世界银行希望穷人能够与有权有势的人接触，来满足他们的需求，而不是接触其他社会群体，为社会变革提供更强的社会动力。

世界银行确实不情愿追随社会法团主义的方法，并在 2000—2001 年遭受挫折，但它还是占据了统治性地位。《世界发展报告》草稿的第一作者——拉维·坎伯（Ravi Kanbur）教授，在世界银行提出修改初稿时提出辞职申请。在第一稿中，“赋权”穷人是一个重要的主题，包含了对穷人的社会权利和政治权利的讨论。“赋权”居于帮扶穷人政策的三大支柱即赋权、安全与机会的首位。在坎伯教授辞职后，该报告的终稿还是将机会放到了首位。初稿与终稿之间的其他变化也说明了扶贫重点的转变。在关于赋权的阐述中，“国家机构”部分把“减贫”改为“与穷人形成共鸣”，“关于安全”部分将“保护穷人”的表述改为“帮助穷人管理风险”，前一种表述可能与欧洲的集体社会保护方法有关，后者更符合美国个性化的社会保险方法。围绕着《2000/2001 年世界发展报告：与贫困作斗争》中关于寻求和确保美国财政部对解决贫困重点问题的协助程度进行了讨论（Wade，2002；Broad，2006）。韦德（Wade）认为，早期在就报告草案征求意见时，“美国财政部呼吁强调更快的经济增长，以及为了实现更高的经济增长而实行自由市场路线，但却没有涉及扩大收入分配可能不利于经济增长”的问题（2002：225－226）。当时的美国财政部部长拉里·萨默斯（Larry Summers），曾经在世界银行首席经济学家约瑟夫·施蒂格利茨（Joseph Stiglitz）辞职后，顺利地接手了有关工作（Wade，2002）。约瑟夫·施蒂格利茨曾经批评“华盛顿共识”的某些方面（见Stiglitz，1998），并在公开演讲中阐明，讨论减贫问题而不强调经济增长和开放市场，就像哈姆雷特不是王子一样。

《2006 年世界发展报告：公平与发展》（World Bank，2005a）的起草条件有所不同。萨默斯转而执教于哈佛大学（直到被解雇），这一时期的美国财政部部长约翰·斯诺（John Snow）在这些问题上的看法似乎没有受到过多的意识形态的影响，并且当时世界银行的总裁也正面临更换。无论出于什么原因，在 2005 年 3 月份形成的《世界发展报告》草稿中，仍保留了原来的主要论点和基本架构，并在 6 月获得世界银行执行董事会批准，9 月出版的正式报告仍然忠实于早期的版本。这一点非常重要，因为它标志着世界银行看待公平问题的观点——特别是在机构改革方面——取得重要进步，以确保更大的公平。这份报告的主要内容是：“在某些基本方面，对长期繁荣的追求是正确的和公平的。在这些领域里，为形成一个公平竞争的环境而出台一些政策与制度，有利于社会的所有成员都有类似的机会，并成为社会和经济生产力，进一步促进可持续增长和发展。”（2005a：2）这份报告通过比较分析得出，公平在某种意义上有利于经济的增长，这源于两个理由：不公平会导致所有人力资本投资的市场失灵，以及“分配对冲”降低了“投资回报率”。这份报告接着说：“机会不平等和政治不平等对发展更具破坏性，因为经济、政治和社会不平等往往随着时间的推移与跨代而自我复制延续。”（2005a：2）总结段落更加引人注目，特转载如下：

> 中心结论是：不平等的权力和由此形成的机构与制度，又延续了权力、地位与财富的不平等。而且，这些机构与制度通常对支撑经济长期增长的投资、创新和风险管理也是有害的。好的经济制度基本上应是公平的：一个社会要繁荣，就必须为绝大多数人创造投资和创新的动力。但是，这样一套公平的经济制度只有在权力分配高度平等的情况下才能产生，而且在权力的行使上也要受到限制和监督。（World Bank，2005a：8）

该报告在关于国家政策领域所讨论的具体政策建议中，呼吁为更多的儿童和青年提供平等机会，包括学校入学申请时有条件地批准收入转移（World Bank，2005a：12），免疫接种的“公共保障”，水资源与卫生机构，以及卫生和儿童保健等。更根本的是，它提出了“大型健康保险市场存在失灵问题”，呼吁“公共服务或制度应为所有人提供保险”（World Bank，2005a：12）。

这份报告分析了如何使再分配和确保机会均等既能满足政治需要，又与更公正的社会民主环境相适应。它在回顾了现在比较富裕的经合组织国家的历史后指出，“芬兰……展示了国家、市场和社会可以创造公平的发展”（World Bank，2005a：121）。更为重要的是，《2004 年世界发展报告：让服务惠及穷人》专注于为穷人提供服务工作；《2006 年世界发展报告：公平与发展》认为，优质、公平的服务应是面向所有阶级和群体，而不是少数的特权阶层，公共服务成为更广泛选民的愿望和诉求（World Bank，2005a：176）。该报告还呼吁在全球范围采取行动，以解决国家间的不平等。我们将在第 6 章中讨论这个问题。

2.3 社会保障与养老保险政策：从代际团结到个人风险管理

在世界银行内部，关于贫困，特别是贫困国家的减贫问题，主要由减贫与经济管理小组负责。而关于社会保障政策以及需要为穷人提供收入支持的问题，则由人类发展网络的社会保障小组主导，其负责人罗伯特·霍尔兹曼（Robert Holzmann）于20世纪90年代后半期被世界银行聘用，现在负责世界银行的社会保障政策（包括世界银行养老金政策）的实施。要理解世界银行在制定全球的国家养老金政策中的重要作用，并提供一个更为普遍的关于社会保护问题研究的概念框架，我们需要从世界银行更早期的养老金政策入手，然后再讨论关于社会保护的概念问题。

在20世纪80年代之前，养老金政策的制定及宣传主要是由国际劳工组织负责，它“制定了国际社会保障的规范，提出改革模式，并在很多高级别区域会议中提供顾问和咨询，以推广其思路与方法”，这些工作在国际上产生了较大的影响（Orenstein，2003：180）。直到20世纪80年代，世界各地的养老金计划遵循国际劳工组织的建议，采取了不同的形式：或根据俾斯麦（Bismarkian）的思路和方法，涉及代际团结，即从仍在工作的人的“保险”缴款中支付养老金；或根据贝弗里奇（Beveridge）的思路和方法，采用从国家税收中支付养老金的模式。“现收现付”（PAYG）的术语与前者更相关，现在一般被用来描述这两种模式。是什么打破了这种养老金观念的霸权？世界银行在其中扮演着什么角色？

当年由美国支持的对萨尔瓦多·阿连德社会民主党总统的宫殿进行轰炸并杀害其本人的事件，导致养老金制度的变化。因为痛恨奥古斯塔斯·皮诺切特（Augustus Pinochet）的独裁，智利在1981年就与其传统彻底决裂。一些国家开始转变并实行了在一定制度规定下由私人部门经营的养老金制度，其结果是，个人的养老金将完全取决于个人在私人基金中的投资情况。东欧剧变和苏联解体给世界带来了重要影响。一批愿意投入资本主义怀抱的国家，转而向世界银行申请贷款。不久前，世界银行在基于智利的经验基础上制定了养老金政策，开始向东欧和其他地区发放贷款，条件是现收现付制的养老金中必须有一部分是私有化的。世界银行采用了多支柱的养老金政策，其关键是世界银行在间接强化养老金私有化，这种做法在后来产生了许多不良后果。世界银行为了加强在东欧的影响力，不得不招募一些欧洲社会保障专家进驻东欧事务部门，实际上，这些专家还是倾向于现收现付政策的传统（Deacon，1997：68－69，133－138）。到了1994年，世界银行处于一种非正常的状态，同时发布了两个不同取向的报告。其中，由埃丝特尔·詹姆斯（Estelle James）主持的经济发展部门发表的报告，建议转型国家应大幅减少公共养老金储备，使之维持在一个基本水平，并通过测试确定一个最好比例，作为第一层次；强制个人支付的养老金份额作为第二层次；鼓励个人支付的养老金部分作为第三层次。这个报告成为规避老龄化危机的代表性意见（World Bank，1994b）。公布的另一个报告由东欧事务部门发表（Barr，1994），其制定的养老金政策方案更符合西欧现有的做法。两个报告的共同点是需要提高养老金年龄和最低受益额的规定。其不同点是巴尔（Barr）的方案强调养老金中的私人部分应遵守自愿的原则，而不能取代国家层面所承担的义务。

加利福尼亚女孩（埃丝特尔·詹姆斯、路易丝·福克斯及其他与避免老年危机有关的人）和布莱顿男孩（如尼克·巴尔所写的城镇中的人物）之间的争论仍在继续。布莱顿男孩们略占上风的想法使巴尔编辑了《世界过渡国家发展报告》中关于社会政策的部分（World Bank，1996）。巴尔在书中再次修改了他的某些表述，对美国自由主义立场做出了一些让步，但仍然认为：

> 欧洲和北美洲国家的典型养老金制度是覆盖全国并超出生存需求的现收现付制度，并由各类被监管的私有养老基金作为补充……该模式发挥了团结和分担风险的重大作用……精确的平衡（在该模式与智利模式中的个人支付部分）取决于一个国家的发展目标和约束条件（World Bank，1996：83）。

在跨大西洋国家中，人们对现收现付制已达成共识。当然，根据美国社会保障计划，参照智利养老金计划私有化模式也将成为可能。但有趣的是，当时任美国总统乔治·W. 布什试图将美国社会保障计划推向私有化方向时，埃丝特尔·詹姆斯在《华盛顿邮报》（2005 年 2 月 13 日）上发表文章指出，如果美国效仿智利模式，它会招致巨大的转轨成本（东欧国家也采纳了她的建议）。在建立新基金的同时，还要履行现有的养老金义务。她提出："如果政府通过贷款来弥补过渡期，这将抵消个人储蓄的增加，利率将上升，将会使国民储蓄增加和国内生产总值（GDP）增长的机会消失。"她又指出："智利的一个教训是，当一个国家出现退休人员的福利风险时，政府的责任和义务仍然至关重要并将持久存在。"另外，美国也告诫其他国家不要像美国一样，但要按照世界银行的建议去做。

世界银行关于养老金政策的这场争论可能会被逐渐淡忘，然而我们从社会保障部负责人罗伯特·霍尔兹曼（Robert Holzmann）撰写的文件中可以明显感觉到他是站在欧洲立场上的。他早期在阐述养老金政策的世界银行立场时坚持自己的观点，"我们始终认为，养老金改革的多支柱方法是正确的"（Holzmann，1999）。确实，在霍尔兹曼的支持和领导下，世界银行及其有关部门投入了大量精力，说服政府领导及公务员，推动多支柱方式进行养老金改革。随着养老金改革的先期工作启动，世界银行开始着重进行国家改革案例研究，收集有关改革设计和实施的全面资料。从 1997 年开始，世界银行研究所与哈佛国际发展研究所共同针对客户国家开设了一个年度讲习班，内容涉及养老金及其他培训活动。有关人员也付出了很多努力，与国际劳工组织、经济合作与发展组织展开对话和讨论，以应对世界银行养老金政策改革所带来的挑战。他们还与国际劳工组织的工作人员对接（Beattie and McGillivray，1995），讨论相关问题，我们将在第 4 章中对国际劳工组织和养老金政策进行更详细的分析与审视。

世界银行的养老金政策也受到当时的首席经济学家约瑟夫·施蒂格利茨的批评，他分析了关于私人强制养老金计划的 10 种论述并揭示了其本质，其论述体现在他于 1999 年 9 月向世界银行提交的关于养老保障新思路的会议文件中。他总结道："关于个人退休计划最常见的这些争论，通常在理论或实践中并不成立。"（Orszag and Stiglitz，1999：2）这 10 种论述是：

- 个人资金提高了国民储蓄；
- 个人资金账户的回报率较高；
- 现收现付制中下降的收益率是其基本问题；
- 公平环境中的公共资金投资没有宏观经济效应；
- 在个人账户下劳动力市场激励措施更好；
- 明确的收益方案必然对提前退休提供更多的诱因；
- 竞争确保个人账户的管理成本低；
- 腐败和效率低下的政府为个人账户提供了理由；
- 公共利益计划下的救市政策更糟；
- 公益信托基金的投资总是被浪费和管理不善。

施蒂格利茨没有能够深化这些想法与意见以对世界银行政策产生影响，因为他在两个月后，即在 1999 年 11 月因劳伦斯·萨默斯（Lawrence Summers）而被迫从银行辞职，当时劳伦斯·萨默斯任美国财政部秘书长。萨默斯明确向当时的世界银行行长沃尔芬森（Wolfensohn）表示，美国支持沃尔芬森第二任期的条件是解雇施蒂格利茨（Wade，2002）。养老金问题并不是争论的焦点，而是更笼统的批评，即施蒂格利茨当初阐明的有关新自由主义宏观经济管理和华盛顿共识的世界银行-国际货币基金组织战略（Stiglitz，1993）。施蒂格利茨确实在哥伦比亚大学成立了政策选择研究中心，加大了对联合国关于全球经济和全球政治改革相关工作的影响（见第 4 章、第 7 章、第 8 章）。

随着施蒂格利茨的离开，霍尔兹曼更容易地实现了对“加利福尼亚女孩”思想的传承。奥伦斯坦（2003，2005）绘制了世界银行在随后的养老保险改革方面的影响程度，这些改革体现了一种私有化的个性化强制等级。虽然在 19 世纪末至 20 世纪 70 年代之间，全球第一轮养老保险政策的形成反映了国际劳工组织的政策与欧洲传统，但从 20 世纪 80 年代到现在，改革在很大程度上反映了世界银行的政策。“是世界银行而不是国际劳工组织主导了养老金的多支柱改革，并反映了全球话语在社会和经济政策中的变化”（Orenstein，2003：181）。从 1994 年开始，世界银行的国家业务就可以公开访问，因此可以追踪世界银行干预在特定国家中的直接影响。从 1994 年至 2004 年间，51 个国家接受了世界银行的援助，用于改革它们的养老金政策。在这 51 个国家中，14 个国家是贫困国家，世界银行对它们的援助，最初是为了发展其生产能力，逐渐演变成了养老金政策改革。在其余的 37 个国家中，有 20 个国家随后开始改革，包括建立一种个人强制性储蓄账户的体系（Orenstein，2005），这些国家主要分布在拉丁美洲和东欧。这并不是说，世界银行有它自己独特的运作方式，特别是在东欧，世界银行与国际劳工组织之间存在着激烈的冲突和斗争（Deacon，1997；Holzmann et al.，2003）。例如，在乌克兰，世界银行尽管尽其可能，甚至把其工作人员安排在中央委员会的办公室中，但仍然找不到当地的同行来配合。国际劳工组织与联合国开发技术署却能够与劳动和社会保障部组成联盟（Deacon，1997：122）。而在波兰，世界银行能够找到愿意转型改革的合作伙伴，且反对力量也很弱，个人资金账户已开始推出（Holzmann et al.，2003）。

霍尔兹曼等认为，“改革的进程具有高度的可变性”（2003：11）。世界银行养老金改革倡导者所面临的问题是，改革在拉丁美洲和东欧取得了一定程度的成功后，这些改革适用于欧洲其他国家吗？他们的结论是，可以通过欧洲委员会建立新“开放协调法”，并要求各国在某些基准和最佳实践指标方面，与其国家的社会政策相比较而改进。“也许在 2004 年后，‘东欧正式加入’的进程会给成员国家带来活力，因为这会使他们越来越意识到改革的必要性”（Holzmann et al.，2003：12）。这场养老金改革的持续运动，有助于赢得欧洲养老金政策制定者的认同和支持，并通过长期的循序渐进的技术、概念和知识的影响，以推动除东欧国家之外的欧洲其他国家对养老金政策及模式的改革。在现收现付制中，今天的支付者与今天的收受者之间的代际协议，以前只是要求今天的政府需要筹集足够的养老金收入，以支付今天的养老金，但美国世界银行经济学家通过代际统计及计算得出，这一模式在人口老龄化背景下将受到挑战。这种计算方法，在假定未来的一代将不会支付比今天更高税额的前提下，把隐含的公共养老金债务税率与预期的税收收入进行比对，对未来所有的养老金成本进行预测，发现存在一个很大的不可持续的养老金赤字。这否定了关于未来的一代可能更好以及在更长的退休时间内征收更高税额的逻辑和观点（Ervik，2005：32）。由于这些令人担忧的养老金危机，关于个人今天的储蓄是为了明天的养老金的问题又被提了出来。埃尔维克（Ervik）认为，挪威养老金经济学家与美国的养老金经济学家之间在知识和个人方面的密切联系，解释了2001年成立的委员会在审查挪威养老金政策时使用这些会计技术的原因。2005年会计技术委员会的报告认为，未来养老金债务负担占GDP的比重为286%。“这些数字使其他所有观点都黯然失色……会产生无法承受的未来的负担。……（他）敦促政治家及时采取行动”（Ervik，2005：45）。在这个过程中，挪威的代际团结（世袭利益）模式引起人们的疑虑。

世界银行推动的养老金改革实践，扩大了另一个认知共同体在全球范围内的话语权，该认知共同体运用一定的科学范式，去重构公共话语与政治争论。“缩小全球差异而仅聚焦到会计技术的层次是非常危险的，这夸大了其自身的重要性，忽视了其他相关因素”（Ervik，2005：47）。

霍尔兹曼在更广泛的概念框架上，对社会保障的分析和研究也得出了同样的结论。社会保障部门成立于1996年，基于霍尔兹曼和乔根森（Jorgensen）最初的构思，以社会风险管理（SRM）概念作为基础，制定了社会保障战略文件（SPSP，1999）。该社会保障战略文件在2000年获得批准。这个文件脱离了国际劳工组织关于社会团结、社会保障、社会包容和社会正义的话语体系，将风险管理的思想带到了市场和保险的话语中，这在一定程度上符合新自由主义时代全球化的不确定性、不安全性和灵活性。诺顿（Norton）和他的同事们对此评论说，“社会保障战略文件受到了对亚洲金融危机反应的经验影响……（以及）关注政策如何帮助穷人在人力资本开发的利益中进行风险管理”（Norton，2001：38）。这些解释和分析框架，区分了降低风险（例如稳定经济的政策）、缓解风险（例如收入多样性与保险）、风险应对（例如出售资产、减少消费或从事社会不良活动）。然而，在2006年由国际劳工组织召集的“展示与讲述”的跨机构研讨会上，世界银行社会保障部门的代表宣称：世界银行社会保障部门的使命最近做了调整，转向更多地考虑世界委员会关于全球化的社会维度，特别是关注创造体面的工作机会；世界银行的《世界发展报告》也更加关注在全球化的世界中获得更公平的结果。所以，世界银行的新的使命被认为：它“将帮助各国减轻贫困，促进公平和可持续的增长，通过创造更好的就业机会，通过更好的劳动力市场法规……（以及）提供最低生活保障水平，帮助纠正以市场为基础的分配结果”等（GSP：Digest，2006a：241－242）。

2.4 社会发展：转变制度以赋权于大众

现在看来，我们对世界银行的社会政策具体是什么似乎很难得出一个明确的答案。这项工作成为以下这些部门争论的重点，包括扶贫与经济管理部门，社会保障部门（SPS）和社会发展部门（SDD），甚至还包括国际复兴开发银行以及相对独立的国际金融组织。然而，到目前为止，世界银行对社会政策的看法是，国家在社会保障和减贫领域所采取的相应政策，相对于普遍主义应更倾向于针对性和选择性，相对于共同的社会保障计划应更倾向于针对贫困的消除和缓解措施（如社会基金以及更倾向于发挥私人个人储蓄账户的巨大作用）。在福利制度方面，世界银行的声明被视为一个社会自由主义或社会法团主义的，但同时又涉及穷人加入并建立的共同组织。在这里，我们没有发现世界银行运用欧洲社会民主主义或民主阶级斗争的语言和分析框架。

这是否也适用于社会发展部门的工作？“通过改革机构赋予人民权力”成为其2005年业务文件的标题，它阐述了世界银行应该如何把社会发展更集中地纳入更主流的业务中去，这是否表明了一种更为激进的做法？在世界银行的环境与社会可持续发展信托基金的赞助下，2004年赫尔辛基组织发展起来一个分析与解释世界银行社会发展部门背后逻辑的研讨小组。在该小组中，作为主管以及操作指南策划者的乔根森解释说，世界银行在20世纪50年代的主要工作与基础设施发展有关，然后在70年代与金融问题有关，80年代与人力资本有关，至90年代与环境资源有关。只是在最近几年里，世界银行开始着手解决社会资本和社会资产等问题。乔根森认为，在社会问题及其治理中，社会网络和公平问题非常关键。如果世界银行想确保其以前鼓励各国投资于人力资本的回报，那么它就需要保证欢迎一切为此做出贡献的社会力量。然而，其研究团队的观念和思路在多大程度上能与《2000/2001年世界发展报告：与贫困作斗争》中有关扶贫机构的观念和思路相同或一致？或者说，其他社会团体能够在多大程度上影响其联盟中那些根深蒂固的关于利益集团与穷人之间权力斗争的观念和分析框架？

对于这份由世界银行董事会通过的带有激进思想的报告文件，过于聚焦于细节也许并不合适。当然，这份社会发展部门的报告，并没有偏离像布拉桑（Braathan，2000）曾概括的社会法团主义的方法。因此，我们在其世界银行优先战略方案中也看到了如下内容，“基于发展政策的贷款，将支持政府改善其包容性，提升凝聚力，提升本国相关系统的运作能力，以及建立更有效的利益相关者参与政府决策的能力”（World Bank，2005d：vii，2）。它继续写道，“在一个具有凝聚力的社会中，能够使女人与男人共同努力，共同解决需求，克服约束因素，兼顾各方的利益，人们能够采取非对抗方式解决民事方面的分歧，有利于社会的和平与安全”（2005d：3）。几十年来，欧洲国家的社会状况也证明了这一点。

2005年2月14日，阿妮斯·丹尼（Anis Dani）——作为社会发展部门的社会政策顾问——在一次非开放的社会发展咨询研讨会中所做的分析（该分析未经银行董事会的审核）可能更具挑战的姿态。丹尼（2005）回顾了社会政策对于发达国家和发展中国家所具有的不同意义，继高夫和伍兹（2004）之后提出，在促进社会发展的背景下，社会政策的概念需要扩大到包括公共政策在内。这些目标通过各种政策分析工具运作，并由包括那些跨国企业在内的众多参与者制定。这样，社会政策就被界定为：为了促进社会发展，由多元行为主体，通过一系列组织机构共同参与策划和执行的一系列公共政策（Dani，2005：9）。后来，这一概念又被纳入拉奥和沃尔顿（Rao and Walton，2004）所提出的“平等机构”的概念，这里涉及一个更广泛的社会政策及其发展的目标。社会的发展包括提高“社会团体组织运行能力，改变与其他群体的关系并参与发展进程的能力”的过程等（Dani，2005：9）。丹尼继续论述道，以机会平等为社会政策目标并聚焦于解决其制约因素，“其往往会忽视群体间的不平等，例如基于种族、阶级、性别或种姓的不平等”（2005：10）。丹尼在其论文中，还对那些促进或阻挠社会发展目标的全球制度环境进行了审视和分析，认为国际社会为推动社会发展而创造有利环境的进展比较缓慢（详见第 6 章）。迄今为止，大多数北半球国家的贸易、农业、环境、移民政策，未能与全球发展的政策目标保持一致。也许至少在世界银行的社会发展部门中，不仅在国家层面而且在跨国层面上都需要更激进的社会政策和社会发展政治的意图。事实上，正如上面所说，《世界发展报告》中关于“公平与发展”的主题，以及对公平的制度和政治障碍的关注（World Bank，2005a），现已成为整个世界银行关注的焦点。要进一步推进，需要招募更多的社会和政治科学家。

阿妮斯·丹尼和世界银行社会发展部门的工作组，于 2006 年 12 月在坦桑尼亚召开了一次关于社会政策前沿的重要会议，即全球化下的世界发展和华盛顿共识运行状况的系列研讨会。会议聚焦于如下问题的解决：（a）不平等、生计与包容；（b）机构、话语和问责制；（c）文化多样性与社会整合。这次会议主要是针对《2006 年世界发展报告：公平与发展》，对其推进过程中暴露出的制度、政治、社会等结构性障碍进行了研讨（World Bank，2005a）。会议的主题集中在捐助者对国内责任的影响、《2006 年世界发展报告：公平与发展》的作用以及国际组织在全球政策中的作用等方面。会议的参与者和发言者有来自联合国经济和社会理事会的杰恩·高夫（Ian Gough）、杰夫·伍兹（Geoff Woods）、拉维·坎伯（Ravi Kanbur）、乔莫·夸梅·桑达拉姆（Jomo Kwame Sundaram）和谢尔盖·泽列涅夫（Sergei Zelenev），以及全球化与社会政策方案的保罗·斯塔布斯、妮古拉·耶茨（Nicola Yeates），我也参加了这次会议。会议形成的《阿鲁沙声明》指出，除其他事项外，“仅仅把公共服务的目标锁定在穷人身上，并不总是赋予他们权利和提升他们能力的最有效的方法”（GSP：Digest，2006b：121）。

世界银行社会发展部门的“激进主义者”对此更为关注。关于“公平与发展”方面的研究和工作经费是由庞大的环境与社会可持续发展信托基金（TFESSD）提供的，该基金是由挪威人在1999年建立的，芬兰是在2002年加入的。挪威自1999年以来提供了438万美元，芬兰自2004年以来提供了300万美元。在某种程度上，信托基金是世界银行的一些利益相关者，通过注入资金的方式来影响人们的思想观念，而这些资金通常被用于世界银行内部的那些国家的国民身上。2004年6月，在环境与社会可持续发展信托基金报告中，作为决策工作组负责人和基金与世界银行之间联络者的德斯蒙德·麦克尼尔（Desmond McNeill）提出，在基金支持下开展的工作，已经转移和制约了人们对某些治理问题的关注和思考。在其中加入非经济学专业的学者，可以促进世界银行中扶贫与经济管理小组的经济学家们更好地思考治理问题。这些新的想法能在多大程度上转化为实际的国家项目并不明确。然而，一些证据表明，即使在世界银行内部，也存在着自由主义倾向的美国与社会民主倾向的斯堪的纳维亚国家之间的争论和竞争，这也为提升世界银行在全球社会政策与社会发展方面的话语权做出了一定的贡献。世界银行内部的激进倾向和正统倾向间的争论和竞争，在过去并未分出胜负。米兰诺维奇（Milanovic，2003）与多拉尔和克雷（Dollar and Kraay，2001）分别就全球化的积极和消极后果展开辩论，由于世界银行对外事务部的支持，多拉尔最后“获胜”（Broad，2006）。这就提出了一个问题，该信托基金最好不再用于世界银行，而是用于加强联合国机构上。例如，联合国社会发展研究机构，这些机构更加赞同北欧思维。

2.5 提升公共服务或私有化公共服务（健康与教育）

到目前为止，我们讨论的重点是社会保障和社会安全。关于社会服务的提供，例如健康和教育，或水电等公用事业，我们可以追溯一下其实践过程。20世纪70年代和80年代，世界银行主导的结构调整政策和21世纪初的鼓励政策确实迫使某些发展中国家放弃了它们试图或继续建设高水平医院与大学的规划。根据当时世界银行的官方建议，政府支出应集中在满足穷人的需求方面。20 世纪 90 年代，这一趋势在一些原来实行社会主义制度后来发生剧变的国家中一直持续着，当时世界银行警告其不要有过多的公共开支，并鼓励其削减开支。

在这里，除了世界银行希望减少公共支出规模，还有普遍主义和选择性的政策问题，即国家是否只能将穷人作为服务目标，还是也可以为不同的社会团体提供普遍服务？汤森（Townsend，2004）、滕德勒（Tendler，2004）和迪肯（Deacon，1997）在 20 世纪 90 年代关注了全球社会政策话语中关于安全网的概念（它在很大程度上是由世界银行主导形成的）。可能导致普遍主义观念下降的原因之一是早先提出的一个观点，即以满足最贫困者的需求的名义，拉丁美洲、南亚和非洲的“超前”或“部分”福利国家（国际劳工组织在建设中具有很大的影响力）受到了特权阶级和精英阶层的抗议。世界银行与穷人之间将结成新的联盟。世界银行对这些规定的特权和排他性的分析是准确的。然而，这种以为了穷人或提升凝聚力为目标的社会政策，对中产阶级的公共服务造成了一定的损害，并导致一个后果，即吸引中产阶级对公共支出进行投资就变得更加困难。世界银行受益者指数测试显示，使精英阶层受益的高等教育支出和城市医院制度，有利于中产阶级对公共支出的投资。但擅长测量公共服务受益者群体的世界银行技术专家们，对福利国家中为了维护公共开支需要跨阶级联盟的政治经济并不了解。一次又一次的“美国例外论”（在剩余福利状态而言），把经济学家使用的技术工具作为理想的模式进行推广，而忽视了政治科学家使用的分析框架。

对此，世界银行是否有过重新思考，《2004 年世界发展报告：让服务惠及穷人》（World Bank，2003c）在专注于为穷人提供服务的建议中似乎有一些反思。在该文本中有一种张力：一种观点认为发展中国家的公共支出主要使富人受益，因此要把重点放在为穷人服务上（例如，World Bank，2003c：180）；另一种观点认为，现在已经出现并得到认同的“穷人与非穷人之间的跨阶级联盟”，能够使政府“加强公共服务的基础性支出”（世界银行，2003c：180）。该报告中最引人注目的论述是：“在大多数情况下，为穷人提供服务就意味着为每个人提供服务，但是要保证穷人有机会获得这些服务，就需要一个能够包括穷人和非贫困群体的联盟。因为如果没有实质性的‘中产阶级参与’提议的改革，就不太可能取得进展。”（World Bank，2003c：60）该报告认同并引述了威尔伯·科恩（Wilbur Cohen）的观点，威尔伯·科恩在20世纪60年代林顿·约翰逊总统时期曾任美国卫生、教育和公共福利部部长。他认为，“针对穷人的项目，将会是一个贫穷（可怜）的项目”。该报告的建议和要求比较复杂，并拒绝“一刀切”的方法（世界银行曾经被指责运用该方法，试图向全球兜售智利的国家福利政策）。取而代之的是，世界银行采取了全球通用的八种模式。这些模式的运用取决于政府的能力、对穷人的开放性、国家的同质性程度等。其中，至少有两种模式高度重视政府作为福利主要提供者在国家或地方公共福利中的作用。世界银行的《世界发展报告》对此加以强调，可能由于第一作者是来自芬兰的经济学家。正如我们所看到的，芬兰和其他北欧国家一样，在世界银行和一些区域开发银行中，其专家安置方面已经受到了相当大的影响。

可想而知，这也反映了一个事实，世界银行在社会保障部门层面和国家操作层面，大多是由主导私有化的支持者——例如罗伯特·霍尔兹曼、埃丝特尔·詹姆斯和迈克尔·鲁托夫斯基（Michael Rutowski）等——来制定其养老金政策的，但这并不一定适合家庭健康、营养与人口以及教育等方面。下面，我们就世界银行卫生服务政策的思路与干预措施来检验社会福利私有化这个命题的正确性和有效性。

1996年，世界银行经过内部重组，产生了与社会保障和教育部门相并列的健康营养和人口等部门，共同组成了人类发展网络。然而，在戴维·德·费兰蒂（David De Ferranti）于1996年成为人类发展网络的领导者之前已经形成并发挥着作用的报告文件和观点主张，促使世界银行鼓励各国提高有关服务收费，并将部分医疗服务私有化（Lee，2003：100－113）。其中之一是开创性的论文《为发展中国家的卫生服务付费》（World Bank，1987）。在1987年至1993年期间，加入世界银行的健康经济学家们关于投资健康的观点也体现在《1993年世界发展报告：投资于健康》中（World Bank，1993）。其中论述了“扔下战书，直接进入公众卫生保健领域并设定私人融资的优先次序……”，许多公共健康专家对普及健康保健基本原则受到明显破坏表示震惊（Lee，2003：109）。该报告主张回收成本、预付保险和开放私人投资市场。

但这并不是说，世界银行在由这些健康经济学家主导期间，就没有其他不同的声音。李（Lee，2003：113）指出，在公共健康研究专家之间也存在着分歧和争论，后来这些公共健康研究专家在人口健康和营养部门（区别于1996年成立的健康营养和人口部门）中被组织起来，并与健康经济学家们一起，在政策研究部门和国家/地区业务部门中共同发挥作用。她指出，自20世纪90年代中期以来，世界银行对保健服务筹资议程的立场明显软化。当然，在理查德·费查姆（Richard Feacham）的管理下，新创建的健康营养和人口等战略部门（World Bank，1997），对公共健康专家们的观点表示了很大的支持。该部门明确地重申：

> 在大多数发达国家和许多中等收入国家中，政府已经成为社会政策和医疗保障的核心。这种政府主导的模式，在理论和实践上具有两个方面的缘由：(a) 公平，能够确保全体人口都能获得健康、营养和生育服务；(b) 效率，能够矫正市场失灵，特别是重大的外部性（公共产品）或严重的信息不对称（医疗保险）(World Bank，1997：5)。

本书的观点是反对私人医疗保险，因为“私人医疗保险计划……往往排除那些最需要健康保险的人”（World Bank，1997：5）；反对医疗服务由私人提供，因为“其消费者同样也受制于医疗服务私人提供者，他们将主导医疗市场所提供的医疗服务”（1997：5）。其结论是，“私人健康保险在低收入或中等收入国家中，不是国家层面可行的风险分担选择”（1997：8）。相反，“大多数国家都需要强有力的、直接的政府干预来为公共健康活动、必要的健康营养、生育服务提供资金，并对因病致贫人群进行保护”（1997：8）。如果贫穷国家无法筹集到足够的资金，那么国际捐助者将需要提供大量的外部性的公共卫生干预措施。

在本书写作期间，该健康营养和人口部门由罗伯特·赫克特（Robert Hecht）接手主管，他正在酝酿一个修正的部门战略。从罗伯特等所著的

《通向卫生改革之路》（2003）一书中，我们可以看到他关于卫生部门改革与可持续融资的一些观点。在2003年至2005年期间，其工作计划受到千年发展目标（MDGs）与减贫战略文件的影响，其工作项目涵盖了面向妇幼健康保健服务的金融可持续发展、公共和私人部门的健康减贫资金等，并在制药和政府管理领域开展工作。在与健康有关的收费方面，世界银行于2005年6月8日在其网站上强调，它不支持基础医疗服务的收费。当取消收费难以实行时，世界银行认为，国家需要在这方面对穷人的费用进行财政补贴（Gottret and Schieber，2006）。在阻止基础医疗服务收费的同时，该部门也借助公共政策与私营部门的系列研讨会进行一项重要的推广活动，旨在寻求更有效的公共和私营部门之间的伙伴关系，其中包括私营部门的评估、凭证以及与非国家实体的签约合作等，并于2004年至2005年期间，在坦桑尼亚、巴西、新加坡和莫斯科、华盛顿进行试运行。

这表明，在20世纪90年代末期与21世纪初期，世界银行在健康和医疗服务方面的私有化倾向是不可持续的。在私有化方面，作为世界银行集团一部分的国际金融组织所发挥的作用往往会被忽视。国际复兴开发银行与国际开发协会，作为世界银行及其《2004年世界发展报告：让服务惠及穷人》的相关组织，对公平问题以及能够有效地为穷人提供服务而产生的跨阶级联盟及其重要性给予了一定重视。国际金融组织促进了私营资本流向发展中国家，并作为风险投资促进产业发展的一种渠道。2001年，国际金融组织在盖伊·埃琳娜（Guy Ellena）的领导下，成立了自己的卫生和教育部门，开始鼓励在这些部门进行这种投资，并为此提供贷款（Lethbridge，2002，2004，2005；Mehrotra and Delmonica，2005）。国际金融组织根据2001年发起的咨询倡议，于2002年制定了《私营部门发展战略》（World Bank，2002b），可以在这种背景下理解这一发展。报告的最终计划增加了对提供卫生和教育服务的私营部门的支持。报告建议，国际金融组织与国际开发协会的软贷款之间应形成更紧密的联系，目的在于能够使国际金融组织推动的私营部门参与国际开发协会的比例提升至40%（Mehrotra and Delmonica，2005），并且与减贫战略文件相联系，要求贫困国家在获得债务减免或减贫增能之前完成。在世界银行减贫战略文件的有关资料中，就倡导通过“制定政策来鼓励竞争和高效率的服务部门，例如允许及鼓励外国投资的直接进入”（Mehrotra and Delmonica，2005：165）。

在这样的政策背景下，国际金融组织正在南亚、东亚、非洲、中东、拉丁美洲的许多国家和转型国家推动私人部门进行健康方面的投资。其中，一些投资是在健康服务提供的基础设施或技术方面，例如信息与通信技术、诊断技术与服务等。在这方面，私营部门的参与，其中大部分是控股企业，直接鼓励了新形式的私人交付或健康保险公司，所显示出的优势没有争议。在近期的贷款中，有一笔是来自一家名为“ORESA”的瑞典投资公司的 2 200 万美金的贷款，设立了名为“Medicover”的医疗保险（中欧及东欧），并向中央和东欧的企业及个人提供健康保险（Lethbridge，2005）。这项国际金融组织的创新举措赢得了世界银行的认可。2005 年 2 月，在华盛顿举办的一次主题为“在新兴市场投资私人医疗”的大型会议上，16 位主讲人（www.ifc.org）中，有 9 人作为美国、拉丁美洲或英国企业的代表，对此类投资感兴趣，包括 Netare、普华永道、Acibadem 医疗集团、阿波罗医院有限公司。有两位英国专家，LSE 的朱利安·勒·格兰德（Julian Le Crand）教授和约克大学的艾伦·梅纳德（ALan Maynard）教授，就此项主题阐述了其学术合法性。

在教育政策方面，世界银行的教育战略文件于 1999 年制定，正在修订，以便在 2006 年发布。鉴于在社会保障战略与政策领域已有众多市场理论家研究和发展，健康战略与政策领域也被高度关注，并有了一些重要的研究和观点，而在教育战略和政策领域却较少被关注，并且该领域也少有争论和研究。教育战略文件是对全球化世界背景下教育目的和状态的公正专业评估。它涵盖了一系列教育政策的目标范围，包括其对人力资本发展的贡献、健康和营养的改善，对社会资本的发展及对社会凝聚力和公平性的贡献等。该战略文件认为，“在教育方面，政府仍然起着主导作用，特别是在中小学教育的经费筹措方面”（World Bank，1999：2）。当然，它也承认“其他实体组织也参与了并在未来几十年中会发挥越来越大的作用。例如，私营部门，通过职业培训的途径，已经提供了很大一部分有效的学习，使许多人得益”（1992：2）。战略文件关注的是教育机会和教育质量的平等方面，它提出必须减少不平等现象。它指出，“公共支出可以成为公平、平等的有力工具——扩大人们的发展机会，提高所有人的生活水平，尤其是对最贫穷的人。发展中国家的教育支出总体上是进步的，最贫困群体的获益程度相对于富裕群体要大得多”（1999：15）。更侧重于受惠指数的世界银行指出，“尽管如此，教育补贴并不总是具有很好的针对性。最富有的家庭往往获得相当大的补贴份额，而基础教育支出的受益者主要是最贫困的群体”（1999：17）。

这种分析在一定程度上解释了世界银行在基础教育和高等教育政策方面的不同侧重点。在基础教育中，它完全支持各国在 1990 年通过并随后为联合国教科文组织（参见第 4 章）和其他国际机构所推行的全民教育政策的目标。在这一方面，世界银行在教育投资上付出了值得称赞的努力，包括面向女孩的基础教育，强调女孩需要去学校；降低婴儿死亡率，降低生育率，增加经济增长等。2002 年，为支持这一政策及千年发展目标中的教育目标，世界银行与捐赠合作伙伴及其他国际机构共同建立了“全民教育”（EFA）与“快车道计划”（FTI），由世界银行提供管理支持，并由 8 国集团及非 8 国集团的捐助主体轮流担任执行主席。“全民教育”与“快车道计划”的目的是实现教育援助的持续增长，鼓舞国家根据供款预算制订教育支出的部门计划，无论是否成为减贫战略文件执行过程中的一部分，或者是否单独参与这个执行过程。为了弥补资金缺口，针对“快车道计划”，世界银行在 2003 年设立了“快车道计划”催化基金，作为多边捐助信托基金。该基金的管理与运作将会在第 6 章中作为全球社会再分配活动的一个案例进行分析。在这方面，虽然 2004 年 4 月“全民教育”与“快车道计划”催化基金从四个捐助主体上吸引了 2.36 亿美金的捐助，但“这还不足以满足第一个加入‘快车道计划’的国家的迫切需求”（UNESCO，2004：34）。政府的支出计划由“快车道计划”秘书处和联合国教科文组织共同进行审查。一年一度的“快车道计划”会议由联合国教科文组织高水平小组召开会议，审核“全民教育”取得的实际成就。

这场“全民教育”的运动，使世界银行重新思考关于成本回收问题，或基础教育部门的费用问题。在世界银行关于教育的一系列记录中，解决这一问题的方法最近被大胆地提出，“世界银行不再承担初等教育的费用，这些费用作为一种门槛，造成许多国家的贫困儿童失学，削弱了普及‘全民教育’的势头。课本和其他材料的费用也会阻碍更多儿童完成学业。为此，世界银行的有关项目将提供越来越多的支持，确保其他可行的财务来源”（World Bank，2004c：1）。这份记录显示，“快车道计划”的催化基金为“全民教育”国家提供了一个很好的机会进行临时融资，并努力降低教育开支。

在兴办高等教育和一定程度的中等教育方面，世界银行对政府担任的角色持有不同的看法。有关的教育战略文件认为，“私人融资及供给可以扩大招生名额，特别是在二级教育和三级教育上”（World Bank，1999：34）。在这种情况下，像健康政策一样，国际金融组织正在作为该项目的投资促进者而发挥作用，并通过召开投资会议以加快这一进程。但不得不承认，所有这些都是在《2004 年世界发展报告：让服务惠及穷人》发布之前提出的，其战略文件所依据的是并不可靠的假设，即允许更好的私有化，国家将能集中精力帮助穷人，而没有考虑到解决随之而来的质量问题。

总之，对于这个问题的解答，涉及世界银行的政策是对穷人的公共服务有所促进，还是使穷人的公共服务私有化了，这取决于你的立场和角度。世界银行的政策和声明，针对不同的地区和领域会采取不同的方式和方法。根据世界银行的声明，我们可知：私有化对养老金是有益的，高等教育也是可以接受的，但对国际金融组织所支持的健康医疗领域还是产生一些疑惑。世界银行内部的争论和斗争还在持续，但在运作方面，支持私有化者最近在健康医疗和养老金领域取得了某些成功，而那些支持免费提供公共教育者在基础教育方面占据了主导地位。

拓展阅读：

国际组织方面：

Boas M and McNeill D（2003）：*Multilateral Institutions: A critical Introduction.* London：Pluto.

世界银行方面：

Gilbert C L and Vines D（1997）：*World Bank: Structure and Policies*. Cambridge：Cambridge University Press.

Stone D and Wright C（eds）（forthcoming）：*The World Bank's Decade of Reform and Reaction*. London：Routledge.

世界银行相关资料：

WDR 2001，2002，2004，2006。

世界银行与扶贫方面：

Kanbur R and Vlnes D（2000）：'The World Bank and Poverty Reduction: Past, Present, Future' in Gilbert C L and Vines I（eds）：*The World Bank: Structure and Policies*. Cambridge：Cambridge University Press.

世界银行和养老金方面：

Orenstein M（2005）：'The new pension reform as global policy,' *Global Social Policy*, 5, 2.

The journal *Global Social Policy*：GSP Digest, The section on International Actors and Social Policy.（www. gaspp. org）

3 国际货币基金组织、世界贸易组织、经济合作与发展组织的社会政策

本章主要阐述国际货币基金组织所采取的社会政策，回顾并分析世界贸易组织有关服务标准与知识产权的政策及影响，分析评价经济合作与发展组织关于劳动力市场、养老金和健康医疗的社会政策。

3.1 国际货币基金组织：从机构调整到减贫与增能

鉴于世界银行目前已经明确地参与到关于缓解贫困最佳方式的这场全球辩论中，相对而言，国际货币基金组织在全球话语中起到的作用较小。事实上，直到 1999 年，在围绕减贫与增能这个主题上，对这一长期存在着争议的机构（创始于 1986 年）进行调整时，减贫才成为国际货币基金组织的一个明确议题和目标。

如我之前所述，有关研究也在科皮茨（Kopits，1994）、坦齐（Tanzi，1992，1993）、艾哈迈德和沙伊德尔（Ahmad and Scheider，1993）、钱德和肖姆（Chand and Shome，1995）、布鲁诺（Bruno，1992）、哈迪（Hardy，1991）等的研究中出现过，在国际货币基金组织内部，还有一些从事公共责任研究的社会政策专家，他们着眼于财政事务与人力资源事务开展研究。在 1995 年哥本哈根召开的世界社会发展高峰会议上，国际货币基金组织制作了一本关于社会维度层面政策对话的精美宣传册（IMF，1995），其关于发展中国家的结构调整方案及其影响的论述，随后成了一项重大研究的关键来源。基利克和马利克（Killick and Malik，1991）比较准确地

总结了国际货币基金组织关于发展中国家的结构调整政策的影响：

- 对收入分配有明显的影响，尽管这个问题因为各国情况不同而很复杂；
- 意味着贫困人群被确认为失败者中的一部分，与高风险的城市工人阶级共存；
- 允许各国政府依据国际货币基金组织的项目来采取具体措施，以保护弱势群体，尽管在出现公共收入大额索赔过程中可能会遇到艰难的谈判。

随后，加伦达（Garunda，2000）对国际货币基金组织在 1975 年至 1991 年间所面向的 58 个国家的贷款进行了回顾。加伦达认为，对于那些有国际收支不良贷款和其他财政问题的国家来说，基金组织的介入效果，在收入分配和穷人的收入方面呈现明显恶化的趋势。

早在 1992 年，国际货币基金组织就已经承认了一些结构调整方案的缺点及其产生的负面影响，“错误已经发生了。众所周知，其结果之一是偏重于社会方面的调整，以及在越来越多的情况下，将人们能够负担得起的部分也纳入了安全网”（IMF，1992）。国际货币基金组织所支持的结构调整政策在短期内对某些公民会产生负面影响，即“社会发展需要高质量的经济增长战略”（IMF，1995：1），这种战略需要“宏观经济稳定，有明显基础的贸易和投资环境，通过负责任的机构和透明的法律框架进行良好治理，通过所有群体积极参与社会的参与性发展”和“健全的社会政策，包括社会安全网能够确保在经济改革时期保护穷人，具有成本效益的社会支出，以及创造就业的劳动力市场政策”（IMF，1995：1）。

20 世纪 90 年代中期，国际货币基金组织公共政策的主旨是“安全网”，主要包括“有针对性的经济补贴，现金补偿替代补贴，药物等要素的分配改进，基本商品的临时价格管制，遣散费、削减公共部门雇员的再培训费用，通过公共项目就业，以及采用永久社会保障计划来保障穷人等”（IMF，1995：15）。从长远来看，国际货币基金组织的目标是“实现包括初等教育和健康在内的社会支出的显著增长……（然而在某些情况下）……将资源从大学教育或高级医疗领域中转移出去”（IMF，1995：

18－22）。

一般来说，在国家现收现付政策以及中等收入者或后社会主义国家私有化及个体化的社会保障体系方面的争论，很少提及国际货币基金组织关于社会政策的观点，因为国际货币基金组织更倾向于强调“安全网”。事实上，埃蒂沙姆·艾哈迈德（Etisham Ahmad）从世界银行离职转而就职于国际货币基金组织财政事务部，从事苏联经济联合研究，在经济合作与发展组织、国际货币基金组织、欧洲再建设和发展银行（EBRD）、世界银行（WB）等组织的报告中撰写了社会政策部分。他总结说，“有许多措施可以保护弱势群体，包括现金转移，按规定价格或食品券提供一定数量的必需商品”（OECD，1991：137）。“要避免的风险是，花很大代价精心打造的社会保障大厦，仅使一定的特权群体受益，而忽视了穷人和有需要的人”（1991：192）。

科皮茨（1993）担任国际货币基金组织财政事务部负责人时，曾明确地表示了需要解决社会保障的长期战略问题。他认为，典型的欧洲俾斯麦社会保障制度所面临的危机，主要原因是“获得福利的低门槛资格是基于政治目的考虑的，而不是基于享受福利者在过去的贡献或真正需要”（1993：103），此外，还因为有“过高的病假索赔、部分伤残抚恤金、提前退休养老金、服务养老金以及医疗福利等”（1993：105）。改革的重点是需要计量成本和提高有效性，“社会保障再也不能仅仅简单地关注利益的大小和覆盖范围，必须在财政和资源配置下进行成本评估”（1993：108）。

国际货币基金组织已就一些国家新设计的社会保障计划提供援助，这些国家包括阿尔及利亚、玻利维亚、巴西、希腊、匈牙利以及前苏联的大多数加盟共和国。关于该方面的改革，科皮茨提出了以下思考：第一，需要考虑国家的传统文化和历史背景。在一些国家中，对于扩展的家庭或村庄结构来说，“作为非正式的社会保障方案，不应着急地引入大型公共养老金比较好”（1993：108）。在另外一些国家中，“家庭已被分裂……那里就需要立即提供扩展的安全网，例如前苏联的大部分地区”（1993：108）。第二，社会保障计划“不应干扰资源的有效配置，也不应制约生存和就业”。第三，要加强受益和贡献之间的联系，当然贡献应保持在较低水平。

第四，应该防止浪费，例如通过在卫生和教育方面引入用户费用。第五，应制定制度来明确区分计划中的各个要素，例如养老金、医疗费用等。第六，该计划应该是“财务可以长时间自我维持”（1993：108）。科皮茨强调，方案应尽可能地倾向于个人投资基金的方向，个人的受益应符合世界银行主导的方针和政策。

在20世纪90年代，国际货币基金组织受到国际民间社会成员的影响，对其减贫政策进行了更为严格的审查。另外，亚洲金融危机导致许多国家的进一步贫困化，也促使国际货币基金组织内部对其政策进行了一些自我反省。在国际货币基金组织财政事务部召开的一次关于公平和经济政策问题的会议上，其工作人员所撰写的会议背景文件反映了经济增长与公平之间的权衡：

> 事实上，大规模的税收和转移计划虽然发展缓慢，但减贫、普及性基本医疗保健和教育可以同时改善公平与提升人的综合能力。（IMF，1998：2）

会议邀请与会者反思“国际共识是否可以建立在应满足的最低限度的公平条件上”（IMF，1998：2）。应邀研究这一问题的学者中有阿马拉伊塔·森（Amarayta Sen）与安东尼·阿特金森（Anthony Atkinson），他们都曾参与了关于民生和收入分配的普遍性与可行性的研究。

重新关注和研究结构调整对穷人的影响，促使世界银行和国际货币基金组织合作制定了减贫战略政策。这项政策的目的是确保银行和基金之间能够形成有效合作的运行方式，以达到减贫与增能的目标。这也有利于国家及其公民社会在制定国家反贫困政策时，运用廉价的贷款和债务减免。国际货币基金组织的结构调整政策，也由此被更名为减贫与增能贷款政策（PRGF）。但是，某些批评家也指出，国际货币基金组织对宏观经济稳定的短期关注与其长期的减贫目标之间存在着矛盾，国际货币基金组织的财政目标往往会导致社会支出的减少。北半球对南半球的发展援助也没有改变这一现状，供给方从国际货币基金组织的国家观察报告中获得了有关信息和线索。在洪都拉斯，国际货币基金组织关于增加教师工资的争论，使美国推迟了1.94亿美元的债务减免和捐助削减。2000年，赞比亚在重债穷国提议的促使下，被免去了国际货币基金组织债务减免的信用额度，并用国际货币基金组织工作人员监督方案来取代减贫与增能贷款政策，因为该国没有将公共部门纳入薪水限制范围内。按照国际货币基金组织的规则，公共部门工资占 GDP 的比例不得超过 8%，预算绝对不能超过 3%。为了达到这个目标，赞比亚现阶段不再增加工资，也不增加教师和医生的数量，尽管这些行业和领域的从业人员都非常短缺（Bretton Woods Project, 2004）。由此来看，尽管国际货币基金组织的有关政策名称有所更改，但国际货币基金组织在宏观经济稳定领域并没有显著实现南北半球资金转移的需求，这也使它不可能为国家在有效减贫和提供健康与教育等公共服务方面提供实际的帮助。

然而，就国际货币基金组织自身的社会政策而言，从 20 世纪 80 年代开始实行的结构调整却发生了重大变化。《关于 2002 年国际货币基金组织政策对话的社会层面概况介绍》现在断言：“宏观经济活力必须包括直接解决贫困和社会问题的政策，为了支持这些目标，社会部门的支出应重点改善贫困人口的教育和健康状况。”（IMF，2001a：1）事实上，国际货币基金组织始终坚持“其所支持的项目都以努力促进基本社会服务普及为宗旨”（2001a：1）。此外，国际货币基金组织从自己的评论（2001b）中，引用了 1985—1999 年接受国际货币基金组织支持的 32 个国家的社会支出数据，声称：这些国家的教育和健康的实际支出分别实现了 3.4%和 3.3%的年增长率，这对入学、教育和婴儿死亡率指标的改善具有重要作用。

3.2 世界贸易组织：国际劳工标准和私有化公共服务

世界贸易组织是欧盟的新生儿，其活动和政策也影响着国家的社会政策。它创建于 1994 年，经过 8 年（1986—1994）持久谈判之后，形成了国际贸易问题框架下的关税与贸易总协定框架（以下简称“关贸总协定”）。世贸组织旨在补充世界银行和国际货币基金组织的功能，提供一个国际监管框架，涵盖商品和服务贸易、与贸易有关的知识产权

(TRIPS)、监督和解决贸易争端等。其创建的原动力是，在20世纪90年代新自由主义的崛起、人们对它的高度信仰，以及资本流动自由化的情况下，世贸组织是增加全球贸易、促进世界繁荣的关键。它被看作一种力量，可以降低关税壁垒和国际贸易的非关税壁垒。在其成立之前，各国已经与其指定的国家建立了优惠的贸易计划，以在未来的贸易中优先遵循非歧视原则。世界贸易组织成员方对其潜在的贸易对象，一般是相互给予不低于其他第三国的最惠国待遇，除非它是自己的区域贸易集团的成员，以及对待国外供应商与国内供应商以同等待遇即国民待遇原则。

我们所关注的是这个新组织对国家社会政策的影响。随着国际贸易的发展及其过程的展开，国家社会政策在某些方面须考虑贸易政策的影响。相应地，社会政策分析家也不得不转变为贸易分析师，以便及时了解这些问题是如何影响国家的社会政策的。迄今为止，贸易和社会政策尚未完全分离，欧盟国家和一些地区集团已经采用优惠的贸易计划来影响其贸易伙伴的社会政策。欧盟推出了对各国的贸易优惠措施，以符合国际劳工组织关于强迫劳动、结社自由、集体谈判与最低雇用年龄等方面的公约（Woolcock，1995）。早在1953年，比利时就试图给予那些已实行普遍家庭津贴的国家以贸易优惠（Esty，1994）。即便是美国，也在1984年的《贸易与关税法》中使用其贸易优惠，以宣扬其劳工标准——该标准与国际劳工组织的标准有所不同。随着关贸总协定的谈判和世界贸易组织创建的完成，现在的问题是，非歧视政策是否意味着每个国家都必须与劳工标准低的国家进行贸易，从而可能会产生一种触及底线的竞争，并可能对欧洲和其他北半球国家的社会与劳工标准造成破坏。

3.2.1 世贸组织应该遵守劳工标准吗?

这是世贸组织最初面临的“社会政策问题”，并成为“社会条款问题”，我们需要把这个问题置于有关贸易与劳工标准关系的历史背景中来分析。在布尔什维克运动席卷欧洲的背景下，《凡尔赛条约》成为第一次世界大战后的和平条约，其中包括对劳工标准的重要规定。用一句到今日仍能让人产生共鸣的话，在自由贸易和随之而来的福利下降的危险下，

《凡尔赛条约》指出，“任何一个国家在制定和采用人类劳动条件时的失利，都会成为其他国家想改善自身劳动力条件的障碍”（Woolcock，1995）。《凡尔赛条约》第十三部分涉及国际社会努力建立以下条款：结社权、合理生活水平的工资、8 小时工作日和 48 小时工作周、不使用童工、男女同工同酬，以及移民工人的平等权利等。正如我们在下一章中将看到的，在审查国际劳工组织的贡献时，我们所关注的重点是其鼓励各国所签署和批准的劳工条件和社会标准。现在的问题是：在新自由主义语境中，自由贸易是否会逐步破坏这些标准？或者，“社会条款”是否会被嵌入贸易协定中，并导致各国必须坚持统一的标准，才能在世贸组织的制度框架下进行贸易？

这些社会条款的主要支持者是美国政府、法国政府和工会等，而印度、巴西和公司雇主等并不支持。在法国政府和工会围绕该社会条款是不是一个好提议而进行争论时，世贸组织中很多南半球国家将其视为一种社会保护主义的说辞。在进入全球贸易体系的过程中，北半球发达国家试图排除发展中国家，而南半球国家则要求从低劳动力成本的竞争优势中获益。在 1996 年 12 月召开的世贸组织部长级会议上，该争论仍非常激烈，但在最后声明中出现了妥协：一方面，会议致力于遵守国际公认的核心劳工标准，并指出国际劳工组织是制定和处理劳工标准的主管机构；另一方面，它也声明“拒绝以保护主义为目的使用劳工标准”，以及“不能否决国家竞争中的优势，特别是低收入发展中国家的优势”（Deacon，1997：78－79）。对这个声明的含义有不同的解释：国际自由工会联合会（ICFTU）赞成世贸组织关于核心劳工标准的承诺，马来西亚贸易部部长却认为，“世贸组织可能会不再关注劳工标准”（Deacon，1997：79）。然而，1999 年在西雅图举行的部长级会议上，世贸组织的代表再次谈到劳工标准问题。这次会议被一批反全球化的抗议者围攻，其中就包括美国的工会，它们根据每年的工作损失来反对全球化。时任美国总统比尔·克林顿在一次接受采访时建议，关于社会条款的讨论还是应该回到议程上来。对该次会议的抗议和围攻，加之南、北半球之间的利益冲突，导致这次特别的世贸组织部长级会议崩溃。现在，我们已经不再讨论世贸组织的劳工标准和社会条款，尽管全球标准的理念仍然是全球社会政策话语中的一个重要部分。

关于这个问题的激烈争论说明了竞争利益的复杂性以及形成一个全球社会政策的必要性。关于南半球国家如何通过自由贸易来实现繁荣，从北半球流向南半球的资源如何实现合理再分配，以及如何调控全球经济可持续发展，以维护和增进发达福利国家的社会成就等，我们将在第 6 章的“跨国家社会政策”中进行分析和讨论。

3.2.2　《服务贸易总协定》是将公共服务私有化吗?

《服务贸易总协定》（GATS）是否会将公共服务私有化，结论是肯定的。这将被看作对普遍公共服务条款的一个威胁，特别是在卫生政策领域。见表 3.1。

表 3.1　世贸组织协定对健康政策的影响

政策领域	SPS	TBT	TRIPS	GATS
传染病控制	×	×		
食品安全				
烟草控制		×	×	×
环境	×	×		
药品获得		×		
健康服务				×
粮食保障	×			
生物技术	×	×	×	
信息技术			×	
传统知识			×	

物资和人力的国际贸易在很多方面影响着人类健康。贸易与健康之间的联系是多方面的，世贸组织的四个方面政策直接影响到曾是世界卫生组织唯一责任的领域：

- 《实施卫生与植物检疫措施协议》（SPS）；
- 贸易技术壁垒（TBT）；

• 与贸易有关的知识产权；

•《服务贸易总协定》。

世界卫生组织和世界贸易组织秘书处的联合工作组，就世界贸易协定与公共卫生（WHO/WTO，2002）列出了受这些协议影响的政策问题。

在这里，我们所关注的是《服务贸易总协定》中关于贸易与健康服务的问题，更为重要的是，世贸组织在何种程度上影响了国家卫生服务政策。

《服务贸易总协定》在某些关键方面与国际贸易协定存在差别。它的某些规则和要求并不适用于所有的服务，而仅适用于那些在国家间愿意开放的竞争部门。因此，政府向世贸组织提供了一份“具体承诺表”，列出了它准备在《服务贸易总协定》下开放竞争的服务内容和提供这些服务的方式。

世贸组织与《服务贸易总协定》所达成的共识，其总体目标是鼓励国家开放服务业的国际竞争。这样，一旦一个国家同意签署《服务贸易总协定》的具体服务，就必须在市场准入方面平等对待所有国家的企业。但很多人认为，这是在公开的服务领域中为增加私人企业份额开了后门（Pollock and Price，2000；Sexton，2001；Kralewski，2003）。

按照《服务贸易总协定》的规则，国际贸易模式包括以下四种：

• 跨境供应：一个国家可以向另一个国家提供服务，包括国际电话通信、互联网服务、远程医疗、从他国购买实验室服务、在网上购买药品与使用咨询服务，服务本身可以跨境。

• 跨境消费：个人或企业可以使用另一个国家的服务。旅游是一个典型的例子。这种模式包括到另一个国家旅行，获得比国内更好、更快或更便宜的医疗服务等。

• 商业存在：公司可以设立子公司、分支机构、合资公司或代办处，或在另一个国家租下楼宇，为当地提供服务。例如，银行可以在另一个国家设立和运营，美国的医疗保健公司可以在欧洲国家设立医院或诊所。

• 自然人的存在：个人可以暂时被允许到另一个国家去提供服务，例如时装模特、医生或护士。但是，按照《服务贸易总协定》，这并不适用于寻求永久就业的个人，也不提供获得公民身份、永久居留权或永久雇用权的条件。

这里有一个问题，即《服务贸易总协定》是否适用于公共服务，例如国家医疗服务体系（NHS）。《服务贸易总协定》几乎涵盖了所有的服务，许多公务员和政府部长认为，它也提供了公共服务的另一种存在模式——那些“在行使政府权力时提供的”（条例 1. 3b），例如医疗保健、教育或公共事业。但是，政府服务是非常狭隘的——“它是既不以商业为基础，也不与一个或多个服务供应商竞争的服务”（条例 1. 3c）——如果一个国家要违反世贸组织与《服务贸易总协定》达成的共识，挑战另一个国家的公共服务，几乎是毫无意义的。可以这样说，如果在国家卫生服务系统中——例如英国政府的服务提供——存在着规模并不大的私营机构，就会与另一个供应商产生竞争。事实上，全球各国政府都已经放松了对资金和公共服务提供的私有化管制，其中有一些是主动的，有一些是作为国际货币基金组织结构调整方案的条件。

然而，一个国家能否确保平等地对待任何一个国外私人供应商，这仅适用于那些已签署过针对私人医疗服务的贸易自由化的国家。有人认为，那些对《服务贸易总协定》的担忧是言过其实的，因为南半球是很少有国家会根据《服务贸易总协定》的承诺开放他们的医疗服务的。在开放竞争中，卫生和社会服务在《服务贸易总协定》列出的各项比例中，相对于其他部门的发展速度是滞后的。然而，2005 年和 2006 年世界贸易组织的谈判起到了重要推动作用，2005 年在中国香港地区举行的世界贸易组织会议以及随后欧盟和美国试图鼓励迅速开放这一领域市场，以换取北半球国家放弃农业贸易壁垒（GSP Digest，2006b：124）。

北半球的国家及其企业希望把医疗服务出口到发展中国家并进入其市场，而那些发展中国家则希望保护其健康、医疗等公共服务。与此同时，一些南半球国家也以提供更廉价的运作方式来争取一些国际医疗市场。也有人认为，外国公司的存在或跨境供应是将新的医疗技术引进贫困国家的唯一途径。此外，贫穷国家的富人可能会到国外去寻求私人服务，这在一定程度上也削弱了人们对国内高质量的普遍医疗服务的期望。伍德沃德

(Woodward) 全面审查《服务贸易总协定》对发展中国家卫生保健的影响之后得出结论:“它对所有发展中国家的卫生系统的影响基本上是负面的。”(2005: 511) 他认为,尤其是“开放的医疗市场需要很强的国内法规,而大多数发展中国家的能力都无法实现”(2005: 511)。

当《服务贸易总协定》和卫生服务问题备受关注的同时,有关社会保障、教育和公共事业等问题也凸显出来。关于社会保障,在条例 1.3c 的豁免原则,通过金融服务的附件条例 1(b) (ii) 得到进一步增强。这里包括了政府行使权力所提供的公共服务,特别是“构成社会保障或公共退休计划的部分”(Yeates, 2005a: 9)。此项社会保障豁免获得欧盟支持,但遭到印度、巴基斯坦和埃及的反对。根据《服务贸易总协定》的有关规定,它包含了为社会保障计划提供的法律和政治保护,并将“任何与其他成员国有关的社会保障活动或措施未被豁免的举证责任归于原告政府”(Yeates, 2005a: 9)。然而,正如耶茨(Yeates, 2005)解释说,条例 1(c) 中的条款限制了社会保障豁免的有效性。这清楚地表明,条例 1(b) (ii) 所列出的任何服务,任何成员国如果允许与金融服务供应商进行竞争,就不能被豁免。市场所提供的社会保障福利,作为公共社会保障福利的补充、替代品,正出现在多个国家。显然,在提供社会保障福利时会有一个范围更广的国际竞争。当然,这种潜在竞争的范围仍然取决于政府,包括已签约的国际贸易日程表中的此类服务。自 2003 年 9 月起,81 个国家在医疗和意外保险方面做出了一些承诺,64 个国家在养老基金服务方面做出承诺。然而,其中绝大多数国家因其强制性方案而受到排除竞争的警告,但它们仍拥有按照公共政策目标对外国供应商进行监管的权利。到目前为止,大多数国家似乎都选择限制这一领域的国际商法渗透到社会保护领域。这一领域的国外供应商的竞争权问题尚未在《服务贸易总协定》、世界贸易组织争端处理程序中得到回应。

大多数关于《服务贸易总协定》和社会保障的讨论,重点集中在它给跨国服务企业以跨境经营的权利,可能会对国家社会保障服务造成潜在破坏方面。也有人将《服务贸易总协定》视为一种改善临时流动服务人员社会保障权利的机制(Yeates, 2005a),如一些政府,尤其是印度、巴基斯坦和埃及，都认为《服务贸易总协定》的第四种贸易模式可以推广，以确保临时流动服务人员的社会保障。这将结束对为外国人提供服务的歧视，并停止一些移民在东道国缴纳社会保障费而没有从中获益的做法；也可以通过返还移民社会保障缴费，或者在提供国家和接受国家之间建立一个总体协议，双方承认其工作期间的资格和利益（Yeates，2005a：19）。

《服务贸易总协定》要求，在其框架下给予外国私人教育机构进入国内教育市场的权利，以及就条例 1.3c 原则下的医疗服务领域，各国已做出有关贸易承诺的决定，部分国家已经承诺开放一些市场。2005 年，有 44 个国家做出开放市场的承诺。与此同时，一些国家却坚决反对这种趋势。南非坚决反对将国内的高等教育领域通过《服务贸易总协定》的有关规则转变为全球市场，在欧盟某些国家，特别是奥地利、塞浦路斯、芬兰、马耳他和瑞典等，在有关领域也抵制国外企业与跨境商品供应（MacGregot，2005；Nuthall，2005）。然而，在所有的供应模式中，私人教育的供给却增加了。在跨境供应方面，网络课程的增加以及世界大学网络提供的完全在线课程，不再需要教师到国外现场进行教学。在跨境消费方面，美国以及紧随其后的英国、澳大利亚和加拿大等，作为市场主导者，向来自不同国家的学生出口课程。在外国商业方面，某些国家的大学正在开发和建设私立的海外校区。2000 年，35 所澳大利亚大学就在新加坡、中国香港、马来西亚和中国大陆提供了 750 个海外教育项目。在人才流动方面，教师则是从贫穷国家去往富裕国家。总之，国际学生的流动已占全球服务贸易的 3%，出口国仍正在努力推进《服务贸易总协定》谈判，以提高教育的对外贸易水平（Scherrer，2002）。我们将在第 6 章中阐述这一领域的标准及监管问题。

3.2.3 保护知识产权：全球知识产权协议会剥夺走贫穷国家的廉价药品吗？

1995 年，世界贸易组织建立了全球知识产权协议，即与贸易有关的知识产权协议。这项协议在 WTO 所有成员方之间，确立了一项为期 20 年的制药工艺和药品专利。以前只有最终产品得到保护，但现在制药过程也得到保护，从而最终使一些通用或非名牌的药品，若通过仿制的方法生产（1995 年后发明的新药，为期 20 年）就成为非法行为。这种包含同一药物的替代途径的条款是北方制药公司努力争取的。这些制药公司早就看到自己的利润率被印度仿制药行业所侵蚀，他们通过广泛游说，试图把保护主义和卡特尔的知识产权理念加入一项自由贸易协定。实际上，他们游说的是一种新形式的保护主义，以使竞争对手退出其国内市场，包括让对手远离世界市场，以确保其垄断权（Drahos and Braithwaite，2004）。

一些最不发达国家到 2005 年、2006 年被获准加入与贸易有关的知识产权协议。以前，他们从某些国家制造仿制药的供应商那里进口药品，从而影响了新药价格，但这些协议的豁免后来被延伸到 2016 年。这些协议的影响将是提高药品价格，因为专利药品是以非常高的价格出售的，以弥补研究和开发新工艺的成本。这个问题一直是南非和巴西等较贫困国家与美国等较富裕的专利持有国之间的争议问题，在某种程度上也是欧盟成员国之间的争议问题。争论的焦点是这将破坏许多非洲国家的经济，例如广泛使用的艾滋病药物等。当与贸易有关的知识产权协议被敲定后，对贫穷国家可能产生的影响是明显的和公认的。例外条款如下：

• 强制许可：规定一个国家以公共卫生紧急情况为由，未经专利权人同意，向公司授予许可证。

• 平行进口：这允许国家不直接从制造商进口药品，而从第三国进口药品，从而实现同样的药品可能以更便宜的价格销售。

围绕这一问题的争议，我们提出了如下两种策略，试图满足贫困国家的需要。

• 自愿差别定价：一些像葛兰素史克这样的北半球制药企业与世界卫生组织达成共识，以比普通市场价低廉很多的价格向南非和其他一些国家出售药品。

• 全球药品购买基金：我们将在第 6 章中看到，联合国成立了全球艾滋病、结核病和疟疾基金会，该基金会正在寻求来自富裕国家的捐款，以资助贫穷国家的艾滋病、结核病和疟疾项目。原则上，富裕国家可以为贫穷国家提供药物。事实上，这样一个由北半球国家为南半球国家购买药物的基金，已经在全球金融机构中由戈登·布朗（Gordon Brown）建立了（见第6章）。

围绕这个问题的争论仍在持续，北半球制药公司通过全球游说，目的是向美国政府施加压力，以限制一些国家通过医疗的紧急条款来生产仿制药。1998年，42个有关企业就启动法律诉讼程序反对南非政府，试图阻止该国采用强制许可的救命药。与此同时，美国为此还采取了对南非的贸易制裁。然而，在非政府组织和艾滋病运动组织的巨大压力下，美国的有关政策被推翻，2000年5月经有关法律程序而被叫停（Lee，2003：76）。与此同时，主要的药品生产商也开始协商降价80%，以避免使用强制许可条款。

2001年，在多哈举行的部长级会议上，该问题仍是一个热门话题。《多哈宣言》重申了国家有权实行强制许可条例，将与贸易有关的知识产权协议在最贫困的发展中国家中的适用推迟到2016年。然而，2002年12月，有关方面质疑该声明，当时美国拒绝根据《多哈宣言》批准某些规定，它随后退出。当WTO坎昆会议失败后，许多世界贸易组织、《服务贸易总协定》、与贸易有关的知识产权协议中影响发展中国家利益的问题被搁置。在坎昆会议上，以巴西、印度和南非为首的许多发展中国家反对与贸易有关的知识产权协议中所包含的原则，这些协议要求发展中国家必须（通常在医疗紧急情况下）向北半球的制药公司支付费用。在2005年和2006年的中国香港WTO会议上，这些争议仍在持续（GSP Digest，2006a：246；GSP Digest，2006b：124）。

3.3 经济合作与发展组织：新自由主义或关注社会经济平衡发展

经济合作与发展组织于1948年在欧洲经济合作与发展组织的基础上建立起来，在1961年得到发展，其前身是第二次世界大战以后执行与管理欧洲的马歇尔援助计划。它的成员现在包括所有发达国家，被称为“富国俱乐部”，大约有30个成员。它有一个开发援助委员会，主要是为富裕国家援助计划的协调提供咨询和建议。经合组织将自己描述为一个论坛，在这里不同的管理主体可以集思广益、听取专家意见，以应对21世纪的经济、社会和治理的挑战（Woodward，2004a）。它提供了一个政策对话的部长级论坛，通过其经济发展监督委员会（EDRC）对国家政策进行专业审核和动态监测。引用一个评论员的话（Marcussen，2001：18），“经合组织……间接地迫使其成员国采取某些具体的行为”，以及它“进行一种所谓的思想运动，通过它来向成员国甚至是一些非成员国，在收集、整理有关数据的基础上，扩散知识、观念和思想”（Marcussen，2001：29）。那么，它扩散的是一些什么思想呢？

在社会政策思想方面，经合组织在1974年，建立了教育、就业、劳工及社会事务部门，在1980年召开了经合组织成员国关于危机中的福利国家会议，一开始就高调地提出了社会政策专题。它认为，“许多国家的社会政策阻碍了经济增长”（OECD，1981），所以要把社会福利问题提到议事日程上来。一些刊物的评论家对经合组织的“福利为负担”的观点保持着持续关注。在这方面，经合组织成员国也在社会支出方面进行着实践探索。罗恩·加斯（Ron Gass）是当时的就业、劳工及社会事务负责人，出于对这方面的兴趣和热情，在1988年首次召开了社会事务部长会议。经合组织在这一领域的工作成就得到了学者们的广泛响应，其出版物持续聚焦于养老金问题（OECD，1988，2002a，2002b，2005b）、医疗支出与医疗政策（如OECD，1990，2004a，2004b）、劳动力市场与“积极的社会政策”等（如OECD，2005a），最近又开始涉及移民、工作与照顾护理的平衡问题（OECD，2002a，2003，2004c，2005f）以及老年人长期护理问题。随着近期教育部门工作的进展，该领域也被涉及并逐步深入（OECD，1998b）。

经合组织在1991年召开的理事会中，对维持福利开支与税收负担问题高度关注。在董事会的新领导人汤姆·亚历山大（Tom Alexander）的主导下，经合组织进一步开展了社会政策工作。其关注的重点不仅简单地重复“福利作为负担的仪式”，而且从经合组织发展中心的平行工作中学习。该中心在审查充满活力的东南亚经济体时得出结论，“国家采取有限但有效的行动……（导致了）……快速地恢复增长”（OECD，1993：41）。一位社会事务官员负责为即将召开的部长级会议起草文件，他在其中的社会政策部分表达了一种新取向。他认为，“如果没有出口和就业，政治和社会稳定的发展只能由作为社会投资的社会支出来促进”（OECD，1994：12）。“例如，如果限制社会支出，社会政策的目标被牺牲，结果将会适得其反，危及生存质量……可能是代价最大的做法”（1994：13），从社会事务局的办公室到政府部长级会议，几乎没有改动就获得通过。这些“新”取向反映了这样一个事实，即与受美国影响的国际货币基金组织和世界银行相比，经合组织的经济和社会政策代表了一套更加平衡的经济和社会考虑，更典型地代表了欧洲主流社会及其经济政策。事实上，经合组织总结了全球化背景下社会政策的作用，“全球化的影响之一，可能是增加社会保障的需求……改革更有效的蓝图将会承认，全球化强化了一些社会保障的需要”（OECD，1999：137）。

也就是说，经合组织试图平衡经济效率与必要的社会保障，提出了一些政策建议，欧洲社会模式的一些捍卫者已经看到了这一点。德国和法国以工作为基础的福利国家所代表的一种模式，证明经合组织是一个位于巴黎的新自由主义的“跟踪马”。更为明显的是，经合组织也频繁呼吁放松劳动力市场（但它坚持教育的主要目的是增强就业能力），建议在退休金计划中加入私人机构，建议国家在健康医疗中加入混合型投资等。

关于劳动力市场，经合组织在1994年的工作报告中就曾建议：“各国政府为了应对通货膨胀，需增加工资和就业的灵活性，消除创新障碍，以及支持企业扩张，放宽就业条例，提高员工技能，改革社会保障制度等，以确保它们不影响劳动力市场。”（2005：223）实际上，经合组织一直在积极地推动社会保障工作及其有关政策改革。经合组织最近在有关该主题的报告（OECD，2006c）中认为，强大的工会和就业保护法律，可以与低水平的失业同时共存。2003年，经合组织在其所举办的有关就业的社会政策活动中，就以“获得有报酬的工作”为主题而展开。《积极的社会政策能使我们受益》——该领域的最新工作报告——指出，“不能仅仅依靠税收和公共转移，经合组织成员国需要寻找其他方式来有效解决当今的社会问题和挑战。为了实现这一目标的政策被称为积极的社会政策，这些政策试图改变的是制约个人发展的条件，而不是仅仅减少这些条件造成的痛苦”（OECD，2005f：6）。这些政策包括给孩子一个幸福的幼年时期，使人们协调好工作和家庭关怀的关系，以及鼓励福利工作等。经合组织的这个“宝宝与老板”方案（OECD，2006c），在对经合组织成员国的现行政策进行广泛审查后得出结论：“最常见的政策是婴儿出生后，其父母可以休息一段时间，在子女 4 岁左右时提供一些学前教育支持，但仅此而已。在现实中，其他年龄段的儿童家长面临严重的工作与家庭的矛盾和冲突。如果政策制定者希望孩子的父母能够选择工作，他们就需要为孩子的成长提供持续的支持。”（OECD，2006a：2）其中争论的重点是关于通过立法赋予父母选择工作时间的权利，以使他们能够更好地兼顾工作和家庭照料。经合组织在这一方面的观点和主张与它被视作新自由主义相去甚远。

经合组织中的亨利（Henry）等在研究全球化背景下的教育政策后得出结论认为，全球化促进了教育政策在国际上的趋同。

> 一个方兴未艾的新自由主义的政策范式，在很大程度上（虽然不是唯一）成为教育作为人力资本投资和发展的框架。这样一个范式提供了一种合法化的教育价值观，并将其引入更广泛的文化中，即资本主义释放的猖獗的个人主义和消费主义。在很大程度上，教育的目的仅仅是为了学生获得就业机会，或对于国家来说，陷入以最小投入而获得最大回报的算计中。（2001：175）

他们断言，“经合组织一直是这套价值观的支持者”（Henry et al.，2001：175）。经合组织的政策分析部门以及相关的教育研究与创新中心（CERI）发表了《职业技术教育的途径与参与》等文章，之后经合组织的教育政策发生了某些变化（OECD，1998）。经合组织在唐纳德·约翰斯通（Donald Johnston）的组织下成立了一个独立的教育理事会。2003 年，理事会在教育部会议上提出的新的战略目标是：协助成员国和合作伙伴实现高质量的终身学习，促进个人发展，促进经济持续增长和社会凝聚力的形成。在全球化对高等教育的影响下，教育研究与创新中心同联合国教科文组织合作制定了跨境高等教育的指导意见。我们将在第 6 章关于跨境监管机构中进一步讨论有关内容。

在养老政策方面，在世界银行强推的基于贡献的私人养老金制度与国际劳工组织所坚持的现收现付福利制度之间，经合组织似乎持中立的立场。世界银行在对近期的养老金制度所做的回顾中（OECD，2005b），全面分析了国家计划的成本和收益，在比较分析的基础上，根据未来国家公民的可能期望，对其应做出的贡献进行了判断预测。其早期的报告《老龄化社会和迫在眉睫的养老金危机》（OECD，2002）指出，可以通过延长工作年限和消除提前退休条款等手段，改革国家的现收现付制以“确保可持续发展”。同时，它也指出了私人养老金制度存在的问题，如股市暴跌的后果等，并就如何更好地管理养老金计划发布了指导意见（OECD，2002b）。在公共和私人的合作方面，经合组织认为“如果私人来源的退休收入所占份额更高，就会使公共养老金降低，从而导致老年人的贫困增加”（Casey et al.，2003：31）。

在医疗服务提供和政策方面，经合组织很明显采取了不偏不倚的做法。2004 年 5 月，经合组织的一个重大卫生项目在卫生部长会议上达到高潮。会议的基础是《高品质的健康系统》报告（OECD，2004a），讨论并初步解决了成本上涨和效率问题、健康支出和效果问题、路径和公平问题等。经合组织所主持的健康项目的子项目，在推动诸如等待时间、新兴技术、私人医疗保险、长期护理等问题的解决方面也取得了显著成效。在会议的总结报告中，经合组织就如何实现公平问题明确表示：“把金融、财务及其他制约因素的影响降至最低，确保核心服务的全面覆盖，是促进卫生服务公平的有效途径”（OECD，2004a：14）。针对为了确保更多服务回报而增加吸引消费者的做法，该报告在分析投入成本及对公平的影响后提出警告：“共同支付体系会提高支出，并且在实施过程中可能会难以保持公平。”（OECD，2004a：15）共同支付也被视为仅具有限的益处，这是因为“节省用户费用不太可能，尤其是弱势群体在该过程中还必须得到某种特殊豁免”（OECD，2004a：16）。该报告还明确指出，私人医疗保险的益处也是有限的，因为“与非营利的健康保险保费或社会保险缴纳的收入相比，私人医疗保险的资金来源单一并有所减少。私人健康保险并没有对公共支出的健康医疗产生明显影响……且它需要权衡股权，并承担着昂贵的开销”（OECD，2004a：17）。鉴于这些结论，令人惊讶的是，在经合组织网站上我们发现了《关于经合组织国家私人健康保险的政策简报》，但这一文件（OECD，2004b）并不是对私人健康保险的认同，而是重复了上述许多关于对公平的影响及其未能减少公共支出的观点。

我认为，相比于受意识形态主导的世界银行，经合组织的社会政策应该是一系列公平的技术和知识体系，虽然其表面上具有新自由主义的某些特征。在某种程度上，最引人注目的活动，即国家评估机制处于经济部门的控制之下，这使经合组织的劳动力市场政策得到了强调，这些政策显然支持灵活性。当然，经合组织近期对13个欧洲国家的社会政策建议的审查描绘了一幅更接近新自由主义的图景。

> 经合组织建议削减预算，消除劳动力市场的僵化，加强竞争，实行自由的国际贸易，进行合理化生产，开发新技术，避免需求管理，加强个人和家庭的个人责任，减少慷慨的社会保障福利。……除了有关劳动力市场政策和社会保障福利的建议外，经合组织关于卫生政策的一般性建议一直是允许更多的竞争。教育政策的主要建议是改善教育，特别是职业培训，以及实现更好地针对劳动力市场的高等教育目标。养老保险的政策建议一般包含两个策略：提高退休年龄，以及增加投资或私人养老金及公共现付制度。（Armingeon and Bayeler，2004：228）

这与我先前基于经济合作与发展组织的广泛研究得出的结论有些矛盾，政策分析与国家建议有所不同，阿明根和巴耶勒（Armingeon and Beyeler）总结道：

> 因此，经合组织有一个连贯的概念策略，类似于一般的自由主义的建议，即减少国家对社会和经济的干预，并使市场不受公共法规的限制，只要这些对于经济社会的整体发展不是必不可少的。（2004：229）

最后，还要说明一下经合组织对发展中国家的作用。它的开发援助委员会联合了经合组织各国的发展部门，以协调援助政策及其实施。我们将在第 4 章中进一步研究联合国通过的千年发展目标，其目标和任务是支持经合组织的官方发展援助（ODA）。这一目标的第一环节就涉及经合组织开发援助委员会（OECD：DAC）。经合组织对于发展中国家的社会政策具有不同的观点和立场，经常得出不同的结论和建议。即使经合组织代表发达国家，关注公平与市场效率这样的普遍原则，对国家社会政策所提出的看法也不是在发展背景下对社会政策的意见。当然，从经合组织社会政策部门的角度来看，许多人会非常担心，即经合组织为南半球国家制定的社会发展政策目标和内容是否会适用于北半球国家。经合展组织在其《塑造 21 世纪——发展合作的贡献》（1997 年）的报告中，制定了若干发展政策的具体目标。这促使经合组织开发援助委员会与双边捐助者及世界银行之间进行合作，以便共同建立发展的目标（www.oecd.org/dac/indictors）。经合组织开发援助委员会的目标，后来被纳入千年发展目标，其中一项是关于贫穷国家的最贫穷人口的发展目标，被认为可以在 2015 年实现。这些目标包括：减少贫困人口的数量，使所有女孩和男孩获得基础教育，生殖健康服务全覆盖，同时减少孕产妇和婴儿的死亡率，消除性别不平等。这项政策的两个积极方面是把衡量贫困指标列入不平等指标（国内消费中最贫困群体的第五项份额），这也表明了再分配政策的重要性，以及实现了对目标的可测量、可达到和可监测。此外，我们以后将继续讨论的千禧年发展目标，这个目标仍然有局限性，即公共服务仅仅涉及普及初等教育和普及生殖健康服务。这也为该社会问题及其他方面的私有化提供了足够的空间，而国际的注意力都集中在基础服务的供给方面。

拓展阅读：

国际货币基金组织与世界贸易组织方面：

Boas M and McNeil D（2003）：*Multilateral Institutions: A Critical Introduction.* London：Pluto.

国际货币基金组织方面：

Lee S（2002）：'Global Monitor：The IMF,' *New Political Economy*, 7（2）：283 – 298.

世贸组织方面：

Wilkinson R（2002）：'Global Monitor：The WTO,' *New Political Economy*, 7（1）：129－141.

经济合作与发展组织方面：

Armingeon K and Beyeler M（2004）：*The OECD and European Weltare States.* Cheltenham：Edward Elgar.

Woodward R（2004）：'Global Monitor：The OECD,' *New Political Economy.* 9（1）：113－127.

Global Social Policy: GSP Digest Section on International Organisations and Social Policy.（www. garpp. org）

4 联合国及其社会机构的社会政策

本章主要介绍和阐述国际劳工组织的社会保护政策，世界卫生组织在卫生服务领域和全球医疗贸易领域的政策，以及联合国教科文组织的教育政策。回顾千年发展目标的重要性和联合国开发计划署（UNDP）在帮助各国发展中所发挥的作用，分析《联合国人类发展报告》（UNHDR）的国家社会政策、联合国经济和社会事务部（简称“联合国经社部”，UNDESA）及其新的社会政策的指导方针，评价联合国儿童基金会对全球社会政策所发挥的作用，最后对布雷顿森林体系和联合国的作用进行分析。

4.1 国际劳工组织：国际社会的安全和劳动标准

与国际货币基金组织和世界银行对新自由主义的关注和方向形成鲜明对比的是，国际劳工组织叙述了其从第一次世界大战后建立的社会民主氛围中确定和保持共同的国际劳工与社会标准。一般是通过同类比较和道德压力来说服各国政府签署并实施劳动标准和社会保障公约的。只有当各国政府批准公约时，国际劳工组织才有执行和监督的权力。

《国际劳工组织公约》要求各国严格遵守劳工标准。1934 年，《国际劳工组织公约》增加了第 44 条，要求各国批准保持失业津贴或补贴制度。在第二次世界大战之后的政治氛围下，国际劳工组织扩大了其工作范围，并带来了一个乐观的社会发展前景。受到凯恩斯主义大环境的鼓励，国际劳工组织在 1944 年费城会议上，宣布了结社自由公约和保护组织的权利。

宣言还认为，只有在社会公正的基础上，才能实现持久和平，这就要求人类享有经济安全和机会均等的权利。鉴于国际劳工组织的根本目标，它主要负责“调查、研究所有的国际经济和金融政策与措施”（Plant，1994：158）。同时，国际劳工组织还协助联合国将其1948年的《人权宣言》转化为1966年的《经济、社会及文化权利国际公约》（ICESCR，见第6章）。

在20世纪50年代至70年代，国际劳工组织制订了大量的公约，如果这些公约获得批准，将提供一个运作良好的社会保险、社会支持和社会救助体系。这些近200条的公约，涵盖了就业政策、人力资源开发、社会保障、社会政策、固定工资机制、劳动条件、劳资关系、劳工管理，以及保护妇女、儿童和土著居民等。国际劳工组织工作的重点和政策策略涉及三个主体，即行业、工人和政府，确保社会安全的良好政府治理需要行业、工人和政府达成共识。在这一点上，国际劳工组织声称这是其多年成功经验的总结。1994年，已批准这些公约的国家数达到41个（ILO，1995：115），尽管它们在全球化背景下也存在着各种潜在的威胁。博宁（Bohning，2005）对结社自由、强迫劳动、童工、歧视等四个核心劳工标准的进展进行了阐述和评估，这些现象的持续存在是一个非常严重的问题，特别是结社自由和歧视（见第6章）。

毫不意外的是，国际劳工组织的欧洲福利政策取向受到20世纪80年代崛起的新自由主义思想以及国际货币基金组织、世界银行在许多发展中国家调整结构政策的影响。国际劳工组织如何应对这些挑战？国际劳工组织的影响力前景如何？国际劳工组织内部应该如何对其进行反思？在这里，我们研究的重点是，国际劳工组织的政策对养老金、社会保障的影响，以及它是如何被根据我们在第2章中描述的世界银行的观点所影响的。

从现收现付制到四级养老金：“社会保障延伸”和新的社会经济保障政策

我们在上一章中讨论了世界银行影响下的俾斯麦现收现付制，这种以工作为基础、与工资相关的养老保险制度，给国际劳工组织的理念造成了某些挑战。这些挑战不仅反映在体现代际团结的方案中，同样也反映在基于这类计划所广泛开展的实践中。奥伦斯坦（2003）回顾了从 1989 年到 1990 年期间全球养老金政策的演变和扩展过程。他指出，各国养老金政策所采用的大都是俾斯麦现收现付框架，或贝弗里奇式的基于税收的全民年金制度，或更多地将两者相结合。首先采用这些模式的是欧洲国家，包括之前的奥匈帝国；其次是 20 世纪 30 年代的拉美国家；然后是加勒比国家，某些非洲国家和中东、日本紧随其后；在 1940 年前后是某些东亚国家。演变过程呈 S 形增长。从 1920 年的 40 个国家发展到 1940 年的 60 个国家，再到 1970 年激增到 140 个国家。奥伦斯坦解释道：

> 国际劳工组织……在区域会议上大力推广这些目标（全国统一的养老保险制度），通过派遣顾问、发布改革的范式、原则衔接等国际劳工组织的活动主要是向世界其他国家宣讲其养老金政策的理念……总的来说，该组织在建立社会福利国家方面发挥了重要作用。(2003：175－181)

正如我们在之前章节所看到的，在 20 世纪八九十年代，在全球具有主导地位的世界银行，赞成并鼓励私有化的国家养老金制度，反对个人养老金的现收现付模式。

针对世界银行主导的养老金制度模式的缺陷，国际劳工组织进行了漫长而艰苦的斗争。其理由是，人口危机并不必然会导致私有化，欧洲方案是可以改进和可持续发展的，私有化战略仅仅是增加私人资本储蓄的一部分等。此外，也有人认为，私有化战略在不受管制的资本市场背景下是有风险的，可能会给当前的工人带来沉重的负担，他们必须为现有的现收现付制度系统提供资金并为自己的计划提供资金（Beattie and McGillivray，1995）。

在全球有关养老金政策争辩的背景下，国际劳工组织受到世界银行方面的压力而做出了一定的让步，承认养老金计划在某种程度上具有私人储蓄的作用。科林 · 吉利恩（Colin Gillion）对国际劳工组织的有关退休金政策进行了回顾与论述，他当时任国际劳工组织社会保障部的负责人（Gillion et al.，2000），并接受了世界银行对国际劳工组织的一些批评。他特别承认，养老金计划——尤其是在拉丁美洲——承诺更多的福利和利益会带来很大的压力。在有些国家中，有关部门对这些计划的管理也并不令人满意。他借用世界银行的观点和话语，制定了新的国际劳工组织制度，建议实行四个层面的养老金制度：第一层面是国家福利养老金，在该层面试图弱化国际劳工组织所支持的普遍主义特征。第二层面是强制性的现收现付的养老金，具有终身平均收益约 40%～50%的适度替代率。第三层面是一个强制性的资本定额缴费养老金。第四层面是自愿的私人附加。第一层面具有特许权，可以通过合理的手段，确定个性化的私人养老金与资本。他建议，在这方面，国际劳工组织社会保障部不能再被视为布雷顿森林体系政策的一个壁垒。

在科林·吉利恩突然离世后不久，这一重大的国际劳工组织养老政策又被重新发布，这也许能解释国际劳工组织的退休金政策后来在某些方面的缺失。国际劳工组织在 2001 年度会议上讨论了《社会安全报告：问题、挑战、前景》（ILO，2001），但这次会议并没有对吉利恩的工作给出一个明确的定论。该报告回顾了关于全球养老等社会保障政策的讨论，其中讲道，“近年来，国际社会虽然就如何提高国家养老金计划及是否取得成效展开了激烈辩论，但关注的焦点却从界定利益转变为界定供款，并且对于贡献的确定又是建立在不确定的利益水平上的，这说明了以前目标的完全逆转”（ILO，2001：87）。辩论之后形成的决议只体现在第四部分，它指出，“社会保障没有单一的权利模式……每个国家必须保证能够更好地保障收入安全”（ILO，2001：2）。

该报告及其总结并没有过多涉及关于资金资助或现收现付问题，其关注重点和力推的内容是将社会保障扩展到所有未被覆盖的人群。之所以关注覆盖率，正如我们在上一章中所看到的，世界银行为什么能够在拉丁美洲轻易地赢得关于国家系统改革的争论，主要原因就是它的覆盖率低。对那些曾经在国有部门或正规的行业工作、占现有人口一小部分的老年人来说，现收现付的养老金已经成为这些老年人的特殊收入来源，这些政策已成为不公平的根源。在南亚和撒哈拉以南的非洲，社会保障没有覆盖的人口比例超过 90%，与此同时，中等收入国家未覆盖范围为 20%到 60%。2001 年，国际劳工组织的报告提出了中低收入国家扩大社会保障覆盖面的四种方式：扩展（现有的）社会保险；鼓励小额保险；引入国家财政提供的普遍福利或服务；建立根据私人收入而定的福利或服务。事实上，国际劳工组织随后便发起了一场旨在扩大社会保障覆盖面的运动（www.ilo.org/coverage4all），并且发表了系列政策研究报告（如 Reynaud，2002）。这些政策报告主要侧重于扩展正式计划的案例研究，或者基于小额信贷计划和地方集体自我保险计划的案例研究。

社会保障覆盖面问题，不仅涉及那些具有正式工作的被保险人，而且涉及范围更广的穷人群体，这部分地回应了世界银行聚焦穷人群体政策，以及国际劳工组织总干事胡安·索马维亚（Juan Somavia）的观点。胡安·索马维亚曾是 1995 年哥本哈根联合国社会发展世界首脑会议的负责人。他强调，从国际非政府组织共同体到国际劳工组织，不能仅仅简单地“强调工人利益”，这引起了国际社会的广泛关注。然而，扩大社会保障覆盖面的运动虽然产生了一些影响，但国际劳工组织经常忽略的一个问题是，如何真正推进这方面的研究和实践。在新的总干事领导下，启动了一系列重点工作项目，其中之一是“21 世纪的经济与社会保障”（www.ilo.org/ses）。该项目对 21 世纪的有关政策进行了广泛而简要的回顾与梳理，这可能有助于在全球灵活性劳动背景下对世界公民与常驻民普及劳动保障知识。这一项目所推动和主张的是一个新的普遍主义，体现在社会底层群体中。例如，在巴西规定的普遍现金收入福利条件下，涵盖有子女在学校上学的所有家庭，或一些南部非洲国家的全民分类养老金。该项目是在盖伊·斯坦丁（Guy Standing）的专业意见指导下开展的（如 Standing，2002）。他主张，虽然劳动工人的时代已经结束，但政府仍试图将利益与劳动绩效联系起来。为了消除全球化经济环境中的工作和生活的不安全感，政府需要提供新的面向全体公民与常驻民的收入保障体系，以确保灵活多变的安全性。

《全球更好的经济安全》是被国际劳工组织批准出版的第一个也是该类工作项目的唯一报告（ILO，2004a）。它重点关注了经济不安全的几个方面和它们的表现形式：收入不安全感、劳动力市场不安全感、就业不安全感、工作不安全感、技能不安全感、工作不安全感、话语权和代表的不安全感等。报告中最受关注的是确保收入安全的几种形式。报告尖锐地批评了破坏收入安全的几种常规方式，例如社会资金，根据收入调查结果而确定的福利、公共工作和小额信贷等。它建议在现行的政策及方式基础上，可以有许多保障普遍收入的有效途径。其中有：

• 社会养老金："如果养老金被设定在平均收入的 20%左右，它在财政上是可行的，成本约占 GDP 的 1%~2%。"

• 最低收入与教育方案："巴西和墨西哥教育现金投入计划的成功经验，可以被推广到其他国家。"

• 资金补助："一些政府和一些社会科学家热衷于普及养老金引入资本创新尝试，例如英国的小额债券……以及阿拉斯加永久基金，每年分配给每个公民 2 000 美金。"

• 护理工作补贴："全球最显著的变化之一是对护理工作的认可。其有助于对艾滋病等护理工作者提供合法化的基本安全保障……只有采取社会支持政策的系统方法，才能解决这些疾病对非洲国家社区的灾难性社会经济影响问题。"

• 基于正当权利的基本收入："最终，越来越多的政策主张，为所有人——至少从特殊的弱势群体逐步扩展到所有人——提供基本收入的保障，这将作为一种无条件的权利保障。"（具有此名称的计划，正在巴西、南非和秘鲁被认真研究或部分实施。）

这项政策倡导能否成为国际劳工组织的主导思想，以及国际劳工组织内部对这种观点的抵制是否会赢得传统的支持等还有待观察，但这项扩大社会保障的运动还是卓有成效的。在该项政策报告完稿之时，也正值国际劳工组织的社会经济安全计划（ILOSES）的收尾阶段。迈克尔·齐雄（Michael Cichon）被任命为社会保障部门的新主管。尽管齐雄在过去对一些激进观念持批评态度，例如盖伊·斯坦丁在社会经济安全计划（ILOSES）中所主张的公民收入，但他不仅是社会保障的支持者——正如我们会在第 6 章中看到的，有助于建立一项资助社会保障的全球社会团结基金，而且曾发表文章（Pal et al., 2005），证明贫穷国家可以负担得起普遍的分类保障。国际劳工组织社会保障部门目前正在起草一份新的社会保障政策文件。2006 年 2 月 20 日，国际劳工组织召开了一次机构间的"展示和讲述"研讨会，首次展示了该文件的一些内容。齐雄代表国际劳工组织发布消息称，它目前正在开发“一种让不同层次的国家都能负担得起的国家社会保障”（Cichon，2006：3）。这将为最贫穷的国家提供支持和帮助，以确保其国民能够获得基本医疗保障；提供家庭福利系统，以确保子女入学就读；实行有针对性地面向健全个人的基本社会援助体系（现金收入），以及建立老年人、无劳动能力者和遗孤的基本养老保险制度。所有这些实际上都能对家庭起到重要的支持和影响作用。由此看来，世界银行的霍尔兹曼与国际劳工组织的齐雄之间的争论焦点，可能是有条件的现金转移的负担能力和效用，或者是学校、诊所的收入保障系统。对于国际劳工组织公布的通用现金福利项目，世界银行协会在2006年6月组织了一场重要的全球研讨会，讨论了有条件的现金转移项目的经验教训。世界银行表示，该项目的简介（www.worldbankinstitute.org）认为，“从该项目的初次评估中可以看出，‘通用’有条件的现金转移（CCTs）项目是促进贫困家庭人力资本积累的有效途径，但需要关注它对低收入国家的有效性和适用性”（World Bank Institute，2006）。

4.2 世界卫生组织：从全民健康到全民健康市场

从20世纪80年代到21世纪初的近20年里，世界卫生组织在国家卫生医疗政策制定方面的地位正在发生改变。以前，世界卫生组织由世界卫生大会监管，是至关重要的国际机构，并有权制定全球卫生政策，可向各国政府提供有关国家政策的建议；到现在，已逐渐转变为与世界银行和世界贸易组织在该领域扮演同等甚至不如其他国际组织重要的角色。这极大地影响了世界卫生组织的政策取向，目前它正努力追赶其他国际组织在该领域的地位和作用。那么，从世界卫生组织的视角来看，可取的国家卫生医疗政策应是怎样的呢？

4.2.1 从世界卫生组织的视角来看可取的国家卫生制度和政策

虽然世界卫生组织成立于1943年，但它有着较长的历史，可以追溯到1851年的首届国际卫生会议。它最初关注的是预防传染病的传播，而不太关注政府的卫生系统。事实上，西迪基（Siddiqui，1995）认为，当世界卫生组织成立时，美国就反对世界卫生组织所主张的公费医疗或医疗保险，尽管苏联和欧洲的一些国家为此还发生过争论。在实践中，世界卫生组织在最初的几年受到医学界的关注，并把它作为一种工具来根除和控制那些没有争议的重大疾病。然而，根除疟疾计划的失败，引起了人们对健康与疾病更广泛的社会和政策因素的重新关注（Walt，1993；Koivusalo and Ollila，1997）。1978年，世界卫生组织在《阿拉木图宣言》中高度关注初级健康保障权利。随后，世界卫生大会于1981年5月通过了政策文件《到2000年人人享有卫生保健的全球战略》（WHO，1981），其中关注的是获得卫生服务的机会和公平问题。《阿拉木图宣言》的一些条款提出，"现有的公民卫生服务存在着严重的不平等，特别是在发达国家和发展中国家之间，以及国家内部，在政治、社会和经济等方面都是不可接受的"，以及"政府要对公民的健康负责，并通过合理的足够的卫生和社会政策与措施来实现"（WHO，1978）。《1981年度全世界卫生政策文件》中确保安全的最低要求是，"全世界所有公民的健康水平都不会影响他们从事社会和经济生产生活"，在每个国家都将获得"当地的卫生保健，包括在一小时驾程的距离内，要有一个能够提供至少二十种基本药物的药店"，以及"有经过培训的人员参与照顾怀孕的母亲和一岁以上的孩子"（WHO，1981）。当时，世界卫生组织的关注点更多地聚焦在国家内部关于健康服务与个人权益的国家政策方面。在20世纪七八十年代，世界卫生大会（WHA）受到批评，包括美国政府批评其正逐渐政治化。在那段时间，世界卫生组织主要启动了对婴儿食品供应商的抵制，并将阿拉伯人民的健康状况与以色列和巴勒斯坦的冲突联系在一起（Koivusalo and Ollila，1997：12）。与此同时，世界卫生组织的资金也被减少了。

世界卫生组织对健康政策的"普遍主义规范"的关注，到1988年随着中岛宏被任命为该组织总干事而结束。随之而来的是，更多关注"关于健康问题的信息和管理方法"（Walt，1993；Koivusalo and Ollila，1997）。"20世纪80年代，世界卫生大会的政策越来越接近于解决问题的方法选择……它以风险的方法对自身的医疗健康政策进行了修正……对那些高风险的人群进行健康医疗干预”（Koivusalo and Ollila，1997：117）。然而，随着冷战的结束，以及随后人们对于20世纪90年代新自由主义的冷静反思，1998年世界卫生大会再次重申了卫生健康政策的普遍主义规范。一个新的全球战略正在通过区域和国家卫生政策而发挥作用。“21世纪全球人民的健康”倡议不仅要求建立完善的基础卫生服务，而且要加强对生活质量、医疗公平与获取医疗服务途径的重视。1998年7月，来自挪威的格罗·哈莱姆·布伦特兰（Gro Harlem Bruntland）博士接任了总干事后，她对世界卫生组织及其政策产生了重大的影响。在她的影响下，“全球人民的健康”政策得到了推动和更有效的实施，还是发生了倒退，这是一个有争议的问题。她任职期间发布的三份政策报告体现了该争议：两份是关于该主题的，一份是关于健康市场的。这在后面的章节里将会加以分析。

布伦特兰所关心的是如何改变世界卫生组织在国际影响力上被边缘化的状况，并将其建设成一个可以与世界银行相竞争，或至少与世界银行并列，成为全球健康问题和国家卫生政策的权威机构，并拥有话语权。她认为，要做到这一点，有必要把世界卫生组织的话语从一种纯粹的规范性话语转变为一种经济学家的话语；鼓励医疗支出不是因为他们在道德上是可取的，而是因为它们是对人力资本的合理投资。事实上，在她接任的这段时间里，在世界卫生组织的网站上，我们已经很难找到关于《阿拉木图宣言》或《到2000年人人享有卫生保健的全球战略》这些早期的文献。据观察，事实上，《到2000年人人享有卫生保健的全球战略》已从世界卫生组织总部的话语中“被删减”了（Richter，2004a：79）。在布伦特兰看来，聚焦健康支出的投资功能，任命杰弗里·萨克斯作为宏观经济与健康委员会主席最为合适。

萨克斯是哈佛大学经济学家（在20世纪80年代末和90年代初，他的国际声誉或者说是国际恶名远扬），和他的哈佛搭档拉里·萨默斯［其在1991年成为世界银行首席经济学家，后来曾任美国财政部部长，在解雇施蒂格莱茨（Stigletz）事件中提升了影响力］一起，曾建议波兰和苏联进行私有化的休克式改革方法。贾尼恩·韦德尔（1998）认为，他们最好的最明智的做法是与俄罗斯富豪联合，完成了数百万美元的援助委托，建立了巨头资本制度。

随着世界卫生组织任命了这样一位领导者，毫无悬念地，一些批评家开始指责布伦特兰将世界卫生组织卖给了世界银行（Ollila，2003；Richter，2004b）。事实上，《1993年世界发展报告：投资于健康》的一些作者，例如《健康投资》的作者，由布伦特兰将其调至世界卫生组织工作。一位评论家曾经指出，世界卫生组织成了“哈佛大学和世界银行的一个分支”（Richter，2004a：78）。无论如何，萨克斯都必须清楚地意识到他在休克式改革方面所产生的负面形象。他在为世界卫生组织委员会工作后，又成为联合国秘书长关于如何实现千年发展目标的顾问，以及联合国开发计划署《2003年人类发展报告（千年发展目标：消除人类贫困的全球公约）》[①]的主要作者。他最近的一本书（Sachs，2005）阐述了如何结束世界贫困，对美国政府和世界银行的政策都起到了关键作用，我们将在本章后面看到。鉴于这种政治立场的改变，毫不奇怪，世界卫生组织关于宏观经济和健康的报告支持在国家健康领域投资的做法。世界卫生组织的报告（WHO，2001b）呼吁大量额外的财政资源致力于投资健康医疗，无论是发展中国家还是中等收入国家，或是由捐助者支持的贫穷国家。有关健康的官方发展援助声称，这种投资已从2002年的60亿美元增加到2007年的270亿美元，又发展到2015年的380亿美元。这里更为重要的是，报告所说的国内政策是否适合中等收入国家。

> 由于许多中等收入国家对其大部分人口提供的财政保障并不充分，高昂的医疗费用使许多家庭变得贫穷。鉴于不良健康状况对整体经济发展和减少贫困的不利影响，我们强烈敦促中等收入国家进行财政和组织改革，以确保全民医保优先。我们也相信，世界银行和区域开发银行通过非优惠融资，可以帮助这些国家为实现基本卫生服务全民覆盖进行多年的过渡。（WHO，2001b：6）

① 鉴于原版书在谈到联合国开发计划署各年度人类发展报告时多用简称，故随后的章节一般译作《人类发展报告》。

有些人担心，当其与千年发展目标挂钩（在之后的章节会提到），这可能意味着只关注基本健康服务。在我看来，这并不是私有化和目标化的问题。

在布伦特兰的领导下，世界卫生组织关注国家卫生系统的另一份重要报告是世界卫生报告《医疗卫生系统：改善绩效（2000）》。对于该报告，一些人（Hakkinen and Ollila，2000）认为其在方法论上存在缺陷。该报告根据以下五个标准对各国的卫生系统进行比较和评估。

- 健康人口的水平（伤残调整寿命预期）；
- 健康分布（儿童生存权益）；
- 响应性（七个要素）；
- 响应性分布（少数群体/民族的响应性）；
- 融资公平（家庭支出与支付能力相比较）。

这五个标准加权平均形成一个指数，我们比较输入的健康数据（例如卫生支出）来计算特定的医疗保健系统的绩效，此报告“显示”法国有最好的医疗保健系统，而美国（包括芬兰）是最糟糕的发达国家。该报告之所以被高度关注，不是因为它的研究结果，而是因为它的方法被质疑，并且不能与经合组织或世界银行或其他学者进行技术方面的比较。哈基宁（Hakkinen）概括指出：

> 发布这种质量低下的报告……破坏了世界卫生组织作为可靠信息生产者的权威。此外，并会导致许多相当高质量的国际比较研究被忽视的风险……这些研究包括一系列对健康医疗公平性的比较研究，卫生筹资和医疗服务的使用（如 Wagstaff et al.，1999）在报告中都没有被提及。（2000：13）

该报告提出了金融和技术等资源问题、可供竞争的国际组织问题，以及全球社会和卫生政策如何研究等问题。在这场辩论之后，经合组织也开始了有关国家卫生系统的工作。

4.2.2 世界卫生组织和世界贸易组织关于卫生健康的贸易达成协议

竞争机构的技术能力问题，再次影响到世界卫生组织就这一棘手问题而制定的政策，即医疗保健方面的国际贸易是不是一件好事。在第 3 章中，我们回顾了国际贸易可能影响健康问题的几种途径。1995 年，世界卫生组织发表了第一个有关报告，讨论了世界贸易组织对医疗健康的可能影响。1998 年，在布伦特兰被任命之后，由于国际非政府组织的出现，这个问题成为一个较大的热点问题，学术界开始关注贸易对健康医疗和健康政策的影响。布伦特兰认为，健康医疗贸易是可以进行的，问题是如何最大限度地发挥其效益。2000 年，世界卫生组织内部的一个工作组，在尼克·德拉格（Nick Drager）全球化的跨部门政策与人权团队之中开始工作。2001 年 1 月，世界卫生组织的一份实质性的报告草案《公共卫生与贸易：多边贸易协定指南》（WHO，2001a）形成并广泛征询意见。它包含了一些相当严重的警示，即对健康医疗服务政策可能产生的负面影响。因此，针对在较贫困国家提升健康医疗服务的国外民间资本问题，它指出：

> 更大，而不是更小，伴随着更开放的市场……在健康医疗市场上也有着同样的预期。例如，除非法律、法规或合同阻止，私人健康保险公司为了取得更大的利益，将会减少高成本的病患，拒绝覆盖已患病的客户，限制客户的收益。同样，除了法律规定的最低服务之外，营利性医院不会面向穷人提供免费的服务。（WHO，2001a：72）

同样地，对于贫穷国家吸引外国有钱人购买低成本健康医疗服务的策略，它担心：

> 这样的服务……有可能排挤国内需求，倾向于为外国消费者提供健康医疗程序更复杂、质量更高的服务，而远离国家公民特别是穷人所需的公共卫生服务。（WHO，2001a：73）

然而，医疗保健方面的国际贸易在世界卫生组织与世界贸易组织的共同促进下得以持续进行并完成。事实上，世贸组织团队由副总干事米格尔·罗德里格斯·门多萨（Miguel Rodriguez Mendoza）领导。最终文件包含了许多世贸组织的印记，其中世界卫生组织所关注的大部分问题被世贸组织所关注的问题平衡或搁置掉了。因此，关于外商投资和境外消费，文件认为，“贸易自由化有助于提高供给和增加外汇收入的质量和效率”，以及无论如何“世贸组织成员方没有义务允许任何特定服务的外国供应，也无法保证国内竞争”（WHO/WTO，2002：18）。事实上，世界卫生组织的格罗·哈莱姆·布伦特兰与世贸组织的迈克·穆尔（Mike Moore）发表的共同社论声称，“多边贸易体制有助于增加全球福利”（WHO/WTO，2002：1）。

4.3 联合国教科文组织：逆流前进的人文教育

联合国教科文组织成立于 1945 年，设于巴黎。虽然——正如我们稍后会阐述的——它的确为实现全民教育而参与了全球竞争，但它的工作重点不是教育的资助，而是教育的内容。部分是因为它是一个相对较贫穷的联合国机构，从 1984 年到 2002 年，美国未成为其成员。从 1984 年到 1997 年，英国没有成为其成员而遭受了苦难。联合国教科文组织的工作是协助各国制定教育政策，传播有关环境与和平问题的手册，开展教师培训，确立职业技术教育的规范和标准。

联合国教科文组织的贡献在于促进和平与宽容，而不是促进经济增长。这体现在其总干事松浦晃一郎（Koichiro Matsuura）的《2002—2007 年工作计划》中，“中期战略是围绕一个统一的主题——联合国教科文组织在全球化时代通过教育、科学、文化与传播促进和平与人类发展——制定的”（UNESCO，2002b）。他试图将联合国教科文组织的工作任务与全球化的规则和人性化相连接。他认为，联合国教科文组织的工作应该有自己的轴心：制定并发展普遍原则和规范，同时促进权力的多元化。联合国教科文组织的功能是一个思想交流的实验室，一个标准制定者，一个清算所，成员国的能力建设和国际合作的催化剂，它不是一个资本的中介。

全民教育：资源还是质量？

联合国教科文组织于 1990 年在泰国乔木提恩召开的会议上形成了

《全民教育世界宣言》。当时宣布的愿景是，所有儿童、年轻人和成年人都有权利从教育中受益，能够最大限度地满足他们的基本学习需要。这种教育包括如何学习、如何实践、如何共同生活、成为什么样的人等。这种教育旨在挖掘每个人的潜力，培养学习者的个性，从而改善他们的生活和改造社会。《全民教育世界宣言》第1条认为：

> 这些学习需要的满足，能够使个人承担社会赋予他们的责任，尊重自己的集体文化、语言和精神遗产，促进他人的教育，推动社会正义事业，实现环境保护；对不同于他们自己的社会、政治和宗教制度提升容忍度，确保普遍接受的人文价值和人权得到维护，并在一个相互依存的世界，致力于国际和平与团结的工作。（UNESCO，1990：1）

这是典型的对人文主义教育目的重述，它远离了我们在经合组织中发现的工具理性和经济增长驱动的教育目的。之后，在塞内加尔的达喀尔举行的世界教育论坛，讨论了更加具体的措施和未来达到该教育目标的年限。全民教育的评估为我们提供了思考和审议全民教育的基点。尽管在一些国家取得了重大进展，但仍有1.13亿名儿童无法接受初等教育，8.8亿名成人仍然是文盲（UNESCO，2000）。在千年之交，联合国即将采用被经合组织已经阐明的千年发展目标。在这种背景下，教育论坛承诺实现六项全民教育目标：

- 扩大低龄儿童的综合教育；
- 到2015年，确保免费义务教育；
- 确保满足年轻人和成年人的学习需要；
- 到2015年，成年人识字水平提高50%；
- 到2015年，消除中小学教育中的性别差距；
- 从各方面改善教育质量。

教育论坛旨在通过增加外部资金援助、协调捐助者和确保早期债务减免等来实现这些目标。联合国教科文组织通过协调全民教育计划的合作伙伴来达到这些目的。

为此目的，2001年12月全民教育计划被赋予一项新的国际工作任务，即根据达喀尔论坛所确定的目标，制定行动框架的综合战略。2002年3

月，它确定了一项国际战略，其中包括为实现达喀尔目标所必需的五项主要行动：

- 各个国家把鼓励发展全民教育计划作为减贫战略文件的一部分，前提是这些国家是该战略的成员国。
- 提高全民教育计划的全球宣传。
- 国际融资的增加主要集中于初级教育，世界银行将发起并管理一项快速行动计划。
- 改进监管。
- 重视国际和地区的运行机制，加快发展步伐。

2003 年 10 月，联合国教科文组织在第三十二届会议上，基于其在国家能力建设方面的比较优势，通过了一项进一步规划和实施全民教育目标的方案和预算。它的各地办事处将发挥更大的作用，并将侧重于主要方案的实施。例如，支持发生冲突的国家，特别是在非洲，以及支持民间社会团体参与，以提高全民教育计划的质量。至于资金问题，则留给了世界银行来处理。联合国教科文组织用类似的方法，通过 2005 年的《全民教育目标全球监测报告》（UNESCO，2004），揭示了其在实现全民教育目标中的问题。它认为，存在着教育质量问题，并声称“许多国家都在努力保证所有儿童享有受教育的权利，但经常忽略对教育质量的关注”（UNESCO，2004：34）。它的结论是，世界上许多地方都存在这样一种情况，即“从学校毕业的学生与那些掌握了一整套认知技能的人之间存在着巨大的差距”（UNESCO，2004：35）。

4.4 联合国开发计划署：促进千年发展目标的实现

联合国开发计划署的政策旨在促进千年发展目标的实现。它过去是一个赠款机构，主要是为最贫穷国家提供服务，其目的是能力建设，使各国能够准确评估需要优先发展的事项。1994 年，联合国开发计划署为了消除贫穷而商定了五个优先事项。为此目的，它于 1996 年制定了《贫困战略倡议》(PSI),以加强政府分析贫困程度和原因的能力,并改善其政策的针对性。回顾联合国开发计划署的《贫困战略倡议》在各个国家实施的效果,格林斯潘(Grinspun,2001:16－20)指出:

- 贫困源于权力、财富和机遇的分配差异,消除这些差异总是会使某些群体与其他群体发生冲突;
- 解决这个问题的有关机构需要时间来进一步发展;
- 机构的发展首先是其能力发展;
- 在某种程度上,减贫是政治上的负担,多边组织(特别是联合国组织)可能比双边捐助国或发展银行能够更好地担任政府和公务员可信赖的公正顾问,并就这一专题举行全国讨论。

这些结论,预示着联合国开发计划署与联合国经济和社会事务部的后续决策,将在各国实现千年发展目标方面发挥主导作用,并制定促进实现这一目标的社会政策。联合国开发计划署贫困战略的另一个工作重点,是在2004年成立了联合国开发计划署巴西国际贫穷中心,其目的是促进南南合作,分析消除贫穷的政策。在最新一期《聚焦贫困》时事通讯讨论了普遍的和有条件现金转移的问题(这也反映了国际劳工组织和世界银行重新重视这一点)。姆坎达维尔(Mkandawire,2006)、巴里恩托斯(Barrientos,2006)、博拉特(Bhorat,2006)、迈罗特拉(Mehrotra,2006)等的文章都强调了对该问题所持的公平态度。联合国开发计划署已被联合国指定为促使国家实现千年发展目标的主要责任机构。

4.4.1 千年发展目标:全球社会进步还是缩小发展目标

千年发展目标,在2000年已成为联合国政策的主要内容。那么千年发展目标是促进了全球社会进步还是缩小了发展目标?什么是千年发展目标,它们来自哪里,它们是前进了一步还是后退了一步?联合国如何使这些目标得到实现,联合国开发计划署在做些什么,这项倡议是如何与世界银行的减贫战略文件一起发挥作用的?

为了更好地理解千年发展目标,我们有必要把它们放在联合国的早期会议特别是1995年的社会首脑会议背景中进行讨论。1995年在哥本哈根举行的联合国社会首脑会议，是近期首脑会议中最重要的一次。1990 年，联合国举行了关于全民教育的世界会议和儿童问题的世界首脑会议；1992 年，联合国召开了以发展为主题的里约首脑会议；1993 年，联合国在维也纳举行了世界人权会议；1994 年，联合国召开了国际人口与发展会议（Schechter，2005）。然而，1995 年的社会首脑会议主题众多，达成了最重要的全球共识，即需要解决南北、贫穷、社会排斥和社会发展等问题。

首脑会议达成了十多项承诺，包括消除贫穷、充分就业和社会融合等，并决定加强国际合作框架，承诺创造一个全球经济和政治环境，使社会发展得以实现。从社会首脑会议与千年发展目标的比较来看，最重要的是承诺"促进和实现普及与公平获得优质教育的目标，达到最高标准的身体和精神健康以及所有人获得基本医疗的机会，重视解决与社会条件有关的不平等，不分种族、民族出身、性别、年龄或残疾"（UN，1995）。正是这种对社会发展目标的规定，千年发展目标就必须有一种普遍适用的衡量方法和一套合适的标准。

事实上，在 2000 年审查哥本哈根首脑会议承诺进展情况时，联合国秘书长宣布，千年发展目标成为联合国系统、世界银行、国际货币基金组织和经合组织的共同目标。然而，正如我们在第 3 章中看到的，它们来源于经合组织开发援助委员会的报告和建议。千年发展目标及相关目标是：

• 目标一：消除极端贫穷和饥饿。1990—2015 年，每日收入低于 1 美元的人的比例以减半为目标；1990—2015 年，实现饥饿人口的比例减半。

• 目标二：普及初等教育。以此为目标，到 2015 年确保全球各地的儿童（不论男女）都能完成基础教育的全部课程。

• 目标三：促进两性平等和赋予妇女权力。到 2005 年，以消除小学和中学教育中的性别差距为目标，以及到 2015 年在各级教育中消除性别差距。

• 目标四：减少儿童死亡率。目标是 1990—2015 年将 5 岁以下儿童的死亡率降低三分之二。

• 目标五：改善产妇保健。目标是 1990—2015 年将产妇死亡率降低四分之三。

• 目标六：防治艾滋病毒/艾滋病、疟疾和其他疾病。目标是到 2015 年，开始扭转并遏制艾滋病毒/艾滋病的蔓延。

• 目标七：确保环境的可持续性。将可持续发展原则纳入国家政策和方案，扭转环境资源的损失。

• 目标八：发展全球伙伴关系，可分为如下几个方面。

——进一步发展一个开放的、有章可循的、可预测的、非歧视性的贸易和金融体系。这包括在国家内部和国际范围内致力于善政、发展和减贫。

——解决最不发达国家的特殊需要，包括最不发达国家出口关税和免配额准入，加强重债穷国（HIPC）的债务减免计划，取消官方双边债务，以及致力于减贫的更大力度的官方发展援助。

——解决内陆发展中国家和小岛屿发展中国家的特殊需要。

——通过国家和国际措施来全面处理发展中国家的债务问题，以使债务能够长期维持下去。

总之，这些千年发展目标代表了某些进展。在实现这些目标的时间安排以及承诺促进全球发展伙伴关系的八个目标中取得了进展。其主要对象是最贫困的人，重点放在初级教育和生殖健康方面。

现在，全球都把重点放在千年发展目标上，联合国开发计划署只负责有关会议的组织和安排。在 2000 年 9 月的联合国大会上，科菲·安南任命杰弗里·萨克斯（那位声名不佳的主张俄罗斯私有化的世界卫生组织宏观经济和卫生委员会的经济学家）在千年发展目标下，主持一个承担多项任务的工作小组（www. unmilleniumproject. org），这可能是实现千年发展目标的最可靠的措施。这个工作小组的成员来自许多科学和政策团体，北半球、南半球以及联合国机构本身，任务包括：贫困与经济发展问题（任务一）、初等教育和性别平等（任务三）、儿童保健和孕产妇福利（任务四）、水和卫生设施（任务七）。2003 年，该工作小组分别就各项任务的背景、进展、建议等情况进行分析和研究；2004 年，该工作小组将其汇总后作为向联合国提交的最终全面报告。

我们感兴趣的是该最终报告的两个特点：一个是，捐助国和国际组织为帮助贫穷国家实现千年发展目标所需采取的行动，这将在第 6 章中进行讨论；另一个是，涉及各国为同一目的做出贡献所需采取的行动。首先是对各国的建议，要求它们应该认真对待千年发展目标，并鼓励各国“大胆采取发展战略，以便能够在 2015 年实现千年发展计划。为了在 2015 年这个最后期限能够实现千年发展计划，建议所有国家在 2006 年年底前能够实施这些战略。这个千年发展目标，我们可以称之为基础的减贫战略。那么，已经存在的减贫战略文件，就应该与千年发展目标保持相一致”（UN Millennium Project，2005b：xiv）。这些战略的实施，应力求加强治理、促进人权、鼓励民间社会参与和促进私营部门的发展，在健康、教育和性别平等等问题上应该有一个重点。这些国家应把国民生产总值增值的 4%用于该方面投资，并“预算所需要的官方发展援助”。其中一项报告是联合国开发计划署 2005 年支持并发起的一系列补充建议和快速修复行动，主要包括：

• 减免基础教育和基本卫生服务的费用，必要时增加捐助者援助补偿，不迟于 2006 年年底。

• 在疟疾传播地区，向所有儿童免费发放疟疾蚊帐和有效的抗疟疾药物，不迟于 2007 年年底。

• 使用当地生产的食品，扩大学校膳食计划，以覆盖饥饿高发地区的所有儿童，不迟于 2006 年年底。

该报告还建议，健康与教育方面的政策必须鼓励公众参与，并作为公共责任的范畴，在某些情况下提供以上服务。在最终报告中关于教育的建议，来自任务工作小组的报告《普及小学教育：投资、激励机制和机构》（UN Millennium Project，2005）。

这份综合报告的主要作者之一是南希·伯索尔（Nancy Birdsall），他来自全球发展中心，该中心的总部设在美国。他经过广泛分析后指出：“对于捐助者来说，工作组仅是履行已经做出的承诺，深化对各国大力推进更多的和更好的全民教育的承诺……如果连简单的承诺都无法保证，就不需要有更多的成文建议。”（2005a：10）在这里，伯索尔实际上是将工作组的工作与联合国教科文组织现有的工作，与世界银行全民教育运动，特别是与全民教育快车道计划，以及先前讨论过的催化基金等联系起来（见联合国教科文组织和世界银行的部分）。事实上，该报告对捐助者的第一项建议是，“为普及教育和快车道倡议工作做出坚定的财政承诺……预期的资金需求则由快车道计划秘书处负责预算并公开实际支出”（UN Millennium Project，2005b：12）。最终报告的很多内容是关于对快车道计划国家和国际机构的识别与支持，这为快车道计划和千年发展目标的其他项目提供了范本。

联合国开发计划署现在负责组织安排促使各国能够努力实现千年发展目标的会议。这如何做到呢？萨克斯在其指导的建议报告中认为，“每个低收入国家都应该通过并实施减贫策略，特别是那些与千年发展目标相一致的政策”（2005：270）。然而，查尔斯·科尔（Charles Core）——作为联合国贸易与发展大会编写关于最不发达国家报告的负责人——认为，贫穷国家受到了减贫战略文件与千年发展目标的双重约束。为了实现千年发展目标，各国必须计划增加公共开支。为了让世界银行和国际货币基金组织的联合工作人员评估批准其减贫战略文件，各国将会铭记在心，这两个机构基本上仍然坚持，包括宏观经济稳定和私有化的华盛顿共识。无论现在有多少国家应该拥有自己的政策，“仅仅意识到对联合工作人员评估的依赖……（意味着）政府官员都不可避免地倾向于预期可批准的政策”（Gore，2004：282）。的确，萨克斯承认这一点：

> 可惜，国际社会的做法在实践中仍然不连贯。一方面，它宣布了千年发展目标等大胆的目标，甚至包括实现目标的方式，比如承诺增加捐助者援助。另一方面，当涉及真正的实践时，在减贫计划中，千年发展目标就只能表达为模糊的愿望，而不是可操作的目标。各国被告知在没有实现千年发展目标的情况下开展业务。国际货币基金组织和世界银行可能存在“人格”分裂的状况，它们在公共演讲中支持千年发展目标，批准那些不能实现的项目并私下里承认，它们无法实现这些目标，一切照旧。（2005：270）

此外，世界银行在其有关公共消费的出版物中坚持认为，它为各国制定的社会政策处方，旨在为千年发展目标的实现做出贡献。其社会保障部（World Bank，2003c）也阐述了如何通过采纳世界银行的社会保护战略来推进每一个目标。科尔和萨克斯描述了减贫战略文件与千年发展目标之间存在的紧张关系，他们注意到，世界银行在多大程度上使各国既能实现狭义的千年发展目标，又能实现1995年《哥本哈根宣言》的更广泛目标。

> 重要的挑战仍然存在，但是包括……保持减贫战略文件的现实需求和实现与千年发展目标相关的目标之间的张力。（结论是）世界银行将继续是千年发展目标的坚定支持者，协助各国实现千年发展目标中的具体内容，支持国家拥有的发展和减贫战略，并且继续呼吁全球注意资金缺口。该缺口如果得不到解决，就继续限制发展中国家和贫穷国家实现它们的千年发展目标。（World Bank，2004b：5，16）

萨克斯认为，各国应建立增加援助的减贫战略计划，再加上国际社会正在施加的要求减免债务和增加援助的压力，并确认减贫战略计划是千年发展目标的实现手段，是否能够扭转局势，尚有待观察。当然，2005年7月在苏格兰召开的8国集团会议后，取消了对重债穷国的债务，以及在2005年9月的联合国第五次千年首脑会议之后，国际方面的承诺似乎有了一个新的转折。事实上，2005年9月首脑会议之后，在联合国计划的改革范围内（我们将在第7章进行分析），联合国开发计划署将发挥更大的核心作用，而且目前正在讨论将发展减贫战略纳入千年发展目标中。联合国开发计划署、联合国经济和社会理事会正准备将发展减贫战略的指导文件纳入社会政策方面。联合国经济和社会理事会的桑德拉姆（Sundaram），在最近的联合国儿童基金会会议中指出："联合国在目前所进行的减贫发展计划中提供了有意义的和优越的社会政策选择，这是非常重要的。"（Sundaram，2006）我们在后面的章节将进一步分析、研究联合国经济和社会理事会的指导原则。

4.4.2 联合国开发计划署的《人类发展报告》：倡导人类发展，而不是经济发展

自1990年以来，联合国开发计划署人类发展报告办公室编写了《人

类发展年度报告》（HDR），关注的重点是倡导人类发展，而不是经济发展。这份年度出版物被一些发展研究领域的专家视为与世界银行的《世界发展报告》相对立或冲突。它源于早期有关发展研究者之间的辩论，主要关注衡量社会进步的新标准，即人类发展指数（HDI）。它将人类寿命、受教育程度、收入指数相结合，将不同国家分为不同等级，这与单独使用国民生产总值（GNP）的等级划分方法有很大不同。正是由于这个原因，从 1990 年年底始，它促进了发展政策从宗教激进主义的自由主义向某种社会导向的调整和范式转变。2015 年的《人类发展报告》提出了若干国际政策建议，其中一些建议推动了全球治理及其改革（我们将在第 7 章中加以分析）。同时，它偶尔也会提出某些有关国家政府与社会政策领域的建议。1991 年的《人类发展报告》提出将社会性支出进行重组，并从原来的军费开支中分离出来，并入现在的社会总支出中。1995 年的《人类发展报告》呼吁各国应确保妇女在政策出台过程中至少占 30% 的席位。1996 年和 1997 年的《人类发展报告》集中讨论了减贫问题。2000 年的《人类发展报告》强调了基于权利的国家发展战略的重要性。2004 年的《人类发展报告》，讨论了各国如何确保公平发展和尊重文化多样性的问题。

联合国开发计划署人类发展报告办公室的一项工作内容是 1997 年出版的一份出版物，它是由理查德·乔利（Richard Jolly）与桑托什·梅赫罗特拉（Santosh Mehrotra）合作完成的，前者是联合国开发计划署人类发展报告顾问之一，后者是联合国儿童发展基金会成员（Mehrotra and Jolly，1997）。这份报告借鉴了联合国开发计划署多年的报告中关于某些国家的经验教训，认为鉴于经济发展的水平，人类发展水平要高于预期。回顾博茨瓦纳、毛里求斯、津巴布韦、印度喀拉拉邦、斯里兰卡、韩国、马来西亚、巴巴多斯、哥斯达黎加、古巴的经济增长与社会发展相结合的积极经验后，陈（Chen）和德赛（Desai）总结道：

> 成功的社会发展的关键因素似乎是响应性的治理、对社会友好的经济政策，以及普遍提供社会服务。在所有这些努力中，政府的作用是核心。（1997：432）

因此，我们感兴趣的是，在2003年联合国开发计划署《人类发展报告》中，其关注点集中于千年发展目标。该报告的责任团队中不仅有乔利和梅赫罗特拉，还有杰弗里·萨克斯作为客座编辑。如何将萨克斯等的关注点体现在千年发展目标中的有限的公共开支中（例如初等教育）以及梅赫罗特拉等提出的普遍公共支出中？该报告的第4部分和第5部分，分别阐述了改善卫生、教育、私人财政，以及提供卫生、教育和饮用水的公共政策。在其关于教育的引文中，作者对国家内部资源有限的现实政策困境之间的紧张关系给出了很好的解释：

> 尽管从20世纪90年代开始有所改善，在小学入学率较低的国家，其高等教育花费要比初等教育多……这些国家需要把重点放在初等教育上，而不是在高等教育上花更多的钱。然而，如果国家要提高竞争能力和整体经济水平，高等教育就必不可少，但其需要的资源应是额外增加的，而不是以减少初等教育资源为代价的。整个教育预算需要增加。（UNDP，2003：95）

该报告还清楚地表明，从实现千年发展目标的角度来看，小学教育的收费会起到相反的作用。同时，在基础医疗和医院的公共开支之间，公共卫生支出似乎没有形成合理的分配：

> 基本医疗支出比总医疗支出在分配方面显得更公平……因此，如果穷人要受益，更多的资源就必须用于基础医疗保健。（UNDP，2003：101）

关于这个问题，在随后的章节中会涉及私营部门的贡献。该报告再次表明，所有公民都应该有机会获得基本的医疗卫生服务，并继续提出："私营部门虽可以满足不同的需求，但在这个过程中能够保证公平吗？"（UNDP，2003：113）。在研究了拉丁美洲地区私营医疗机构的影响后，该报告认为，私营医疗机构会导致不公平，"因为私营医疗机构的管理者们，重点吸引的往往是更为健康的患者，病情严重的病人被转移到了公共医疗机构。这种双层体系降低了医疗风险管控，破坏了健康群体和弱势群体之间的交叉补贴"（UNDP，2003：113）。

萨克斯、梅赫罗特拉关于私营部门自由进入教育和保健部门的负面影响的论述并没有包括有针对性的公共支出。在《消除世界贫困的目标：千年目标的社会和宏观经济政策》（Delamonic and Mehrotra，2006）中，他们从欧洲早期工业化国家的发展中得到了借鉴：首先，现在发达国家的经验表明，社会服务的顺序是早期应该由国家提供全面的服务；其次，实施更多有针对性的干预措施，共同作用于要实现的目标；最后，通过公私合作为不同的市场服务，当然这取决于不同机构和部门的服务性质。他们拒绝放弃在发展中国家发展市场，这是典型的新自由主义改革。本书后面的章节将继续讨论如何确保公共开支的适当水平、公平和效率，以及如何在国内、私人和国际上筹集更多的资源。

4.5 联合国经济和社会事务部：从边缘部门到社会政策制定的引导者

从形式上讲，联合国经济和社会理事会负责制定联合国的经济和社会政策。这一权力实际上并没有延伸到接受前面所描述过的联合国社会机构的政策，这些机构有自己的决策部门。那么除了联合国社会机构所阐明的社会政策之外，联合国对社会政策还有什么看法？其总部设在纽约，包括联合国经济和社会事务部秘书处、社会政策和发展部以及公共部门。作为一个整体部门，直到 2004 年，联合国经济和社会事务部都是由尼汀·德赛（Nitin Desai）负责，并由主管经济和社会事务的副秘书长负责日常管理。现在是由乔斯·安东尼奥·奥坎波（Jose Antonio Ocampo）负责，其曾担任过联合国拉丁美洲国家和加勒比国家委员会执行秘书。在担任上述职务期间，他曾是一位备受尊敬的新自由主义全球化批评者。他在《全球化与发展：拉丁美洲和加勒比的视角》（Ocampo and Martin，2003）一文中提出，“在全球化时代，需要实现一个新国际秩序的三个首要目标：提供全球公共产品，逐步修正国家之间的不对等，逐步建立以权利为基础的国际社会议程”（2003：XV）。科菲·安南就提高联合国在经济和社会领域政策制定能力问题提出改革后，奥坎波现在被任命为秘书助理，之后在 2005 年由乔莫·夸梅·桑达拉姆（Jomo Kwame Sundaram）接任。由于乔莫·夸梅·桑达拉姆在马来西亚的经济政策和社会政策方面批评新自由主义而同样赢得了广泛的尊重（Jomo K. S.，1998）。他是网站 www. ideaswebsite. org 中探索替代发展模式栏目的创始人。在撰写本书时，我们还看不出，与世界银行相比，联合国经济和社会政策的全球地位与上述两位知识分子的关系。然而，乔莫·夸梅·桑达拉姆在联合国儿童基金会社会政策研讨会上的发言，被形容为“风中的稻草”（见下文）。他在会上指出，“现在我们一致认为华盛顿共识失败了。相比 20 世纪 50 年代到 60 年代，世界在 20 世纪最后一个 25 年里做得更差：这是对华盛顿共识的一个有力的控诉”（Sundaram，2006）。同时，他关注并肯定了人们对普遍性与针对性的讨论。国际劳工组织最近所做的工作和研究表明，普遍条款实际上负担不起，世界银行对这一问题的看法也发生了变化。在乔莫·夸梅·桑达拉姆的指导下，联合国经济和社会事务部发展了一系列指导性社会政策，供各国在努力实现千年发展目标的过程中使用。这些政策都是在社会发展早期工作的基础上汇集分散的社会政策而发展起来的。

社会发展政策部门之前由约翰·兰莫尔（John Langmore）负责，最近约翰·斯科尔文克（Johan Scholvinck）接替了他的工作。在该部门中，社会发展委员会（CSD）秘书处发挥了非常重要的作用。该委员会由政府代表组成，每年 2 月份开会。一般是按照其多年工作方案，商定有关社会发展方面的政策。政策背景分析由专家工作组及讨论会完成，通常在委员会议程上有一份由秘书处根据前期工作而编写的非正式文件草稿。其中，专家的分析和团队成员的起草，特别是瑟奇·泽莱涅夫（Serge Zelenev）关于政治辩论的框架尤为重要。

最近以这种方式向委员会提交的两份报告让人很感兴趣。联合国秘书长（2001）于 2001 年 2 月为社会发展委员会准备的《关于在全球化世界中加强社会保护和降低脆弱性的报告》几乎成为阐明联合国进步社会政策的一个重要里程碑。该报告的积极作用在于：（a）这是联合国关于社会保障问题的第一份全面声明；（b）其论点的主旨是，社会保护措施既有提升权益的功能，又有投资的功能，这些措施必须得到政府和地区的高度优先重视；（c）它认为，社会保障“不应只作为确保最贫困人口福利的一项剩余功能，而是促进社会正义和社会凝聚力的基础”（UN Secretary-Gerera，

2001）。然而，必须指出的是，关于这一文件的讨论，在委员会的会议上却陷入泥沼，它未得到批准，也未成文。虽然欧盟表示支持，但77国集团希望将其与全球融资问题和全球治理安排问题联系起来（Langmore，2002）。源于劳工标准和全球社会政策原则的全球社会标准的南北僵局，困扰着这个委员会的工作。

社会发展委员会最近的一次会议（第四十七届会议，2004年2月4日至13日）似乎在讨论提高公共部门效率问题时设法避免这一问题。联合国秘书长关于这个问题的报告包含了其中的一项建议，即国际合作应“包括拟订规范和准则……对于公共部门和私营部门各自的作用与责任”（2004：para. 59a），但该想法却无法在有关的结论中找到。会议所形成的结论是“每个政府对自己的经济和社会发展负有首要责任，重视国家政策和发展战略的作用，但不能过分强调国家政策和发展战略的作用”（2004：para. 7）。关于社会服务的普遍性问题，公共供给和私人供给的平衡问题成了更为核心的问题，该问题的解决有利于保证社会服务普遍性和公平性，“委员会强调公共部门的关键作用，特别是可获得公平、足够的社会服务，一切均以满足整个人口的需求来提供”（2004：para. 1）。在评估公共提供和私人提供的效果方面，委员会再一次强调，虽然服务可以由私人实体提供，但“任何公共服务的改革都应旨在促进和实现所有人普遍和公平地获得这些服务的目标”（2004：para. 12）。这在斯科尔文克（Scholvinck）的报告中可以找到有关内容（2004）。

联合国经济和社会理事会的另一个部门，即负责促进全球社会政策对话的部门，向大会提交了《世界社会形势报告》。可惜的是，这份报告没有像世界银行的《世界发展报告》、联合国开发计划署的《人类发展报告》那样，得到新闻界、学者和发展学界的关注。同样，世界卫生组织和国际劳工组织的年度报告也没有得到重视。部分原因是自1952年起，每年只有一次（自2003年起改为每两年一次）的报告缺乏一个吸引人的主题，尽管多年来一直在挑选主题，以便引起特别注意，但每一个主题都仍然是非常宽泛。另外的原因就是其撰写、修订的经费和技术资源极少。从2003年起，该部门采取行动以提高报告的质量，通过关注一个主题来加强其政策及影响的相关性分析。2003 年度的报告（UNDESA，2003b）关注解决弱势群体问题，与联合国其他社会会议的主题——解决就业障碍、促进社会融合和社会保护、“基于权利的方法与权利的缺失”——相呼应，其政策建议是具体而具有挑战性的，例如土著人民应从他们自己的知识产权中受益等（2003b：para. 32）。为了引起更多的全球关注，联合国经济和社会事务部 2005 年度的报告（UNDESA，2005c）侧重于不平等问题，世界银行 2006 年的《世界发展报告》也是如此。它们对全球范围内的持续不平等现象敲响了警钟，认为如不首先解决社会分化的问题，就很难在国家内部推动发展。

在吉多·贝图奇（Guido Bertucci）领导下的公共行政与发展管理部门，一向得不到联合国评论员的重视。该部门的职责是“协助会员国以开放和参与的方式确保其治理系统的功能”。2001 年，其前身公共经济和公共行政司，就开始与联合国经济和社会理事会合作撰写了两年期报告——《世界公共部门报告》，旨在分析各国政府在改革公共部门特定领域方面所面临的挑战。该报告的第一个主题（UNDESA，2001）是“全球化与国家”。实际上，它是经济全球化时代加强国家能力建设的一个相当好的案例和引子，同时又是对 20 世纪 80 年代在新自由经济主义之后出现的新公共管理理论缺陷的价值批判。它认为，“如果并没有证据说明，那么全球化必然导致政府规模缩小”（UNDESA，2001：5），但同意“国家被要求在涉及不同参与者的规划、协商、谈判和决策过程中发挥纽带作用”（UNDESA，2001：31）。就发展中国家来说，有必要增强国家实力，以便最大限度地从全球化中实现利益最大化。该报告里的一个重要观点是：一些发达国家需要重新建立公共服务伦理，而一些发展中国家需要开始建立公务员的公共服务伦理。它通过公共行政与财政线上网站（UNPAN）（www. unpan. org），正在经济和公共行政部门的实际工作中不断跟进着。

2006 年，联合国经济和社会理事会与联合国开发计划署相互合作，在包括社会政策在内的六个政策领域中起草了《国家政策指南》（以下简称《指南》），并由约瑟夫·斯提格利茨（Joseph Srtiglitz）做了相关的分析。伊莎贝尔·奥尔蒂斯（Isabel Ortiz）在起草社会政策指引的初稿时，曾通过该网站广泛征询公众意见（http：//esaconf. un. org/WB/?boardid=ndsnet）。伊莎贝尔·奥尔蒂斯曾经供职于亚洲开发银行（ADB，2001）的社会保护战略部门，后来被ESCAP（亚洲及太平洋经济社会委员会）聘用。联合国经济和社会事务部/联合国开发计划署的《指南》，强调社会政策具有包容性和公平性，以及必要的发展倡议的重要性。《指南》解释并分析了世界银行及其他行动主体过去在发展中国家，在促进就业、社会保护、教育、卫生和社会融合政策方面的早期尝试中所造成的损害：

> 当再分配政策不再被推崇，市场为导向的改革以及对国家干预态度发生变化，许多该类倡议在20世纪70年代后被削弱了，社会政策只剩下最低限度。直到20世纪90年代，关于扶贫开发的政策才重新被解释和关注。即使如此，社会政策仍被边缘化，被视为“因人面而调整”，经济危机时期的社会安全网，或者是许多捐助者资助的社会投资方案，或者是有关专业人员在协助人口方面的良好倡议等，但不是持久的解决方案。它没有解决社会紧张局势的结构性原因，也没有建立确保充分就业、可持续发展及社会凝聚力的机构。（Ortiz，2006：3）

《指南》广泛采用了劳工组织、世界卫生组织、联合国教科文组织、联合国儿童基金会和联合国的某些政策，并在某些方面还采用了世界银行近期的一些政策。然而，在《指南》的初稿中，阐述重点放在了千年发展目标背景下的基础服务方面，而教育和卫生部门尚未提及对中等和高等教育或基于医院的医疗服务等的必要投资。修改后的《指南》草案纠正了这一现象，呼吁建立“全面的全民健康和教育体系，促进国家建设”，并强调区域和全球社会治理的重要性。通过联合国决策系统来观察《指南》起草的进展将非常有意义。在《指南》起草期间，联合国开发计划署质疑其中的一些内容。我相信，由于它们是联合国千年发展目标推动的主体，又因为它们受到联合国经济和社会事务部内部尊重全球南方的行动者的推动，因此它们没有遭受像2000年年初联合国内部试图建立一套全球社会政策原则的命运。我们将在第6章中看到，《指南》的某些指导方针可能会因为南半球的人们恐惧而遭到反对，它们可能成为获得贷款和捐赠的新条件。

我们在第7章中将会提出，社会政策领域必须加强联合国中世界银行和国际货币基金组织的作用。要实现这一目标，联合国经济和社会事务部、联合国开发计划署将承担更多的分析责任和行政责任。它们需要更多的分析技术和资源来迎接这一挑战。

4.6 联合国儿童基金：儿童问题与儿童权利保障

在世界银行推出减贫计划之前，不成熟的结构调整使南半球国家接受了很多北半球国家的债务。为了分析20世纪80年代以来全球经济状况对儿童的影响，很多专业人员做了大量的工作。例如，詹姆斯·格兰特（James Grant）担任联合国儿童基金会执行主任，一直到去世。理查德·乔利（Richard Jolly）、法兰西·斯图尔特（France Stewart）和安德列亚·格洛万尼（Andrea Glovanni），联合国儿童基金会的经济学家，以及联合国儿童基金会的其他人等，用人的面部表情表达来分析结构调整的影响（Cornia et al.，1987），不仅参与公开论战，还直接与世界银行和国际货币基金组织的人员论辩，试图改变其思维。乔利（1991）曾发表文章指出，早在1982年年初，詹姆斯·格兰特就与世界银行和联合国儿童基金会的人员讨论调整政策的影响。因此，在1994年举行了世界银行/联合国儿童基金会的联合会议，联合国儿童基金会提出了题为“货币基金组织调整政策和办法与儿童需要”的报告。概括来说（详细内容可见Jolly，1991），联合国儿童基金会的上述工作还是产生了很大的影响。例如，联合国儿童基金会公布的年度出版物《世界儿童状况（1995）》导致世界银行政策的改革，并通过了旨在保护最贫穷者的贷款战略。1995年年底，联合国儿童基金会提出，“1990年儿童问题世界首脑会议确定的目标，即减少发展中国家儿童的死亡、营养不良、疾病和残疾。四年后，大多数国家都实现了这些目标的大部分内容”（UNICEF，1995）。东欧地区的社会主义国家解体后，联合国儿童基金会设在佛罗伦萨的区域儿童发展中心，对于促进世界银行和国际货币基金会从新自由主义改革到解决过渡时期社会成本的一系列政策方面的思维转变，发挥了很大的作用（UNICEF，1993）。

联合国儿童基金会，特别是设在纽约的政策和规划部门，继续为一些重要的国际社会政策分析机构提供了一个制度来源，其分析家们不时地对全球社会政策话语产生重大影响。或许，其中最重要的是桑托什·梅赫罗特拉（Santosh Mehrotra）。他和理查德·乔利一起在《人的面部表情发展的影响》这一报告中写道，吸取发展中国家的教训，实现了比他们预期的经济增长水平更高的人类发展指数（Mehrotra and Jolly，1997）。随后，桑托什·梅赫罗特拉与联合国儿童基金会办公室的恩里克·德拉莫尼卡（Enrique Delamonica）合作撰写了《消除世界贫困的目标：千年目标的社会和宏观经济政策》（Delamonica and Mehrotra，2006）。联合国儿童基金会的政策和规划部门正在为如何更好地实现千年发展目标的全球思考提供重要的思路和理念支持。从 2005 年 5 月在佛罗伦萨召开的 UNICEF－ICDC 会议，到南亚区域联合国儿童基金会社会政策会议，参加并发言者有乔利、乔莫·夸梅·桑达拉姆、桑托什·梅赫罗特拉、恩里克·德拉莫尼卡等。会议的结论是，在探讨实现千年发展目标方面，一些关键的社会政策问题需要考虑。其中，作为社会保障的一个重要工具的社会政策具有多重角色，诸如“社会保护的关键工具（通过社会服务条款和社会保障），促进经济发展（通过人力资本形成和产生消费需求），通过再分配实现公平，促进社会再生产（协助照顾），以及提高社会和国家凝聚力等”（Lotse，2006：54）。联合国儿童基金会将于 2006 年年底在纽约举行社会政策会议，这些议题在会议上进行讨论和审查。

当然，这并不是说没有人质疑和批评联合国儿童基金会。其工作的某些方面，特别是它与企业合作伙伴的合作（www. unicef. org/corporate_partners/index. html），被指责成它与那些造成儿童不公平的企业进行无原则的合作（Ollila，2003；Richter，2004a），其依据是联合国儿童基金会制定和执行的《儿童权利公约》。该文件在 1989 年被批准为联合国公约，是第一个具有法律约束力的文书，包含了全方位的公民权利、文化权利、经济权利、政治权利和社会权利。它的四项核心原则是不歧视，致力于儿童的最大利益，生命权、生存权、发展权以及尊重儿童的意见。

4.7 结论：争鸣的观点，差异的影响力

世界银行、国际货币基金组织、经合组织和联合国机构等，在我们面前展现了一幅图景，它并不是世界社会理论家所期望的社会政策理念在全球范围内的传播。相反，这幅图景是社会政策与各服务部门的思想和原则的一种博弈，争端发生在机构之间及其内部。有关养老保险政策的争论最为激烈，但是，关于私营部门在卫生和教育方面的适当作用却不断被提出。虽然世界银行与联合国某些机构在公共知识的知识产权问题和世界银行集团的国际金融活动上达成了更多共识，但是世界贸易组织的《服务贸易总协定》和千年发展目标的影响可能会继续推动各国对只为穷人服务的公共服务支出予以限制。当然，正如我们将在第 7 章中探讨的那样，我们所面对的一系列复杂的全球机构，都在争夺影响国家政策及政策内容的权力。此外，各机构都在根据其所掌握的文件影响国家社会政策，诸如世界银行和国际货币基金组织的有条件贷款与联合国的道德劝说。就所掌握的资源来看，它们分别是一个富有的世界银行和一个没钱的联合国。我们将在第 5 章中进一步探讨它们与国际研究团体和智囊团的组织联系，例如世界银行研究所和全球发展网络（GDN）对抗联合国社会发展研究机构等。

拓展阅读：

联合国会议方面：

Schechter M G（2005）：*United Nations Global Conferences*. London：Routledge.

国际劳工组织与社会保障问题方面：

Sigg R and Behrendt C（2002）：*Social Security in the Global Village*. London：Transaction.

世界卫生组织与健康方面：

Lee K Buse K and Fustukian S（2002）：*Health Policy in a Globalising*

World. Cambridge: Cambridge University Press.

千年发展目标方面:

Sachs J (2005): *The End of Poverty*. London: Penguin.

Mehrotra S and Delamonica E (2005): 'The Private Sector and Privatisation in Social Services: Is the Washington Consensus Dead?' *Global Social Policy*, 5: 141 – 174.

Global Social Policy: Digest section on International Organisations and National Social Policy. (www.gaspp.org)

5　国际非国家行为主体的社会政策

本章的主要内容是分析和评价智库、政策倡导联盟、知识网络和认知共同体对全球社会政策的贡献；介绍咨询公司、全球商业对国际非政府组织全球社会政策制定的影响，以及分析旧社会运动、新社会运动和全球民间社会对社会政策思想发展的贡献。

非国家的国际行为主体在世界政治与全球治理中日益发挥着重要作用，已被若干国际关系学者——包括罗西瑙（Rosenau，1997）、卡米列里和福尔克（Camilleri and Falk，1992）、塞尔尼（Cerney，1995）等——所认可。乔斯林和华莱士（Josselin and Wallace，2001）在系统地梳理、分析有关文献的基础上，审查和研究了各行为主体在全球政策网络中所扮演的角色，包括全球知识精英、跨国企业、天主教堂、国际工会、全球黑社会、全球移民以及其他特定政策领域的跨界行为者。霍尔和比尔斯拉克（Hall and Biersraker，2002）也做了类似的分析和研究，但更多的研究聚焦在这些行为者是如何能够越来越多地参与国际治理的。斯特恩和塞利格曼（Stern and Seligmann，2004）有力地支持“伙伴关系原则”，即企业和民间社会必须在21世纪的治理中发挥作用，如消除贫困和疾病，实现人权、和平与安全以及经济发展。

5.1　全球智库、政策倡导联盟、知识网络和认知共同体

知识就是政治，政治就是知识。回顾前几章的内容，在关于国际组织

的社会政策思想方面，各种国际机构或组织及其行动主体之间，围绕着健康、社会保护和教育领域，是否引入私营部门或政府与私人主体合作等主题，进行着某种讨论或论争的“阵地战”。这些争论反映出对某些问题看法的分歧，即关于减贫是不是针对最贫穷的特定人群问题，或者说它是不是一个重大的社会和政治制度的变化，因为这涉及权力关系的转变和从富人到穷人的再分配的加强。

上述这些关于社会政策的争议，同样也反映在全球智库、全球政策倡导联盟、全球知识网络和全球认知共同体之间的全球思想博弈中（Stone，2001）。要想把这四类非国家行为者的思想做一个明显的区分，是不容易做到的。智库是“独立的、私人的政策研究组织，智库中从事某一特定领域或更广泛领域的政策问题研究者，总是会积极主动地通过多种渠道对决策者和公众进行教育或咨询”。有些智库如位于华盛顿的布鲁金斯研究院、达沃斯世界经济论坛等已经取得了全球影响力。而“全球政策倡导联盟”则是智库之间、国家之间和一些国际组织之间形成的暂时的或更持久的联盟，旨在推动实现特殊的政策转变。如美国联邦政府、世界银行、泛美开发银行（IADB）联盟，就是为了促进在拉丁美洲引入私人养老保险金制度的一个政策倡导联盟。“知识网络”被帕马（Parmar）定义为“一个协作的研究、学习以及研究生层次的教学体系，主要是传播与出版、进行知识交易以及跨国界融资”。它们通常不明确地提出特定的政策，一般是围绕特定主题，组织有关专业机构、学术研究团体、科学团体进行讨论和研究。斯通（2005）就对许多全球政策知识网络进行过分析和研究，例如开放社会研究协会、南亚性别法研究网络（SARN）、治理和全球发展网络等，这些我们之后还会详细分析。

1992 年，认知共同体作为一个概念（重新）进入了国际关系学中。由彼得·哈斯（Peter Haas）主编的《国际组织》专刊将认知共同体定义为“知识、权力与国际政策的协调”，“在特定领域内具有公认专业知识和能力的专业人员网络，以及对与该领域政策相关的知识的权威解释”（1992：3）。就哈斯而言，这些共同体的重要特征是，它们有共同的规范和原则信念、因果信念、共同概念以及共同的政策领域（Stone，2005：94）。认知共同体一般通过对现实问题的界定、理解的方式来干预和影响政策制定，使国家和其他行动者能够确定自己的利益和议程设置。但在这样的“知识精英”内部，关于社会与世界政治的规范信念和愿景，以及在建立自己的话语和社会远景时，也常常有不同的立场、分歧，甚至是相互斗争。

亚松森·莱拉·圣·克莱尔（Asuncion Lera St Clair）在全球贫困领域中探讨了有关的知识主张和产权竞争问题。她认为：

> 专家的说法通常取决于受众、专家与知识合法性之间的相互关系。但在大多数情况下，这些相互关系只是一个循环过程：专家们在听众中寻求他们的知识主张的合法性，而这些知识是由最初寻求合法性的同样一批专家所创造或依靠的。(2006：59－60)

因此，她建议，“关于全球贫困的知识现状，我们最多可以说，它反映了‘某些科学家的共识’而不是‘科学共识’”(2006：60)。她认为，要解决这一问题，应建立一个更加开放和负责的机制。其中，对于世界银行、联合国和其他行为主体的相对立的科学（与价值）主张在跨国机构内进行评估。“对全球贫困的研究，可以用类似的方式加以审查和协调，就像我们研究气候变化问题一样，由政府间的气候变化专门委员会及附属科学技术咨询机构来管理”（2006：72)。她认为，另一种选择是，把问题留给“赢得”争论的最有权力的行为主体来解决。

5.1.1 世界银行全球发展网络的解决方案

是否有特殊的全球智库或全球知识网络能够理想地参与社会政策的竞争？在世界银行占主导地位的新自由主义倾向与国际劳工组织和联合国其他机构的社会团结倾向之间的激烈斗争中，它们持何种立场？为了更好地理解世界银行是如何直接参与了这样一个“独立”的知识网络，我们首先分析建立于1999年的全球发展网络（www.gdnet.org)。世界银行当时为了推动自身成为“知识银行”，设立了全球发展网络，同时也是为了协调七个较旧的区域研究网络的工作（比如非洲经济研究论坛)。全球发展网络被视为世界银行的一个产物。发展经济学家与其他社会科学家不同的地方在于，它主导着管理机构和会议。他们有一套将研究和政策分析加以联结的技术方法。

良好的技术研究将带来更好的政策发展，而对于研究的问题和使用的方法中可能隐含的政治内容并不十分关注。为了平息某些非议，全球发展网络在2002年从世界银行中独立出来，搬至新德里，这也反映了它对以南半球国家为中心的框架的关注。其理事机构，现在已与国际社会学协会和国际政治研究协会保持密切合作。然而，最近在政府的赞助下，它似乎又要变成像国际货币基金组织这样的国际组织。从世界银行调来的琳恩·斯夸尔（Lyn Squire）成为该组织的推动者，后来成为主席。随后的会议都更加包容非经济学家的观点和意见，并在积极寻找一种更公平的全球化途径（Dinello，2004；Dinello and Squire，2005）。尽管如此，黛安娜·斯通（Diane Stone）——全球发展网络的管理机构的一名成员——依旧认为：

> 有些人认为，生产和转移知识、研究成果、数据、"最佳实践"等信息，会受到《华盛顿共识》的价值观的影响，包括：政策范式和某些政策（如私有化、自由化、放松管制）有利于政治选择，公共部门改革和透明度，民间社会组织参与，地方对发展政策的话语权等。（2004：7）

全球发展网络是一种良好的资源，它为当地的科学研究、全球奖项和赞助商研究项目提供支持，但它对南半球国家的帮助则是一把双刃剑。一方面，它试图将资金、信息等引导到南半球的研究界，但这样做，很可能会把南半球最优秀的研究人员拉进一个由北半球发展经济学家及其思维范式所驱动的知识网络中；另一方面，在支持南半球发展的过程中，可能会损害南半球自主产生的经济发展、社会发展的理论和观点，这些理论和观点可能更符合南半球的情况与利益。从这个意义上讲，全球发展网络的行为与其他一些研究机构相似，但与世界银行的其他研究机构则略有不同，它正在培养一支持有发展政策特定观点的发展经济学家团队。

5.1.2 来自其他知识网络的挑战

如果说世界银行设有自己的研究所，建立了一个所谓独立的经济学家主导的全球发展网络，那么联合国系统与联合国社会发展研究机构合作，在许多项目中正在开展关于发展中社会政策的长期研究方案。联合国社会发展研究机构与社会科学研究者的区域网络——例如拉丁美洲社会服务理事会（CLASCO）、西非社会科学理事会（CODESRIA）等——合作。它们的“发展背景下的社会政策”主要是：

> 重新思考社会政策，并将其从“安全网”的剩余范畴中剥离出来，不再仅仅是抵消政策失败或发展灾害。社会政策应被定位于涉及社会发展的总体和优先考虑事项，并作为与经济政策相配合的一项关键工具，以确保公平和社会可持续发展。(Mkandawire，2004：4)

作为该项工作的成果的几部著作已出版了，这些都直接或间接地为此做出了贡献（Kwon，2004；Kangas and Palme，2005；Mackintosh and Koivusalo，2005；Razavi and Hassim，2006）。

在这种思想斗争影响社会发展的话语和实践的背景下，由联合国社会发展研究机构在2004年举行的讨论知识促进问题的会议是令人感兴趣的（Utting，2006b）。有关的学术研究论文（King，2006；Toye and Toye，2006）指出，减贫报告没有为减贫的结构性或体制性障碍研究留下空间，这些论文也呼应了坎伯的观点。当坎伯对减贫报告的看法被边缘化时，他辞去了世界银行的工作。另一些人哀叹道，在非洲和南亚部分地区，由于这些地区的公立大学在教育结构调整政策的影响下，将教育支出集中在小学，因而影响了这些领域的学术研究。至于联合国资助的社会和政治科学研究及其网络对国际社会政策产生的影响，有些人表达了更为乐观的看法。吉塔·森（Gita Sen，2004，2006）展示了全球女权主义学者和活动家网络是如何引导将性别问题纳入世界银行发展工作的研究主流的。埃默里耶和乔利（Emmerij and Jolly，2006）回顾了“联合国历史知识”项目的第一阶段工作。他们认为，联合国资助的学术奖所引领的学术研究往往是前沿的，之后会成为主流研究（更多请见 Emmerij et al.，2001）。当然，这适用于詹姆斯·格兰特和理查德·乔利的一些工作，他们影响了联合国儿童基金会的工作，然后创建了联合国开发计划署人类发展指数。事实上，社会政策指导方针是由联合国经济和社会事务部制定、联合国开发计划署（Ortiz，2006）借鉴联合国社会发展研究机构的研究成果以及其他全球智库的研究观点而形成的。

在世界银行资助全球发展网络以及联合国系统资助发展背景下的社会政

策项目时，经合组织开发援助委员会资助了一个完全不一样的知识网络——POVNET（www.webdomino1.oecd.org/COMNET/DCD/Povenet.nsf）。POVNET 的诞生源于经合组织开发援助委员会的一些成员国家的关注，它们关注的问题是经合组织国家的发展援助没有充分侧重于减轻贫困。双边帮扶的非正式专家网络成立于 1998 年，对当前捐助者减少贫穷的政策和实践进行了总体研究。这项调查研究的对象和内容是世界银行、国际货币基金组织和联合国开发计划署的工作以及双边捐助者的工作。基于该项研究工作，开发援助委员会发布了《发展合作和减少贫困工作指南》（OECD，2001b），以及其他关于处理官方发展援助和社会保障的研究文献。这个知识网络的社会保障与社会发展顾问——来自资助国政府和其他有关部门——发表了观点鲜明的《关于帮扶贫困人群的总体报告》（OECD，2006b），旨在说服经济学家在关注确保经济增长的同时又兼顾穷人。然而，不是所有的 POVNET 知识网络的成员都与该观点保持相同的基调。有些人认为，通过低声下气地与经济学家们进行交流和自我审查，以及用经济主义的态度审视文本，忽视了社会保护的“面包和奶油”作为扶贫发展的基本要素（Voipio，2006）。然而，POVNET 知识网络在 2005 年 11 月形成了针对风险、脆弱性、社会保护和人的安全的研究任务组，在芬兰外交部蒂莫·沃尔奥（Timo Voipio）的领导下，可能会在适当的时候产出令人感兴趣的研究成果。

除了那些希望贫穷国家的社会政策能够挑战行政权力和体制障碍，以及希望全球化能够适当关注社会层面的群体之外，还有一些其他的全球知识网络也在发挥着作用。如果我在此不提到我自 1997 年发起的由芬兰资助的项目，即全球主义与社会政策方案（GASPP），通过其期刊《全球社会政策》在国际上建立网络，我会感到很不公平。它对分析全球化对各国制定社会政策能力的影响以及在构思一个全球化的社会改革方案方面做出了贡献。其最近的政策概要为：

现在是时候让联合国系统为了促进和寻求安全有效的社会政策，在国家、区域和全球各个层面，加快推动哥本哈根会议承诺和千年发展目标的进展……全球、区域和国家社会政策需要保证三个“R”，即再分配

(redistribution)、规则(regulation)和权利(right),这是我们更广泛的社会愿景的基础。(GASPP,2005:4)

此外,与联合国教科文组织密切相关的国际社会科学理事会发起的贫穷比较研究计划(CROP),现在已经为数百名贫困研究者提供网络服务,其中大多数是在发展中国家。当然,关键是在 www. ideaswebsite. org 域名之下还有经济学家网络。

联合国教科文组织最近参与了全球贫困和社会政策研究者的网络化工作。2006 年,在阿根廷政府的支持下,联合国教科文组织决心通过举办社会科学政策的国际论坛,为全球化背景下理想社会政策的全球对话做出贡献。2006 年 2 月,它召集那些与社会政策相关的联合国社会发展研究机构、联合国开发计划署、国际劳工组织、世界银行、贫穷比较研究计划以及许多南半球的知识网络,召开了与全球化相关的研讨会。它还与拉丁美洲和南部非洲的社会发展部长网络联系在一起,发展成为联合国教科文组织社会转型管理计划(MOST)。该计划汇集了世界银行(见第 2 章)、联合国社会发展研究机构和联合国经济与社会事务部中的社会发展思想家,在即将举行的联合国社会政策指导说明会议前,开展了背景性对话。

上述我们对于贫穷、社会政策与发展领域中的相互竞争和重叠的知识网络的分析,同样可以运用在医疗卫生政策领域。这里的主导者是全球健康研究论坛(www. globalforumhealth. org),它创立于 1998 年,挑战“10”和“90”的缺陷,即关于之前提到的不到 10% 的卫生研究致力于疾病,却影响着世界 90% 人口的事实。它由世界银行、世界卫生组织、洛克菲勒基金会、比尔和梅林达·盖茨基金会和几个北半球国家的政府进行资助。该委员会的主席是理查德·费查姆,正如我们在第 2 章中介绍的,他从世界银行离开,转而进入世界卫生组织关于全球防治艾滋病、结核病和疟疾的基金会。因此,其重点是如何转移卫生研究资金和如何加强发展中国家的研究能力。而医疗健康平等国际社会网络(www. iseqh. org)则更多聚焦在医疗卫生服务提供等方面,它形成于 2000 年,致力于“通过教育、研究、出版、传播和慈善来支持促进国际卫生与服务的平等”。它在南部非洲国家有强大的成员团队,EQUINET 是它的合作伙伴之一。

5.2 国际非政府组织和咨询公司

5.2.1 关于行动主体的概念框架

乐施会、基督教援助和国际关怀等国际非政府组织已经开始在全球社会政治进程中发挥倡导者的作用，无论其政策立场是站在国际一边还是站在国家一边。从某种意义上来说，其自相矛盾的地方在于，作为援助的提供者，却常常取代政府的福利条款。保罗·斯塔布斯（2003）描述了这些行动主体作为中间组织存在于真正的民间社会组织中，与政府的正式组织形成合作和竞争关系。它们的重要性不仅在于其政策影响力和服务的提供，还在于它们在一个国家的存在会以意想不到的方式改变福利的实际提供。但国际非政府组织工作人员的高工资，对当地劳动力市场工资较低的公务人员也形成了一定的冲击。在全球化的背景下，国际非政府组织进行的福利组合弥补了许多国家的福利和政策主体部分。

保罗·斯塔布斯（2003：135）进一步完善了由高夫和伍兹（2004）提出的国际福利组合表（见第 1 章），并建议区分国际民间社会和更大、更正式的国际非政府组织部门。这里，他将国际咨询公司（ICCs）与国际非政府组织合并，这两类组织可以作为一种全局的中间类别进行整合。在全球层面，它们是与国家行为主体相关的因素，既不是完全公共的（例如国家），也不是完全私人的（例如家庭）。他的观点见表 5.1。

表 5.1 全球福利组合：中间领域

	国 内	跨 国 家
国 家	国家政府	国际组织
市 场	国内市场	全球市场、跨国公司
中间领域	服务国家的非政府组织和咨询公司	国际非政府组织、国际咨询公司
社 区	当地的社会运动	全球社会运动
家 庭	家人、家庭	国际家庭战略

来源：Subbs（2003：323）。

5.2.2 作为服务提供者和政策倡导者的国际非政府组织的发展悖论

比克哈特（Biekhart，1999：73）追溯和分析了欧洲和加拿大的非政府组织行为主体的发展及其与20世纪70年代到80年代的“黄金时代”相关的四个因素：从海外获得的发展资金大幅增加，其中很多从20世纪60年代便开始增加；借助通信革命有了更明显的国内知名度；在后殖民时代两极分化的全球环境；南半球非政府组织和社会运动的大规模增长。总之，所有这些都为作为中间领域的非政府行为主体提供了很大的发展空间。作为一种潜在的“均等力量”，它们形成“团结链接”，来对抗20世纪八九十年代推广的新自由主义政策议程。但矛盾的是，在这种新的环境中，它却以分包合同制的方式提供代理服务。矛盾存在于它们所努力实现的社会变革和社会正义与获得有利可图的援助合同的组织要求之间（Stubbs，2003：141），或者如迈克尔·爱德华兹（Michael Edwards）所说的“发展”与“制度”之间的张力。一些组织相比于其他组织，更好地处理了这个矛盾，使用一部分援助合同资金支付研究和政策部门的费用，使之在发展政策辩论方面成为国际非政府组织贡献的“附加值”。比克哈特的结论（1999：74）是：“在20世纪90年代，在非营利环境中，‘营利’是一个关系机构生存的问题。”这也代表了一种发展方向，就如许多国际非政府组织，比以前采用了一种更具工具性的发展路径。在这一点上，一些研究和政策发展部门认为，其早期迷失了方向，现在需要转型。公共关系部门则更多地与“营销”，甚至是“品牌”国际非政府组织有关。话虽如此，如乐施会和其他主要的国际非政府组织继续定期对世界银行、联合国或捐助者为实现千年发展目标而采取的最新行动进行关键性的评估。

5.2.3 自我盈利的国际咨询公司

许多知名的国际非政府组织进行了根本性的重组，引入了来自私营部门的“管理咨询顾问”的“现代方法”，形成了与新发展起来的国际咨询公司同样的机制、利益、方法和重点。无论如何，斯塔布斯（Stubbs，

2003：141）认为，随着资金的大量增加，应对人道主义紧急情况的复杂性，援助市场的激烈竞争，从20世纪80年代中期始，也助长了某些短期行为，也影响了广泛的发展思维和行动。与国际非政府组织不同，国际咨询公司日益发展壮大并变得越来越重要，这可能与咨询需求的广泛高涨有关。首先，国际咨询公司对援助和发展中特定业务原则的日益重视，为咨询公司的发展创造了有利的市场条件，其中一些咨询公司将该方面的业务作为一个新的或扩展的方向，有的则成立新的咨询公司。20世纪80年代末90年代初，东欧和苏联社会主义实践走向失败，推动了国际咨询公司在该援助市场中的兴起。斯塔布斯（2003）指出，贾尼恩·韦德尔在20世纪90年代早期对欧洲的东西方援助项目进行了具有重要影响的研究，她提到了“六大”西方会计咨询公司的作用，这些会计咨询公司“与美国国际开发署、欧盟灯塔计划、‘英国懂得如何投资’项目、世界银行、欧洲复兴开发银行等合作……开始在中欧和东欧设立办事处，开展商业活动”（1998：51）。韦德尔接着指出，这些组织有时作为政策顾问，有时作为服务提供者，有时作为政府代理。她称它们为“灵活的组织”。比克哈特对此进行研究后认为，它们也服务承包商，需要把它们作为国际社会发展中的非国家行动主体来研究。事实上，如普华永道，作为一家大型会计师事务所（它是由“六大”公司中的两家合并而成的），通常从社会政策协调员的工作角度提醒我们提高对某些方面的重视程度。这一群体在全球社会发展政策中被大量研究。

5.2.4 对社会发展政策的影响

鉴于国际非政府组织的这种矛盾地位——它既是政策倡导者和合同赢得者，又处于国际非政府组织和国际咨询公司的特殊位置，那么我们是否可以在发展背景或社会转型背景下，从它们的角度对国家社会政策的改革内容进行理解？迪肯（1997）通过对南斯拉夫的国际非政府组织角色的研究，得出结论认为，“社会发展的非政府组织正在发展一种社会安全网，尤其是在非稳定区域，更能发挥重要作用。欧盟和国际劳工组织发现，有了这种非政府组织的支持……对于普遍主义和社会保障的福利国家来说，这些非政府组织是具有挑战性的有力捍卫者”（1997：197）。当然，国际非政府组织（如基金会）所采取的有针对性的扶贫形式，虽有助于建立与贫穷国家公共服务相平行的服务提供形式，但可能会进一步破坏国家公共服务的供给。就国际咨询公司来说，这一现象就更清晰了，基于契约文化的私人咨询机构参与了发展政策的制定。令人意外的结果是，它们会提出设立私人警察的主张。特别是，英国政府已被证实通过其发展部门向私人咨询公司提供大量的资金，就是为了推动发展中国家公共服务私有化。事实上，一部新的出版物《从贫困中获利：私有化顾问、英国国际发展部与公共服务》（2005）分析了英国政府在促进发展中国家私有化方面的作用。英国国际发展部每年在联合国援助预算中拿出一大笔资金，用于私人研究顾问，例如普华永道、毕马威和德勤等，都是为了推动发展中国家公共服务的私有化。英国政府还积极推动形成其私有化领域的特色和专长，以便为自己的公司赢得海外合同。其中包括政府出口促进部门——英国贸易与投资部的一个团队，该团队致力于为英国公司提供咨询，帮助其了解如何通过英国政府所谓“援助资助企业”从英国自己的援助预算中赢得合同（Hilary，2005）。

正在发生的这些变化可能会对社会发展政策产生一些不确定性的影响。援助者现在鼓励的援助制度（如 OECD，2001b）更关心为政府提供预算支持，确保有关部门有效协调援助物资，将帮助重点放在实现包括供给公共服务在内的千年发展目标上，尽管是在教育和健康的基础层面，并确保发展政策由发展中国家政府主导，在援助过程中给予发展中国家专业知识更多的信任和资源。这可能对国际非政府组织产生一定的积极作用，即可能会使国际非政府组织在进行服务绩效评估和“培养”当地专家方面发挥更大的作用。一个不太离谱的结论是，千年发展目标中关于公共服务的问题，更多的关注可能会集中在国际非政府组织活动面临的社会民主观与它们参与的社会服务实践之间的关系方面。

5.3 全球商业视角下的社会政策

5.3.1 全球化推动私有化

如果在 20 世纪的最后一年，任何方面的新自由主义全球化成为反全球化运动的批判对象，可能就是国际金融和国际商务的原因，合资公司或跨国公司（TNCs）被视为敌人。有人认为，跨国公司现在可以在全球范围内转移资本和生产，从而压低工资，减少劳工权利和社会保障权利，避免税收和社会责任。此外，全球企业正在削弱国家公共服务的全覆盖，无论是在教育、医疗卫生行业还是在社会服务行业。

在这里，我们关心的是全球商业对国家社会政策的影响。它们是否为减税，为减少社会保障，为私人医疗，为安全网的未来在努力？全球企业如何应对有关方面批评跨国公司无责任感？法恩斯沃思（Farnsworth，2005）认为，相较于劳动力而言，全球化确实加大了资本对全球阶级斗争的影响力。下面有四个原因支持这个论点：

- 资本可以影响权力结构，而劳动力不能；
- 相对于劳动力来说，资本能够更好地组织和利用机会参与国际组织进行全球政策辩论；
- 国际组织已经开始在各个委员会和决策机构中纳入商业利益，而劳动力没有得到同样的优势；
- 劳动力对资本有更大的依赖性，总是被指责妨碍了营利和全球扶贫（Farnsworth，2005：218）。

法恩斯沃思基于一个咨询项目——由经合组织发起的与全球商业相关的咨询项目——对社会政策的全球视角进行了分析。该项目由商业与工业顾问委员会（BIAC）负责，它是在1981年和1998年社会政策部长级会议背景下成立的。法恩斯沃思认为，“国际资本的底线是，只有在直接促进经济增长——至少不会破坏经济增长——的情况下，国家的有关规定才是正当的，以及只有在可以产生利益和使公司成功运营时，国际资本才是承担得起的”（2005：209－210）。鉴于此，商业与工业顾问委员会敦促经合组织消除创造就业的障碍，包括过于慷慨的社会条款。除了教育和培训支出，商业与工业顾问委员会对国际商务有利于“减少支出和税收（特别是在企业中）表示赞同”（Farnsworth，2005：210）。商业与工业顾问委员会积极推动私营部门在公共服务提供方面发挥更大的作用，推动服务贸易自由化，这被视为企业扩张的大好机会。

较高的社会保障成本，特别是那些属于企业的成本，是遭到反对的，取而代之的是一种更为临时和剩余的收入支持方式。然而，法恩斯沃思认为，全球商业不是推动废除社会保障制度，而是将享受的条件、资格要求加入社会保障制度中，区分什么是必要的、什么是基本的、什么是可要可不要的。就税收而言，商业与工业顾问委员会倾向于对劳动者征税，在其一生中进行横向分配，而不是从富人到穷人的纵向分配。在养老金方面，商业观点似乎与世界银行的观点相吻合，倾向于基本的国家养老金、第二职业或私人阶层以及免税的个人储蓄计划。法恩斯沃思概括为：

> 这几乎是不完全支持国家福利制度，但上述的立场也不表明就是商业的泛滥的反福利立场。更确切地说，资本对社会政策的态度是务实的。通过自我保护、实用政策、简单事实来确定，国家的制度规定对未来的盈利能力至关重要，而不是一个严密的意识形态框架（2005：221）。

有关更加细致的分析和研究，可能更有利于全球商业的私营部门，若真是如此，在公共服务提供者中，人们可能更倾向于将国家规定的公共服务传递给私营部门。事实上，对国家和国际私人医疗保健、社会关怀、社会保护和教育提供者的扩张愿景进行的研究表明，情况确实如此（Holden，2002；Lethbridge，2005；Mackintosh and Koivusalo，2005）。美国服务业联盟（CSI）一直在游说政府，以确保世界贸易组织与《服务贸易总协定》，以及世界银行的国际金融公司积极开展活动，增加全球私人服务的供给（Sexton，2001）。

5.3.2 跨国企业声称的社会责任

全球化催生了反全球化运动，因此对全球商业的批评日益增强，其重点包括耐克等大公司将生产任务外包给“血汗工厂”，这些企业经常聘用童工。对此，为了维护自己的形象，保证正常的销售，耐克等大公司声称已经承担社会责任，并开始发布报告，强调其投资策略是如何符合“世界”（通常就是北半球消费者）的社会和环境保护要求的。1994 年，它们发布了有关报告 100 份左右，到了 2003 年，基本上每年达到 1 500 份（Thompson，2005）。虽然数量庞大，但 1 500 份报告也仅占国际化公司总数的2.5%左右。尽管如此，汤普森（Thompson）认为，“企业从事某个项目……实现一个承诺，这不应被批评家忽视……认真地履行企业社会责任（CSR）并不容易”（2005：4）。

这些举措的实施引起了有关的思考，即公司可以被视为具有社会责任和义务的企业公民。世界经济论坛汇集了近1 000个世界龙头企业和200个小型企业来“改善全球国家”，描绘了全球企业公民权（GCC）的概念。全球企业公民权的基础文件是这样描述的：

> 首先，我们公司的承诺是成为全球企业公民的条件，也是我们进行商业管理的方式。我们能为发展做出的最大贡献是：以遵守法律的方式开展业务，生产安全、成本效益高的产品和服务，创造就业和财富，支持培训和技术合作；在环境、伦理、劳动力和人权等领域，反映国际标准和价值观。(WEF，2005)

鉴于这些领先的世界公司的发展，这就并不意外，它们鼓励并领导了跨国公司与联合国开展更密切的行动，作为一种展示它们负责任的方式，同样也是它们在社会治理层面上追求商业利益的一种方式。正如扎米特(Zammit)的评论，“全球企业，在成为公众沮丧和愤怒焦点的背景下，大型跨国企业与联合国的合作被视为改变其形象的契机，通过这种方法，它们有可能被肯定为‘做得很好’”(2003：49)。

国际商会（ICC）由来自100个国家的数千个商业联盟组成，与联合国进行了系统的对话，以期增强其影响力。国际商会在1998年成立了日内瓦商业合作机构，与国际劳工组织和世界卫生组织建立联系，形成了有序的自由主义全球规则（Zammit，2003：49）。因此，国际商会接受了2000年科菲·安南在达沃斯世界经济论坛上关于全球契约的声明，即全球企业将受到鼓励，签署了九个领域的企业社会责任和环境责任。这一自愿性契约的细节和效果将在下一章中分析。这里重要的是，它反映了全球资本的跨国公司，至少被视为对社会负责，实际上可能也是这样。事实上，汤普森以几百个重要企业为例，认为“有一个‘发展资本主义’的存在。不是所有的国际商业和跨国公司都是恶意的或培育野蛮消费者的公司。大部分公司都注重培养自身的‘声誉资本’，以追求自身利益”(2005)。

这里需要注意，这些龙头企业领导人通过全球经济论坛来追求自身利益的方法是很重要的。目前，世界经济论坛的举措之一就是对开发项目的融资，其主要目的是“在水、健康和教育领域做出减贫贡献的过程中，了解公私伙伴关系（PPPs）……在找到公私伙伴关系、成功应对挑战后，就公私伙伴关系如何改善贫穷国家私人投资环境问题提出建议”（WEF，2005）。全球经济论坛发出的一项全球卫生倡议，就致力于增加防治艾滋病、结核病、疟疾的商业项目的数量并提高其质量。

总之，全球化已将权力天平转向资本，而不是全球决策中的劳动力。它为全球商业创造了一个在全球范围内发挥其影响力的空间。其集体论调不是反福利开支，而是希望社会开支得到控制，仅以提高盈利能力的方式进行。全球企业希望被看到的是它们的社会责任，希望对此进行自我调节和自我安排。社会政策分析人士最关心的或许是，全球化在医疗保健、社会护理和教育事业等领域为一部分全球企业创造了机会，并寻求和获得私营部门在此类服务提供方面的更大作用。

5.4 全球社会运动和社会政策

5.4.1 行动主体的概念框架

20 世纪 90 年代，一场全球化运动的兴起，在世贸组织、8 国集团、世界银行和国际货币基金组织等主要世界会议上的街头抗议中，引发了一种“自下而上的全球化”的观点（Falk，1995）。这需要像研究国际商业、跨国公司、8 国集团的自上而下的全球化一样去研究和了解其中的每个细节。如果示威标语是一种符号，那么包括旧时代的社会运动（工会）和新时代的社会运动（妇女运动、原住民、学生的运动）已经联手，在某一文明世界的运动中，或者会跨越国界互通电子邮件，关注社会、文化和环境等问题。在这里，自下而上的概念化的文化全球化（Kaldor，2003）是准确的。其实，这些社会科学家们所争论的是，在一个非领土化的空间中或扎根在联盟国家中，这些运动是不是真正的跨国网络行为。这些社会运动仍在努力寻找具有真正的代表性，又是负责任的、可被解释的和全球性的全球组织形式（Mayo，2005）。其他人则论证了参与反全球化运动的非政府组织的代表性，而另一些人讨论的是这些社会运动的行为主体，尤其是这些社会运动中的国际非政府组织，应该“放弃受全球民间社会意识形态的自命不凡，无论其有多么诱人，并在不可否认的专业知识和能力的基础上让他们的案例得到倾听”（Anderson and Reiff，2005：38）。

马里·卡尔多（Mary Kaldor）列出了全球民间社会行动主体的一系列类别。这些类别是：

• 旧社会运动：从20世纪70年代以前开始兴起，由工人和知识分子组成，关注再分配、就业和福利。

• 新社会运动：从20世纪70年代到80年代兴起，关注的是人权、和平、妇女、环境和世界团结，包括学生、专业慈善人士等。

• 非政府组织、智库、委员会：兴起于20世纪80年代末到90年代初，关注人权、发展和减贫、人道主义和冲突解决，由专业领域的人员和专家组成。

• 跨国公民网络：兴起于20世纪80年代末到90年代初，关注妇女、潜在的冲突、国际刑事法院、气候变化，由专业人员、专家和活动家组成。

• 新的民族主义和宗教激进主义运动：兴起于20世纪90年代，关注政治身份，由工人、农民和小企业、非正规部门组成。

• 新反资本主义运动：兴起于20世纪90年代末到21世纪初，关注全球化的受害者联盟，废除或改革全球性机构，由学生、工人和农民组成（2003：80－81）。

从这些分类中，卡尔多提出了有关全球民间社会的概念：

> 全球民间社会包括国际非政府组织和知识网络，是20世纪七八十年代的新社会运动“被驯服”的继承者；还包括在全球层面上推动市场框架的跨国商业企业同盟；包括一个新的激进的反资本主义运动……民族主义和宗教激进主义运动……个人和团体在全球决策层面上有发言权的组织形式，代表了一种新的全球政治形式，即在国家层面上平行和补充的民主形式……正是这种不同类型的行动主体之间的争论，与国家、国

际机构和跨国企业一样，将决定全球化的未来方向。(2003：107)

在第7章和第8章中，我们将会在社会领域探讨这些全球政治与全球治理的问题。这里，我们关心的是，在全球化背景下，这些全球社会运动就各国社会政策问题表达了哪些观点、采取了哪些行动。

5.4.2 旧时国际工会和公共服务组织

旧时的工会主义社会运动所面临的问题是，尽管它的领导人经常表现出国际团结的言辞，但在新自由主义全球化时代，对工人利益的保护经常被视为保护某些北半球特定的工人群体的利益。而防止就业机会转移到南半球国家，或阻止欧洲的公共服务被移交给全球私人福利提供主体，可以被视为欧洲保护主义者。正如我们在全球商务视角的部分所看到的那样，全球化使全球力量的平衡有利于资本（Farnsworth，2005）。然而在全球范围内，我们可以重新审视国际贸易工会有关全球化时代社会政策问题的观点。法恩斯沃思采用全球商业分析的方法，为经合组织分析了工会咨询委员会（TUAC）的意见。在接受可能存在的混合经济福利的同时，工会咨询委员会提出了对该观点的反对意见。它认为，市场在福利条款中占主导地位，"工会……强烈反对那种以意识形态或自我服务为指导的社会政策，认为'私人的才是更好的'"（Farnsworth，2005：222）。就如法恩斯沃思所概括的，"劳动力在社会政策中是一个相对连贯的一方，虽然它经常被看作具有防御性的一方。……它的充分就业以及它对社会政策的捍卫，是作为其未来竞争力的重要内容，将会在劳动力的社会政策战略中保持重要的位置"（2005：222）。

"社会改良主义"的国际自由工会联合会在柏林墙倒塌后，成为占主导地位的国际工会联盟，在推进新自由主义全球化方面做了不懈的努力。它主张国际劳工标准应与国际自由贸易相伴，并反对在发展中国家设立出口加工区，绕过当地劳工立法，作为外国直接投资的捷径。

另一个问题引起了公共部门协会与其国际盟友之间的争论，即在世界贸易组织与《服务贸易总协定》框架下，促进发展全球私人服务组织和部门对公共部门产生了威胁（Chavez，2006）。国际公共服务组织指出：

> 作为公共部门工会的国际联合会，我们的重点是代表、促进和捍卫公共部门工人的需要和利益。最近，这项工作被全球化的新挑战所主导，包括意识形态和私有化带来的威胁，公共服务的商业化和外包，公共部门现代化和优质服务提供的潜力，结构调整政策对服务的冲击，跨国公司进入公共服务领域等。这些问题中的大部分都渗透到国际公共服务部门的所有工作中。(www. psi-int. org, accessed 1 July 2006)

作为对《服务贸易总协定》的挑战，国际公共服务组织在 2005 年推出了 GAPS，即公共服务总协定，其目的是在国际公共服务组织、政府和其他行动主体之间达成协议，承认公共服务是文明社会的重要组成部分。公共服务总协定重点关注资源、问责制、公平、性别、劳工、道德、业绩和持续性等方面，承诺的公共服务和实际情况的差距。

当然，公共服务运动不仅仅是代表工人的工会参加，还有其他人参加，并得到消费者群体的支持和非政府组织的声援。梅奥（Mayo，2005：153）撰写报告并分析了全球教育运动的发展。其中，除了世界银行和联合国教科文组织所扮演的角色，梅奥注意到，一些国际非政府组织积极参与了为贫穷国家提供的教育服务，并在不知不觉中取代了政府的某些免费的公共服务。行动援助组织、乐施会和其他国际非政府组织从 20 世纪 90 年代开始，在非洲开展了某些基础工作，形成了正规教育的全民运动。《全民教育行动纲领》在 1999 年被推出，于 2000 年在达喀尔会议上被正式通过，它肯定了在这场运动中出现的利益多样性。沃特金斯（Watkins）认为，该运动促使“面向消灭童工、帮扶失地人群的巴西非政府组织、印度残障人士等，这些世界运动的代表汇集在一起。它包括世界上最大的教师工会联合会（代表 2 300 万名教师的国际教育组织）和国际发展机构”(2000：13)。

除了传统的工会，全球化还培育了与工会性质相同的许多竞争组织及其新社会运动，包括对童工与“血汗工厂”的关注（Silvey，2004），对某些公司和品牌的高调攻击（Ghigliani，2003）。其中一些是以南半球为基础的运动，如小农的国际网络（Edelman，2003）。沃特曼和蒂姆斯（Waterman and Timms，2005：194）指出，挑战北半球传统国际工会运动

“霸权”最引人注目的表现就是南半球工会的存在，以及世界社会论坛的社会运动。世界社会论坛采取了“运动的运动”进程，象征着反对和超越新自由主义全球化。值得注意的是，巴西的两个劳工组织——第一个是中央工会联合会（CUT），这是一个新的联盟，反对国际自由工会联合会；第二个是农村失地农民运动——在2001年至2003年参与了在巴西举行的世界社会论坛组委会会议。然而，随后的世界社会论坛项目提供了一个在新与旧、劳工和其他群体之间可供对话的空间。此项目的最新进展是，世界社会论坛于2005年1月在阿雷格里港召开了社会层面的全球化会议，该会议发表的声明可概括为：

> 我们所参加的组织——国际自由工会联合会、ETUC、WCL、Solidar、社会进步论坛——承诺，努力推动由委员会开启的关于社会维度全球化的讨论，并致力于包括工人的权利、充分就业、男女平等，以及人人享有优质公共服务等问题的解决，这是我们共同的使命。（www. icftu. org，2005年7月1日）

5.4.3 全球妇女运动与性别发展政策

新自由主义全球化带来了从劳动力到资本的权利平衡，而且也接受了妇女作为工人而平等地参加工作。“以前一直被认为，大部分妇女工作在受剥削的‘血汗工厂’中是资本主义全球化过程中最大的受害者。新自由主义的经济政策已经改变了不利于妇女的政策环境”（Mayo，2005：133；Elson，2002）。正如人们所说的那样，全球化也推动了西方女权主义思想在全球南部和东部的传播，进而促进了新的妇女运动以及全球网络的形成；并与联合国机构和世界银行的有关工作形成共生关系，这有助于在这些机构的主流政策中纳入性别问题。这些机构的社会政策和社会发展政策已经发生了有利于妇女的变化。

梅奥（2005）讲述的几个全球增长的妇女团体和妇女运动是过去几年促使联合国许多会议对其予以认可的新运动之一。联合国各机构对妇女权利的阐述支持了下文介绍的妇女权利案例。“剪刀运动”的结果也对不情愿的国家政府产生了重要影响。1976年到1985年，联合国见证了妇女群体参与发展运动的成长，该运动旨在将妇女纳入社会发展规划的进程中。随后出现了一种更为重要的主题，即性别和发展，旨在对社会政策发展做出更大的改变。在这一背景下，南半球妇女团体网络在 1985 年联合国第三次妇女问题世界会议上，发起了一项关于新时代妇女发展战略选择（DAWN）的倡议。正如梅奥所阐释的：

> 20 世纪 90 年代，“新时代妇女发展战略选择”将发展战略锁定在集中精力参与重要的国际活动并做出妇女应有的贡献。例如，1994 年在开罗召开的国际人口与发展会议，1995 年在哥本哈根召开的社会发展问题世界首脑会议，以及 1995 年在北京召开的第四次世界妇女大会。……“新时代妇女发展战略选择”研究了在日益市场化的治理环境中债务危机对妇女的影响，关注环境的可持续性，以及军国主义、生殖健康权与政治体制改革等。(2005：141)

此项目和有关的妇女运动对全球政策，特别是联合国和世界银行关于社会发展政策的影响是什么？森（Sen，2004）认为，它们在三个特定的政策领域内产生了重要影响。例如，“新时代妇女发展战略选择”结合社会行动主义，对全球政策话语产生积极影响，在某些情况下，还影响到政策本身及其实践。正如森所说，“如果知识就是力量，那么改变话语领域是第一步，它又是非常重要的一步。它有可能以我们自己的方式和选择来对抗对方”（2004：13）。三个特定的政策领域是：宏观经济学的产生；性权利和生殖权；人权问题，特别是针对妇女的暴力。

第一，就经济领域而言，该社会运动有助于世界银行将妇女在发展中的重要作用纳入经济政策主流。例如，世界银行接受了女童教育是发展的关键因素的观点，并作为妇女在贸易和农业方面的微观投资。这一观点部分地反映在奥布赖恩（O’Brein，2000）等早期关于国际妇女运动对世界银行影响的研究中。第二，就性权利和生殖权利而言，这一运动于 1994 年在开罗实现了全球人口政策讨论的转变，从单纯的马尔萨斯（Malthusian）式的人口过剩问题转变为“人口政策的新框架……确认妇女有权控制生育率，满足她们对安全、负担得起和可获得的避孕药具的需求，同时认识到性和生殖行为的社会决定因素以及健康与权利等”（Sen，

2004：7)。第三，在针对妇女的暴力行为方面，森认为：

在1993年国际人权会议上，维也纳妇女出席并证明了她们经历的暴力——蓄意强奸和战争罪、切割生殖器、家庭暴力、死亡嫁妆、荣誉处决、性暴力，仅举几个例子就已经烘托了氛围，使第一次在重大人权会议上讨论妇女所受的暴力行为成为可能。(2004：8)

5.4.4 全球化和基于族裔及宗教的福利诉求的出现

种族的社会分工以及有关的身份问题，反映了全球化对社会群体提出诉求能力的某些影响。如果劳工群体的团结能力下降，而妇女的团结能力上升，那么在这种情况下，全球化将会引导或推动完全基于成员身份的福利诉求，或者在某些情况下导致宗教团体的福利诉求的出现。全球化及与之相关的现代主义思潮在国际上传播了西方文化和政治主张，促成了身份运动和宗教运动的兴起，这种运动助长了差异，在某些情况下也助长了非现代性。同时，跨国工人运动（许多时候是非法的）引起了国土概念或其他零星散居的跨界意识的增强。近年来，随着第二代和第三代移民（即使他们拥有理想家园或全球宗教）身份意识的增强，反过来又导致了他们在所处社会中的民族主义反应（Castles and Davidson，2000）。于是在一个国家中，旨在巩固全体公民社会契约的社会政策战略受到挑战。芒克（Munck）明显指出：

不可分割的主权国家的概念受到全球化的质疑……以及对基于种族的社会分化、民族、语言与宗教的质疑。随着现代化的主体性论调的崩溃，各种组织和团体出现，要求在社会中得到承认并拥有代表权。少数民族、土著人以及非法移民在政治舞台上强有力地发声，打破了民族国家的虚假统一。现在可以听到现代性民族国家是多中心的、多元声音组成的这种论调。(2005：116)

埃米·储（Amy Chu，2003）进行了更深入的研究并认为，自由市场经济的全球蔓延，再加上美国的民主观念的出口，使得许多国家，尤其是经济权力被掌握在少数民族手中的地区，激起了民族仇恨。印度尼西亚的华人、津巴布韦的白人、俄罗斯的犹太人，以及拉丁美洲部分地区的欧洲后裔，都因此而受到冲击和迫害。她认为，种族仇恨加剧了全球化，而且美国人到处都在播种仇恨的种子。

然而，在肯定埃米·储观点的情况下，芒克所提到的多元声音是为了群体或组织的利益发言，不是为了一个统一的国家发言。在这种情况下，例如欧洲的菲律宾裔移民组织要求在欧洲享有的权利平等，就如同在菲律宾参与发展开发的人所拥有的权利。福利国家的分析家和社会政策项目所关注的核心问题是，这些发展使人们对公民身份（包括社会公民身份）要求与国家之间的历史联系产生疑问。拥有民族、宗教以及跨越国界的身份和忠诚原信仰的流动人口等，都可以向国家和国际非国家行为主体提出诉求。德兰蒂（Delanty）认为，“国家不再主宰政治公民的话语权，其组成部分正被广泛的社会行动主体所占据”（2000：134）。

这可能会被人视为一种群体越界或宗教身份或种族身份的思想，但所有这些对社会政策或社会政策诉求可能意味着什么？最近，原住民声称的诉求，问题比较简单：收回从他们那里被窃取的资源，如果不实际接管，就需要参与对这些资源的管理，或由国家运作（Venuzueala，Bolivia and Peru）。对于其他案例，出现的声明可以被分成两类。一类是：

- 期望宗教组织（或国家认同他们）给予资源福利服务（见沙特阿拉伯在波斯尼亚建造的学校/清真寺/卫生系统）；
- 在国家福利制度中设立海外侨民资助基金；
- 强调在重建家园过程中海外汇款的作用。

另一类是：

- 要求双重国籍；
- 要求明确区域或全球层面的特殊形式的公民身份。

第二类声明的社会运动发展，对我和其他人（Held，2004；Falk，1995）来说，意味着这是一个全球现代主义项目的可喜展开，公民权和人权问题现在正在被讨论，并在适当的时候在国际性的超国家层面上获得资源。第一类声明提出了一个更具挑战性的场景，即基于宗教信仰、种族与身份的跨境福利权利的排他性形式。

5.4.5 世界社会论坛：超越了全球碎片化？

在20世纪70年代的英国（及欧洲其他地区）激进左翼政治运动中，随着传统的劳工社会运动与妇女、种族与性别运动的联合，人们担心：能否把这些碎片重新组合成一个连贯的运动，表达社会需求，承认这些碎片之间的共同点和各自的特殊之处？是否有可能在不同的背景下提出公认的普遍性的主张？同样也涉及世界社会论坛关于“全球”社会运动多样性的问题，以及它在巴西、印度和其他地方举行的几次“年度会议”，提出的关于社会政策的一整套“要求”。

在这里，我们不是关注一个国家的社会政策和社会发展，而是试图理解世界社会论坛的一套普遍协议（Hardt，2002；Sen et al.，2004）。这超越了原来论坛作为反对新自由主义和帝国主义的一个行动空间而设立的原则，可以聚集在一起讨论这样一个议题，即“另类的世界是有可能的”。但关于国家或全球层面的替代品可能是什么样子，世界社会论坛尚无任何共同的或集体的观点。希拉里·温赖特（Hilary Wainwright，2005a）活跃在20世纪70年代“超越碎片化”的社会运动中，提出世界社会论坛已经取得四个成就：

- 加强公民社会的变革力量；
- 启用此权力声明，即在不受欢迎的国际条约和活动中，减少国家政府的作用；
- 推动公民社会与政党之间关系的根本性转变；
- 促进建立一个多元行动主体横向联系的网络。

虽然这些都是有价值的成就，但几乎没有告诉我们世界社会论坛的任何社会共识或其他政策的普遍性观点。帕托马基（Patomaki）和泰瓦伊宁（Teivainen）概括指出，“尽管论坛提到了建构一个不同世界的必要性，但全球民主问题未能在论坛议程中得到应有的重视……不同观点之间的激烈辩论，似乎对民主意志的形成是必要的”（2004：124－125）。沃勒斯坦（Wallerstein）提出，“世界社会论坛是不是一个运动，它甚至是一个不是运动的运动，更恰当地说，它应被理解为一个社会运动的集合”（2004：

634）。他曾指出，对于世界社会论坛，有三种不同的批评声音：中间派（或者，就我而言，全球社会改革者）认为，全球社会论坛在内容和方向上不是实际的或具体的；旧左派的继承者们认为，其“另类世界是有可能的”这种表述是不严谨的，不可能取代世界社会主义的表述；在世界社会论坛本身内部，有批评者曾说，其决策过程不透明。沃勒斯坦曾报道称，2004 年 4 月召开的论坛国际理事会决定，通过设置多个专题论坛，设法确保 2005 年的论坛在不同参与者之间能够取得更多的相互联系和共同行动。

但设置多个专题领域似乎并没有促进共同行动的理想效果。温赖特认为（2005b），以实践的方法确保这些专题会议形成共识与成果，只取得了部分效果。卡林尼科斯和宁哈姆（Callinicos and Nineham，2005）发布报告称，专题会议的空间分离破坏了论坛的统一性，妨碍了世界社会论坛提出一种政治立场的共同表述。帕托马基和泰瓦伊宁（Patomaki and Teivainen，2005）、格拉修斯等（Glasius et al.，2006：84）的报告认为，在 2005 年的论坛中，19 位专家签署了宣言，重申反全球化运动的建议要求，即取消债务，采用货币交易税，废除避税港，促进公平贸易包括贸易服务总协定未包括的健康、教育和服务，允许各国制定自己的粮食政策，建立普遍享有的社会保障权和养老金，环境保护，执行反歧视公约，国际组织包括联合国往南半球实际输送的民主化。这些建议要求引起了世界社会论坛组织者的关注。从 2005 年的活动甚至更早的事件中，出现了一种接近宣言的方式，就是在世界社会论坛框架内开展了一场社会运动大会。2005 年，这场多元化社会运动大会确实同意了一项宣言（www. mocsoc. org），该宣言并未在世界社会论坛网站上突出显示，呼吁全世界的社会运动应为某些目的和活动而努力。其中有 20~30 条意见属于社会政策领域，包括反对水资源、卫生服务和教育等领域的私有化。

拓展阅读：

智库与知识网络方面：

Stone D and Maxwell S（2005）：*Global Knowledge Networks and International Development*. London：Routledge.

全球商业方面：

Farnsworth K（2004）：*Corporate Power and Social Policy in a Global Economy*. Bristol：Policy.

全球民间社会方面：

Mayo M（2005）：*Global Citizens: Social Movements and the Challenge of Globalization*. London：Zed Press.

Glasius M，Kaldor M and Anheier H（2006）：*Global Civil Society 2005 /2006*. London：Sage.

6 全球再分配、法规与权利

本章主要回顾和分析超国家的“全球社会政策”概念及其发展的过程；全球再分配制度的发展，包括使南北半球进行资源转移，以实现千年发展目标和提供全球公共产品；国际劳工组织设计的劳工标准；跨国公司行为守则，以及全球卫生和福利市场的发展情况；进而分析联合国系统内的一系列全球社会权利的发展情况，并提出使其更具可执行性的行动建议。

6.1 全球社会政策的兴起

在本章中，我们把全球社会政策问题理解为超国家政策或跨国家政策。学者们所提出的全球再分配、监管和跨国界权利的全球社会政策，是否得到国际组织及有关政策倡导者的响应？1997 年，我曾说过，“现在有一项全球社会政策，其构成包括全球再分配机制、全球监管机构、全球供应和赋权等要素”（Deacon，1997）。为此，我认为：

> 一项全球性的社会改革计划，更多的不是呼吁减少国家间的资源再分配，而是为了更多的全球社会和劳工管理制度，作为公司运作的框架，更多的是赋予超国家机构以权力，以影响未能很好履行该职能的国家的管理事务。（1997：213）

有关全球社会政策各要素之间的联系，应该是：

> 没有全球社会规则，就不可能有自由贸易；没有全球再分配，就不可能有全球社会规则。为了确保公民（而不是他们的政府）

受益，在全球社会权利方面，如果没有公民赋权，就不可能有全球社会再分配。贸易、监管、再分配和赋权等要素具有同等重要的地位。(1997：213)

从许多方面来看，自 1997 年及此后发生的一切，都是这个全球政治的展开，同时它也存在以下四个方面的问题。

1. 美国的单边主义。

2. 欧盟的社会保护主义。

3. 南半球国家与北半球国家的利益冲突和矛盾。在全球政治和自由贸易方面，北半球国家政府积极推动，而许多南半球国家政府则持反对态度，尤其是在为“矩阵式再分配”提供的资金比较稀缺的情况下。

4. 忽视了对巨大文化差异的关注和尊重。就如耶茨所述，“必须承认，历史、文化、意识形态、宗教和制度上的差异，导致追求‘普遍’的公共物品，或协定的全球世界主义变得异常困难”（2001：169）。

尽管如此，许多学术界的学者们仍在继续努力，并提出全球社会政策的构想。汤森和戈登（Townsend and Gordon）认为，“最困难的可能是：在国家内部和国家之间实现更广泛的资源再分配，以消除贫穷和建立体面的人权”（2002：421）。他们认为，这一目标“比 5 年前更符合世界舆论的观点和意见”。乔治和怀尔丁（George and Wilding）用了整整一章的篇幅来分析“全球社会政策的未来”。他们主张社会政策在全球层面发挥七大作用。

1. 在国际层面促进和确立基本人权。

2. 补充和完善国家社会政策（由于社会问题的跨国界特征：毒品、艾滋病、犯罪、移民）。

3. 营造国际层面的公平竞争环境。

4. 在全球层面采取行动提高国际标准。

5. 减少贫穷和不平等，为全球资本主义提供安全网。

6. 提供全球资本主义赖以生存和繁荣的服务（涉及环境法、就业法和移民条例）。

7. 促进一个联系紧密的全球世界的形成（产生关于全球公民和全球

责任的新思想）（2002：187－190）。

为了实现上述目标，他们认为，“全球社会政策将是多维度的——融合了规范、再分配、提供服务和保障基本权利”（2002：192）。他们的结论是，要形成这样一项全面的全球社会政策，就需要“一种创造性思维……关于全球治理的全新方法”（2002：210）。

6.2 全球再分配

“全球再分配”一词并不是为了减缓全球世界贫困而提出的全球话语。它主要是通过进行系统的全球再分配来建设一个超国家的治理机制，它也是超国家治理机制建设的关键一步。赫里尔和伍兹（Hurrell and Woods）指出，“今天，基于国家间资源不平等的司法索赔几乎消失了……到了20世纪90年代，在（国内与国际）政治议程中仍然突出的只有一种形式的不平等，那就是贫困”（1999：16）。2005年，在英国格伦伊格尔斯8国首脑集会上的口号是“让贫困成为历史”，而不是“减少全球不平等”。然而，林克莱特（Linklater，1999：474）做了更为深入的思考，他提到了奥诺拉·奥尼尔（Onora O'Neill，1991）等的研究，认为“司法考量仍是重中之重，并已成为国际关系学科的核心内容”（1999：474）。

在本章的这一部分，我们首先将简要描述在20世纪70年代和80年代，在贫穷国家债务危机与援助机构采取实际行动的背景下，贫穷问题是如何取代了不平等问题的。我们将看到，当开始设计这种以贫穷为中心的体系结构时，各类援助行为开始显露，为了更好地实现千年发展目标，甚至开始考虑某种形式的国际税收。其次，我们将考虑需要花多少钱来实现这些目标，并审查可能用于这一目标的一些资金来源。要实现满足全球社会需求的全球责任，其中一个步骤是讨论全球公共产品。在传统捐助者驱动的重点扶贫援助与系统的全球征税及资金税的平衡中，全球公共产品是涉及卫生、教育和社会保障的全球基金，由政府、慈善家、企业和个人的贡献构成。最后，我们将分析从南半球向北半球的资源流动以及持续发生的不合理的再分配。

6.2.1 援助、债务减免和国际金融机构

1948年，马歇尔计划开始实施，美国向战后欧洲提供财政援助。1951年，英联邦国家发起科伦坡计划来援助亚洲国家。直到20世纪六七十年代，随着海外开发合作的繁荣发展及殖民主义国家的独立，开始从富裕的北半球国家向较贫穷的南半球国家提供“海外援助”，其主要形式是直接拨款或提供优惠贷款（低于市场利率的贷款），或由双边捐助国提供（所有援助的三分之二），或者由多边机构提供（所有援助的三分之一），例如世界银行的国际开发协会。海外发展合作（ODC）是一个广义的概念，包括由国家和世界银行非国际开发协会的部门提供的非优惠贷款。经合组织开发援助委员会包括了它自身的“海外援助”和官方发展援助，其援助金额中至少有25%的额度主要用于经济发展或社会福利。联合国曾在1970年提出了一个目标，要求双边的官方发展援助占国民生产总值的0.7%，但只有丹麦、荷兰、瑞典、挪威和卢森堡接受了这个目标。美国只有0.1%，大多数欧洲国家在0.3%左右。几个欧盟国家最近才决定在未来几年内达到0.7%的目标。许多官方发展援助通过国际非政府组织的分包协议提供间接的援助，还有其他国际非政府组织提供直接支持，当然也需要全球慈善事业加入南北援助的行动中。总结这方面工作的进展，内容很多且丰富（George and Wilding，2002；German and Randel，2002；Hall and Midgley，2004；UNDP，2005），可以概括为以下几点：

1. 发展援助在20世纪总体呈上升态势，在1992年达到顶峰的637亿美元，之后开始下降，但现在又有一些复苏的迹象。

2. 实际上，大多数发展援助不是用于最贫穷国家，而是用于基于地缘政治或商业目的的中等收入国家。援助通常是“捆绑援助”，以受助国与捐助国公司签订合同为条件，本质上是减少实际转移的数额。到1998年年底，43个最不发达国家只得到官方援助的21%。

3. 很少有用于教育和卫生等基本服务的援助。1990年的双边援助约有10%用于教育，只有1%用于基础教育。由联合国儿童基金会提出的20：20倡议，呼吁捐助者应把援助的20%用于履行社会服务的承诺，受助

国将该20%的资金用于相同的事项上，但这基本上是一纸空文。经合组织统计过，1999—2000年双边承诺用于教育、卫生和人口的援助占援助预算的15%（OECD，2002a）。

4. 许多援助是定向捆绑援助，资金必须用在捐助者所要求的项目上。援助（非洲）项目的实际结果是，1997年的发展援助只有37%用于本国自己的发展项目，剩余部分则用来购买诸如捐助者控制的技术援助等（German and Randell，2002；AFRODAD，2005）。

5. 同时，在20世纪70年代到80年代，用于偿还优惠贷款和非优惠贷款的成本提高了，以至于一些贫穷国家要偿还给北半球发达国家的债务数额比它们国家整个的国民生产总值还要多。1997年，在撒哈拉以南的11个国家中，有8个国家的债务超过了其国民生产总值；而在这个区域的40个国家中，有20个国家所承担的债务超过了其国民生产总值的50%。导致这些国家被迫将本来应该用于教育和健康方面的资源转移到债务支付上。

6. 在这样的背景下，很多官方发展援助后来是通过援助机构（国际非政府组织和国际咨询公司）而不是通过政府形同虚设的预算来实施的。但许多官方发展援助都是以项目为基础的，缺乏协调性。

7. 为了纠正这种情况，人们在20世纪90年代曾尝试通过各部门倡议来协调捐助者的努力。在一个国家中，捐助者按照一项总体计划，对教育等部门提供援助，这个计划通常在世界银行的指导下执行。在这种情况下，越来越多的人试图将官方发展援助重新纳入政府预算。

对外援助的这些特点促使英国（UK DFID，2000b）政府认为，经合组织开发援助委员会更多的援助需要针对较贫穷的国家，也包括针对穷人的援助。由此，针对援助体系中出现的一些缺陷和挑战所提出的激进举措进一步支持了这样一个想法，即发展背景下的社会政策应该是通过社会基金之类的方式进行有针对性的扶贫。减轻这些国家债务的呼吁和行动，导致了由朱比利（Jubilee）发起的2000年的改革运动，产生了重债穷国倡议和加强版的重债穷国倡议。正如我们在第2章中看到的，减贫战略文件的实施旨在确保在寻求重债穷国的债务减免时，能有适当的减贫政策作为减免债务的条件，改善其治理方式，并推进一些公共服务的私有化。这也进一步明确了减贫政策的重点。

千年项目工作组（UN Millennium Project，2005b）的工作报告认为，现有的官方发展援助系统存在许多缺陷，其中包括它不能充分满足千年发展目标。该报告得出结论认为，官方发展援助（UN Millennium Project，2005b：36－40）的缺陷体现在：(a) 缺乏千年发展目标的工作重点；(b) 往往是短期的；（c）不协调；（d）质量不佳。另外，官方发展援助也是不可预测的，因为它常常与发展中国家的承包商联合，受捐助者目标所驱动，以紧急援助为目标，而非长期投资。2005 年，联合国开发计划署的《人类发展报告》（UNDP，2005：9）也分析了援助的数量、质量和效果，并建议在即将举行的联合国世界首脑会议上重点讨论如下事项：

- 设定一个时间表，到 2015 年，援助应占国民总收入（GNI）的 0.7%，并坚持下去；
- 处理不可持续的债务；
- 通过政府方案提供可预见的多年筹资方案；
- 简化条件；
- 在 2006 年结束捆绑援助。

为了实现千年发展计划，实现 2005 年世界“名人领导”提出的“让贫穷成为历史”的运动目标，以及 2005 年英国格伦伊格尔斯的 8 国峰会所确立的目标，针对这些援助系统的缺陷，联合国系统、世界银行和国际货币基金组织等在 2000 年发出了改进的承诺。但如何使这些千年发展目标能够顺利实现，以及如何通过官方发展援助系统的组织架构使全球贫困成为历史，英国政府在 2005 年 7 月担任欧盟轮值主席国同时担任 8 国集团主席期间，在这方面取得了很大的成就。在 2005 年的会议筹备期间，托尼·布莱尔还发起并建立了针对贫困问题突出的非洲国家的全球委员会，以提高北半球国家政府对影响南半球有关政策的期望。长期以来，英国财政大臣戈登·布朗在国际货币基金组织的国际会议上，发表了许多重要讲话（Brown，2001），所有这些与英国政府的声明都已体现在其白皮书《扶贫工作全球化》中（UKDFID，2000b），其中涉及必须有效运用发展援助的问题。

戈登·布朗提出了解决世界贫困的方法，即制定一项由四个部分组成的全球新政：（a）改善有关的条件，使贫穷国家参与全球经济；（b）依靠高标准的国际企业和商业；（c）改进贸易制度；（d）“以开发投资的形式，从富有国家向贫穷国家大规模地转移资源。这里的重点不应该是救助和补偿穷人，而是通过投资建立新的竞争能力，从根本上解决贫困”（2001：7）。在2005年8国峰会和之后的实践中，富裕国家的援助政策有什么具体的变化，以及实现南北资源转移的大量增长有什么具体进展，值得探讨。事实上，尽管它受到很多批评，还是取得了很多成效，诸如：

1. 取消了最贫困国家所欠世界银行、国际货币基金组织和非洲开发银行的债务，达400亿~550亿美元。所欠债务的18个国家已经完成了重债穷国的倡议要求，100%取消债务。另外9个国家也能在12个至18个月内获益。然而，某些争论围绕着减免这种债务的条件而展开，尤其是德国和法国正在寻找这种债务减免导致腐败的证据；世界银行也怀疑，由捐赠者提供的资金是否会用于弥补债务收入的损失。

2. 到2010年，官方发展援助系统中来自欧洲富有国家的援助增加了一倍，所有捐助国的援助增加了500亿美元（相比之下，1992年的峰值为637亿美元，2002年的实际总额为570亿美元）。其中增加的一半，即250亿美元，将会用于非洲。美国不情愿大幅增加其份额，而其他所有国家的官方发展援助都增加了两倍。欧盟在格伦伊格尔斯会议之前，宣布最富有的欧盟国家的援助，将在2015年达到联合国制定的GDP总量的0.7%的目标，那些新成员国（已成为官方发展援助系统的国家），将在2015年达到GDP总量的0.33%的目标。

3. 国际金融机构（IFF）为贫穷国家购买疫苗提供资金。长期以来，戈登·布朗一直主张建立一个国际金融机构，政府通过该机构可以发行建设国债，以支持其未来的官方发展援助系统支出。尽管这项主张在8国峰会上没有得到美国的支持，但成立了试运行的免疫服务国际金融机构

(IFFIm)。法国、瑞典、西班牙、意大利和英国将发行这种债券，把资金用于疫苗和免疫的全球联盟（GAVI）。

4. 由英国发起并得到法国和德国响应的航空税的倡议，将为具体的开发项目提供资金。格伦伊格尔斯会议之后，法国政府给145个国家领导人写信，请求其支持航空税，以增加官方发展援助系统的资金。

5. 8国集团国家都采取了“加大援助力度”的行动，并从捐助国购买服务。英国政府决定停止以华盛顿共识的“私有化和市场开放”一揽子计划为条件提供援助。英国发展部部长希拉里·本（Hilary Benn）在经合组织开发援助委员会召开的会议上，宣布了一项新的英国国际发展部（UKDFID）的政策文件，认为捐助国应更注重贫困国家的政策实施成果，例如在读儿童的数量，而不是注重实现这些目标的具体政策手段。

所有这些发展都是重要的，贫穷国家所背负的25年的债务终于可以进入尾声。甚至在8国集团的峰会上，与会各方就全球税收和用于南半球的全球资金问题进行了重点讨论。此外，人们仍在争论，即关于一些新的官方发展援助资金，在实际上是否只是作为世界银行减免债务的补充，这意味着声称北半球国家增加援助和取消债务的决定是不恰当的（Curtis, 2005）。另外，欧盟关于在富裕国家中实现人均国内生产总值0.7%的援助目标受到了全球贫困国家的欢迎，美国却非常不和谐地试图修改在2005年9月联合国千年进展峰会上发布的声明。其提出的修正意见是，删除声明最后部分的内容，即“我们欢迎各国共同实现国民生产总值0.7%的官方发展援助目标，或者到2009年至少达到0.5%，敦促尚未达到的发达国家做出具体努力并提出时间表”（GSP Digest 5.3, 2005; Borger, 2005）。同时，大多数围绕援助问题的讨论仍然是捐赠国和接受国之间共同遵守的条款。它很少涉及全球资本的全球征税，或者全球财富基金系统提供的全球公共产品的替代物。但这些新的捐助资金究竟如何使用仍不清楚，我们将会在本章后面和下一章中继续进行详细分析。

2005年7月，8国集团领导人在格伦伊格尔斯召开会议，之后联合国千年世界首脑会议大张旗鼓地召开了。其召开的原因之一是对于实现千年发展目标进展的一次审视。联合国希望在格伦伊格尔斯会议的基础上继续推动千年发展目标的进展，比如推动美国承诺增加官方发展援助数额。如前所述，当新任命的美国驻联合国大使约翰·博尔顿（John Bolton）对基本商定的最终文件提出数百项修正意见时，此次首脑会议关于该方面的议程以失败而结束。特别是，如我之前所说的，约翰·博尔顿想去除所有关于实现千年发展目标而承诺的官方发展援助的增加值（GSP Digest 6.1，2006b）。在这方面他没有取得成功，峰会重申并承诺了捐助国在2010年前提高官方发展援助达500亿美元。首脑会议欢迎一些国家朝着0.7%的官方发展援助的方向发展，但并没有要求其他国家承诺实现这一目标，并任由美国不去实现这个目标。发展中国家同意在2006年开始实行千年发展计划，其中一些国家赞同主动通过国际金融机构的有限援助开展疫苗免疫服务（UN，2005a）。事实上，66个国家致力于国际税收，包括致力于援助的航空税（Elliott，2005）。

随后，援助开展疫苗免疫服务的国际融资机构在2005年9月被推出，得到了英国、法国、意大利、西班牙和瑞典的支持，挪威后来也加入了支持的行列。该方面的第一期债券于2006年4月发行，法国航空公司的机票统一税于2006年7月1日推出。2006年2月28日到3月1日，由法国主办的关于发展筹资新来源的重大国际会议讨论了广泛的国际金融机构和机票税承诺的问题（www.diplomatie.gouv.fr/en/）。法国提议，成立一个国际药品采购机构（IDPF）来提供可靠的资金来源，并使全球基金得到长期补充，以抗击艾滋病、肺结核和疟疾。一个旨在“进一步创新融资机制”的英法联合工作组成立，并于2006年9月在国际货币基金组织和世界银行年会上做了有关的报告。这次会议由90个国家、地区和60个非政府组织参加，标志着该问题从理论到实践的重大突破。在法国和智利做出决定后，另有11个国家也同意在不久的将来推出一项机票税，有38个国家建立了一个“发展的统一贡献实验组”，这些举措的意义不可低估。正如沃尔（Wahl）在弗里德里希·埃伯特（Friedrich Ebert）基金会简报中所提到的，“在推行机票税的过程中，法国、巴西、智利和其他国家，都迈出了代表一个全新范式的重要一步”（2006：8）。

6.2.2 实现千年发展目标需要多少钱?

2010年,官方发展援助资金增加到500亿美元,那么,相对应的真正需求是什么呢?为实现千年发展目标需要花多少钱?估计每年500亿美元的数额已成为基数。联合国秘书长召开了关于发展筹资的高级别小组会议,并作为《泽迪洛报告》在2001年发表(UN,2001)。该小组赞同这个保守的估计,后来被2003年联合国开发计划署《人类发展报告》所采用(UNDP,2003),作为其立论的基础,认为官方发展援助需要“翻倍”到每年1 000亿美元,或者达到发达国家国内生产总值的0.5%左右。然而,千年项目小组(UN Millennium Project,2005b:55-59)对所有的国家做了更详细的估算。首先,通过计算所选择的典型国家的成本,估计附加税和其他国家的资源;其次,在这些国家的基础上进一步核算,包括通过债务清偿而提供的资源。这样,实现千年发展目标的资金缺口得到估算,并由官方发展援助(或其他形式的国际税收)来填补。对于一个普通的低收入国家来说,需要填补的缺口资金占该国家国内生产总值的10%到20%。对于中等收入的国家来说,需要支付的援助部分所占的比例更小。报告的结论是,所有国家为实现千年发展目标所承担的总费用,到2006年将为1 210亿美元,到2010年上升到1 430亿美元,到2015年上升到1 890亿美元。预测需要增加官方发展援助,假设官方发展援助数额不随着千年发展目标变化(现行的2002年级别的官方发展援助是340亿美元),以及因为不符合良好的政府治理标准不适合获得额外官方发展援助的国家数量不变,因此到2006年将需要总额为1 540亿美元的官方发展援助,到2010年将需要1 770亿美元,到2015年将需要2 230亿美元的官方发展援助。官方发展援助的绝对增长,到2006年将需要每年700亿美元(当前500亿美元加上新的700亿美元为1 200亿美元),到了2010年再上升到870亿美元,到2015年上升到1 300亿美元。

乐施会(2005)对照比较了2005年格伦伊格尔斯8国集团会议的承诺与以往捐赠国承诺的新的援助数额,同时又比较了这些承诺的金额与2010年千年发展目标的预计成本。他们基于实现千年发展目标的需求做了略有不同的预算(见表6.1)。

表 6.1 实现千年发展目标的总花费和目前官方发展援助系统的预测

年份	2004	2006	2006	2006	2010	2010	2010	2010
援助情况	整体援助水平/亿美元	整体援助水平/亿美元	2004年的增加额/亿美元	新增加的资金/亿美元	整体援助水平/亿美元	2004年的增加额/亿美元	新增加的资金/亿美元	2010年所占国民收入总额的比例/%
“格伦伊格尔斯会议”承诺前	790	910	120	0	1 110	320	0	0.31
8国峰会的结果		950	160	40	1 270	480	160	0.36
联合国千年发展目标		1 510	720	600	1 700	910	590	0.46
2010年国民收入总额的0.7%		1 440	650	530	2 480	1 690	1 370	0.7

来源：Oxfam（2005）。

因此，8国峰会的结论是，2006年官方发展援助的总额达到950亿美元，以及2010年达到1 270亿美元（国民收入总额的0.36%），预计实现千年发展目标的成本是2006年的1 510亿美元，2010年的1 700亿美元（国民收入总额的0.46%）。然而富裕国家农业补贴目前每年约为3 000亿美元，每年用于国防开支约为6 000亿美元。

只有在美国承诺达到国内生产总值的0.7%目标时，才可能使千年发展目标的财政缺口达到最小，但这是不太可能实现的。在这样的情况下，世界将需要寻找其他形式的金融来源。这又违背了阿特金森（Atkinson）的结论，即基于更保守的500亿美元的额外增值，他认为“通过官方发展援助的增加，千年发展目标的资金可以完全实现”（2005：4）。

6.2.3 如何增加为了发展的新金融来源？

世界各国如何通过增加额外的收入来支付较贫穷国家在教育、卫生和社会保障等方面的支出？这些替代的资金来源如何才会被“国际社会”认真考虑？阿特金森（2005）、克鲁尼斯-罗斯（Clunies-Ross，2004）和阿齐兹（Aziz，2005）在替代资金方面提供了有价值的论述。阿特金森（2005）认为：

• 全球环境税，包括产生环境外部性的货物税，如使用碳氢燃料税（例如 Cooper，1998）。

• 货币流动的税收，如外汇交易税（Tobin Tax）（例如 Patomaki and Denys，2002）。

• 创造新的特别提款权（SDR），当国家没有可供发展使用的资金时，以保证捐助国可以通过国际货币基金组织享有提款（借款）的权利（Soros，2002）。

• 国际金融机构以发行债券的方式来实现未来的官方发展援助承诺。实际上，捐助国是预支了金融市场上未来官方发展援助的资金，以供现在使用。

• 通过企业和个人增加私人捐助者，可与新的联合国全球“健康”基金联系，或与联合国儿童基金会组织挂钩。

• 全球彩票和债券溢价，收益由国家和联合国基金共享（Ahde et al.，2002）。

• 通过降低交易成本鼓励资金汇出，增加移民的汇款，而富裕国家只对公民而不是居民提高税收（例如 Bhagwati and Hanada，1982；Solimano，2001）。

对于上述条目，克鲁尼斯-罗斯（2004）进行了补充：

• 军火贸易税；

• 深海矿产资源租赁税；

• 国际航空运输税；

• 商业企业可提供的资源。

阿特金森（2005）回顾分析了所有标准的税收。一是针对早期保守的千年发展目标的资金缺口，即每年 500 亿美元的补充的潜力，而不是根据千年发展工作组提出的额外的 2015 年需要的每年 1 300 亿美元的缺口。二是这些资金和资源是否还有其他的益处。三是指出了这些资金的缺点。四是提到了这些资金来源的主要障碍。表 6.2 是基于阿特金森（2005：240－241）和克鲁尼斯-罗斯（2004：202－213）的观点编制的。

表 6.2　其他形式的国际税收和收入增加

来源	潜在资金	其他收益	缺　点	主要障碍
全球环境	富裕国家的税收可以增加 500 亿美元	环境收益	对家庭的分配效应，行政成本	要求所有高收入国家同意
货币交易	0.1% 的税可产生 150 亿～280 亿美元的收入（Clunies-Ross 给出的预测 2000 年 1 720 亿美元中的 0.25% 的税）	减少外汇投机	分布的影响尚不清楚，行政成本	需要一个总协议
特别提款权	250 亿～300 亿美元可能的配置	对全球宏观经济的积极影响	影响尚不清楚	需要成员国中的 85% 投票批准
国际金融机构	在 2010 年到 2015 年期间可实现 500 亿美元，但随后降至零	对全球宏观经济的积极影响	新制度的成本，2020 年以后会发生什么	需要足够的捐助国签署同意
私人捐助者	目前很边缘但可能增加，2001 年估计是 170 亿美元，特德·特纳的联合国基金会是 10 亿美元	捐助者和接收国都可能受益	几乎没有	只需要个人行动
移民的汇款	大且相对稳定。2002 年发展中国家获得 800 亿美元	捐助者和接收国都可能受益	发展的不确定性	反洗钱和反恐立法可能的障碍
全球彩票	约 60 亿美元		低收入家庭的负担	国家彩票的竞争
全球债券溢价	很难估计		行政成本，挤占其他政府债务	与其他借贷竞争

来源：Atkinson A（2005）。

克鲁尼斯-罗斯（2004）认为，武器贸易税会落在较贫穷的国家，可能每年只有 50 亿美元；深海矿产资源租赁税尚未被征；最可行的航空运输可能产生 200 亿美元的税收。而从商业企业的补贴来看，例如药物公司在贫穷国家的销售经营，可能会对全球再分配有一些贡献。

总而言之，阿特金森和克鲁尼斯-罗斯提出的全球税收的收入预计存在争议，但我们可以从这里得出一个一般的结论：它们将为发展提供最可持续的财政来源。特别提款权是值得考虑的，国际金融机构现在可能有用，但它似乎并不是一个长期的解决方案。如果与特定的全球基金挂钩，慈善事业就有一席之地，而且可能会有所增加（请参阅后面关于全球基金的部分）。在彩票方面对穷人征税，存在这样一个道德问题：希望贫穷的移民资助他们的原籍国的发展，这使得富裕国家的富裕公民摆脱了这种移徙劳动力的困境。

政府系统的正式组织在多大程度上会考虑或认可其中的任何一种想法？联合国在2001年召开了关于金融发展的蒙特雷会议，目的是在2015年实现千年发展目标。由埃内斯托·泽迪洛（Ernesto Zedillo）主持的发展筹资高级别小组，为这次会议准备了一份报告（UN，2001），并提出了一些问题和建议：

- “金融发展会议（FFD）获得了工业国家的承诺，实施国民生产总值的0.7%用于官方发展援助计划”（UN，2001）。这时，欧盟尽管承诺将官方发展援助提高到0.39%，但还没有做出0.7%的承诺。随后，欧盟的富裕国家在2005年格伦伊格尔斯8国集团会议上做出了0.70%的承诺。

- 金融发展会议需要探索一种能够确保足够的跨国家税收资金用于全球公共物品供给的机制。事实表明，货币交易税可能会提供这样一个来源，但该小组认为，这尚需进一步地进行认真研究，以消除对该税收可行性的怀疑。更有可能的是，所有国家都同意对矿物燃料（碳税）征收最低限度的税收，以避免全球变暖（UN，2001）。这里的措辞谨慎，反映了美国长期反对联合国的意图，也反映了是否将全球税收作为联合国独立资金来源的想法。此次会议，没有确定下来一项税收。但随后，一些国家开始承诺开征机票税。

- “国际货币基金组织应该重新分配特别提款权”（UN，2001），但尚未得到实施。

6.2.4 全球公共产品：突破还是概念的争论？

与全球税收和再分配问题有关的问题是全球公共产品问题。它们是什么？它们应该如何提供？全球公共物品与发展援助的联系如何？首先，公共产品是什么？在这里，我们使用经济学家大卫·休谟和亚当·斯密关于公共产品的定义。这些产品对所有人都有益处，但并不意味着对任何一个制造、销售或消费的人来说能带来特别的利益。严格地说，这些产品在消费过程中具有非竞争性和非排他性。如果一个人从它的规定中获得利益，他不会阻止另一个人也这么做。一个典型的例子是灯塔，一旦建成后和运作，就不会减少其他人使用它的机会，灯塔服务的消费也不会因他人使用而减少。城镇安全监管的交通也是一种公共利益，所有人都从中受益。公共产品往往不必由国家制造，通常是由国家资助的。它们服务于一个共同的目标，使所有人获益。

全球公共产品是给全世界公民带来利益的商品，因此没有一个国家会倾向于融资。关于全球公共产品的争论，最初由联合国开发计划署的英奇·考尔（Inge Kaul，1999）等提出：

- 国际公平与分配公平（确保一个更稳定的世界）；
- 国际金融稳定；
- 健康和全球流行病学监测；
- 全球通信网络、和平与安全。

确保世界人口健康是大家普遍关心的，但没有哪个国家或私人机构认为，这是他们有着悠久历史的事业。关于传染病监测，世界卫生组织已经在相当长的一段时间里采取了措施，这会被经济学家视为一种公共产品。它是不可分割的，它具有非排他性并使所有人受益，没有人会被阻止受益。全球化增加了人的流动，使其变得更明显，如 2003 年的 SARS 疫情从东方到加拿大迅速蔓延。

陈（Chen）等认为，全球对烟草消费和毒品的控制是一项公共利益，防止臭氧层耗竭，或者以其他方式阻止对环境和健康造成损害的政策也是公益性的。

> 总之，在一定程度上由于全球化，健康已经通过两股力量成为一种全球公共利益。第一，贸易、移民和信息流动加强了国际联系，加速了疾病的跨境传播，以及行为健康和环境健康风险的国际转移。第二，全球共有的大气和水资源面临的压力加剧，造成了共同的环境威胁。(1999：289)

如果我们每个人的健康在全球范围内都被视为公共利益，那么我们个人的健康，就不是一个纯粹的国家或私人的事情，也不是私人行为的选择和国家政府支出的结果，这样健康服务和疾病预防的公平问题就变成了一个全球卫生政策问题。布斯（Buse）等提出：

> 全球健康意味着最贫困和最脆弱群体的健康问题与所有人口都直接相关，因为全球化将人们联系在一起……至少，针对清洁用水和卫生设施、住房、食品和保健等基本需求，虽定向投资某一地区的行政管理和基础设施，但会给所有人带来健康和受益……不解决这些基本的需求，就会出现健康问题（如抗生素耐药性、多药结核病、被污染的饮用水），并且其他类型的风险（例如政治和经济的不稳定）也会影响到其他人群。(2002：277)

总之，有三个方面的原因可以表明，健康的许多方面应被视为全球公共物品：(a) 因为全球化导致传染病的跨越国界传播；(b) 由于很多疾病的原因最终是环境，因而至少有一些环境问题本身具有国际公共商品的特性；(c) 因为很多医疗保健服务和分配需要国际监管。

世界银行在对全球公共产品概念进行初步探讨后认为，除了使用资金的国家以外，跨国界的外部利益可能是全球公共产品的有效定义。因此，“随着大量跨境外部效应的评估，全球公共产品被定义为：商品、资源、服务以及系统的规则或政策制度体系，它对于发展和减少贫困非常重要，可以通过合作来产生充足供应，也是发展中国家和发达国家的集体行动”（World Bank，2000：2）。世界银行认为，全球公共产品包括防治传染性疾病的支出，但不包括普及基础教育，因为“教育的大部分利益是由某个地区获得，不产生显著的跨国外部性”（2000：4），这一观点备受争议。围绕全球公共产品的选择以及针对它们的支出，产生了一些争论，对于世界银行来说，其重点领域则是：

- 促进改善经济治理；
- 增加贸易一体化；
- 消灭传染病；
- 保护共享的全球环境；
- 提供信息和知识的共享。（2000：5－8）

泽迪洛的报告采用的全球公共产品定义是："包括维和、传染性疾病的预防，热带医学、疫苗、农作物的研究、氯氟化碳排放的预防、碳排放限制，以及保护生物多样性。任何一个国家都没有支付这些产品的费用的动力，如果这些产品需要足够数量的资金，就必须采取集体行动。"（UN，2001：8）

英奇·考尔和她的同事们对此进行了进一步的研究，力求在联合国系统内概括出一个全球公共产品的概念。他们超越了流于形式化的经济学家标准的产品概念，聚焦于消费（例如，世界和平、基础教育和健康服务等）上的非排他性和非竞争性。他们认为，这应该是"社会决定的公共物品"，即可能具有非竞争性和非排他性的产品，由于政治决策，也可以被视为非排他性的（2003：83）。关于这一问题的政治决定可以反映 1967 年联合国有关公约所体现的全球社会权利清单。另一种方法是将联合国千年项目工作组正在通过国际商定的千年发展目标中列出的商品视为社会确定的全球公共产品。

英奇·考尔和她的同事也对发展援助和全球公共产品做了有益的分析（Kaul et al.，2003：358）。我们可以看到，在渐进式全球化的背景下，发展援助可能继续存在，并可能会从某种形式的全球税收中获得额外资金。然后，应允许应用到发展公共产品领域。此外，还需要建立机制来管理真正的全球公共产品供给，减少全球公共劣品的存在。国际治理和支出体系对非特定国家的全球公共产品是必需的（2003：395）。

对全球公共产品的争论，并不意味着它们很快就能被提供出来。全球公共产品并不会像人们所说的那样比较容易提供，考尔等（1991）指出了三个原因，他们认为：

• 管辖权的差异。当政策问题国际化时，法律制定仍然与一个国家的业务不相匹配。

• 参与差异。那些为提供全球公共产品呼吁的人，可能会被排除在决策过程之外。

• 激励差异。没有一个国家有提供援助的动机。全球公共产品的成本开支仍然落在一个过时的以国家为基础的援助体系上，而不是一种新的国际金融形式。

因此，如果要推进全球社会政策，提供更多的全球公共产品，以满足全球化世界的跨境需求，那么现有的全球治理机构可能需要进行改革。

6.2.5 全球基金：实现千年发展目标的进步，还是绕过联合国？

近年来，为特定目的设立了一些新的全球基金。它们可以被看作联合国的一次尝试，特别是对于秘书长来说，这些基金是为了实现某些千年发展计划的进步举措。这些资金汇集了多个不同的资金来源，包括响应联合国呼吁的发达国家传统的捐赠，来自全球慈善家的大量慈善捐款，以及其他来源。这些新全球基金包括：

• 全球防治艾滋病、结核病和疟疾基金（全球基金）。它设立于 2002 年，作为一个世界卫生组织秘书处的公私合作组织，由世界银行作为受托人进行管理。最初其筹款目标是每年提高 70 亿~100 亿美元，但是到 2003 年总额仅达到 21 亿美元，其中的 20 亿美元来自双边援助，1 亿美元来自比尔和梅林达·盖茨基金会（Ollila，2003）。这 21 亿美元用于 121 个国家的 224 个项目（Global Fund，2003）。到了 2005 年，46 亿美元的承诺得以兑现，美国到 2008 年认捐 162.3 万美元，法国到 2006 年认捐 6.28 亿美元（Global Fund，2005）。

• 疫苗和免疫全球联盟。2000 年，该联盟在世界经济论坛上启动，最初的 7.5 亿美元捐款将由比尔和梅林达·盖茨基金会在五年内使用。到 2002 年，各国政府资助了额外的 3.39 亿美元。疫苗和免疫全球联盟董事会包括世界卫生组织、联合国儿童基金会、世界银行、盖茨基金、经合组织、发展中国家和两个研究所的成员。它位于日内瓦的联合国儿童基金会内（Ollila，2003）。

• 全民教育-快车道计划催化基金。该快车道计划由世界银行主动提供行政支持，但由8国集团和非8国集团的捐助国轮流管理。它的目的是实现教育援助的持续增加。为了弥补资金缺口，快车道计划在2003年成立了FTI催化基金，作为多方捐助者信托基金。2004年4月，全民教育-快车道计划催化基金只吸引了来自四个捐助国的2.36亿美元，“还不够第一个加入快车道计划国家的迫切需要”（UNESCO，2004：34）。政府的快车道计划将由快车道计划的秘书处和联合国教科文组织联合进行审查。一年一度的快车道计划会议——作为联合国教科文组织高水平会议的附属会议——审查每年全民教育的进展情况。

新全球基金可以作为全球创新再分配机制的一个例子。它采用一套标准和机制来分配资源，用于全球最需要的地方。按照世界银行划分的低收入和中等收入国家，全球基金首先区分了完全符合款项支出的低收入国家和必须符合国际基金与国家基金的中低收入国家，重点针对穷人和弱势群体，目的是在一段时间内使他们实现自给自足。少数中等收入及以上国家如果根据疾病负担指标有特殊需要，也可获得与中低收入国家大致相同的资格。

在每个符合条件的国家中，该类资金分配的程序是以国家协调机制（CCMs）的投标之间的竞争为基础的。全球基金和国家政府的合作伙伴，包括通过国家协调机制作为全国合作伙伴的私营部门、专业小组和用户小组。在政府无法行驶管理的地方，该过程可以由非政府组织负责完成。董事会任命的技术专家判断国家间的竞争一般使用下列标准：流行病学和社会经济条件，政治承诺（受援国政府），互补性（通过国家努力），吸收能力（治理机制），健全项目方法、可行性、可持续性、评价到位的分析机制等。对于这种资源配置模式，有人赞成，也有人反对。这种模式可能会使最需要帮助的国家无法投标，但它确实能在国家和全球之间创造一种伙伴关系。同时，对于分配机制中隐含的条件，还有争论的余地。良好的国家治理很可能得到回报（除非没有有效的政府存在），而一个仅仅将资金注入腐败国家政府金库的全球基金很可能会受到批评和处罚。

全球购买药品的资金还呈现出一个积极趋势，即给制药公司施加压力，迫使它们将药品价格降低到较贫穷国家可承担的水平。据报道，克林顿基金会的艾滋病毒/艾滋病倡议，为治疗数千名非洲患者的三种抗逆转病毒药物提供了每天 36 美分的治疗费用。葛兰素史克公司是降价的公司之一，预计国际金融免疫基金将填充疫苗和免疫全球联盟的金库，还会有大批量订单。

然而，评论家奥利拉（Ollila，2003）指出，全球基金和其他措施（例如，疫苗和免疫全球联盟）存在一个令人担忧的方面。值得关注的是，这些基金缺乏民主问责，缺乏像世界卫生组织主持下的全球健康基金那样，有一个更系统的管理进程（Ollila，2003：53）。这些批评来自一种更广泛的担忧，即多边机构与企业利益（例如，参与一些特设健康基金的机构）之间的伙伴关系可能会侵蚀现有的以政府为基础的多边贸易体系，无助于其改进工作与民主化（Martens，2003）。对全球基金和世界银行的平行艾滋病项目的进一步批评，出现在全球发展网站的全球卫生政策和核心研究网络中（www. cgdev. org），认为这样独立的、往往是重叠的基金可能会引起一个国家的危机，将会导致：

> 协调和重复能力差，交易成本高，国家所有权程度不同，与国家体系缺乏一致性。其累积效应会削弱国家发展计划的可持续性，扭曲国家的优先事项，转移稀缺的人力资源和/或建立不协调的服务提供结构。（Shakow，2006：3）

我的观点是，全球基金使用的一些技术性分配机制可能是建立在一个民主化和加强全球社会治理体系的基础上的，这个体系的背景是，在全球税收的基础上，通过正常的政府预算提供资金，从全球税收中获得可持续的资源。

全球社会信任网络是由国际劳工组织管理机构批准并准备进行试验的一个构想（Cichon et al.，2003）。它建立在富裕国家资助社会保护的社会伙伴关系的理念和实践基础上，力求将这种社会伙伴关系扩展到富国和有需要的贫穷国家之间的国际社会伙伴关系。它涉及经合组织成员国的个人通过工会或国家社会保障基金等社会伙伴组织的机构自愿承诺的资源（按建议每月 5 美元或每月收入的 0.2%)。然后，在捐助国及受援国建立国家社会信托组织，并通过一个全球理事会来组织调动（由某技术委员会提供技术援助)。款项将由贫困国家的社会信托组织根据当地的社会保障水平进行支付。其中一个建议是，全球社会信任网络金融的普遍养老金维持在每天 1 美元的水平。养老金被确认为一种很好的现金收益，实际上在贫困国家的家庭网络中，可以满足整个家庭的需要。世界银行社会保护网的管理者对该理念给予了肯定的评价，但需要与减贫战略文件的实施过程相联系（Cichon et al.，2003)。关于国际社会保障开支的优先事项是养老金，还是汤森和戈登（2002：368）所说的普遍儿童福利问题，还有待于进一步讨论。事实上，该提案还建议，应将该基金资助的社会保障视为比现金的收益更广泛的社会保障。由此产生了一个基本的“家庭保护三角”的设想，即以家庭为单位获得基本收入、基本卫生服务和基础教育保障的保护。据估计，如果经合组织成员国 5%~10%的雇员每月平均捐款 5 美元，那么信托基金每年将收取 100 万至 200 万美元。

这些全球基金所管理的资金总额很小，联合基金每年的支出约为 20 亿~30 亿美元，而目前的官方发展援助为 570 亿美元。然而，官方发展援助资金更多的只是用于发展援助国家之间，这些全球基金则是作为促进实现千年发展目标的一种补充，随着进一步的发展，它们的情况可能会改善。

6.2.6 逆向再分配：对南半球国家的侵害

现在有一种乐观的观点，即世界正步入更加系统的财富增长的发展过程，全球公共产品在南北半球之间进行分配。然而，我们需要高度警觉，资源还经常往相反的方向流动。这种情况常发生在那些债务尚未被注销的国家，它们以较低的商品价格和其他产品来偿还债务。在全球社会政策方面，富国为贫穷国家培训其医生、护士和教师，然后毫无代价地挖走他们。

桑乔伊·纳亚克（Sanjoy Nayak，2003）最近提醒，现在关于卫生与健康知识应被视为一个全球公共产品这个共识虽然得以强化，但有一个事实是，发展中国家培训医生、卫生工作者和医学科学家，为全球公共产品做出了贡献往往没有使本国受益。他认为，20 世纪 70 年代以来，印度等亚洲国家的医务工作者流出速度保持在较高水平。他估算后指出，仅仅由于医生的流动，流入国就获得了 120 亿～160 亿美元的收益。这个数字远大于全球健康基金的总和。以英国 2002 年、2003 年为例，来自菲律宾的 5 593 名受过培训的护士在英国注册，还有来自印度的 1 830 名、南非的 1 368 名和尼日利亚、津巴布韦的约 1 000 名护士。

有人建议，向移民医生征税并将所得返还培训医生以支付部分教育费用的国家，以抵消这一倒退的再分配，但这一点尚未得到实施。2004 年，英联邦批准了一揽子措施，来终止有组织地从贫穷国家招募教职人员。同时，英国政府也制定了一套规范，使其民间医疗服务联合体不去“偷猎”贫穷国家的护士。然而，其民间医疗服务联合体还是通过招用医疗机构的护士来避开了这个规范，因为医疗机构不受有关规范的约束。这个漏洞现在已经不存在了，但与此同时，英国政府不同意签署涉及护士的英联邦实践守则。我们将在下一章中讨论全球劳动力流动所需要的改革，这种全球劳动力流动的影响更大。

6.3 全球法规

商业活动的全球化和市场的全球化导致了法规的全球化。正如布雷恩韦特（Braithwaite）和德拉霍斯（Drahos）提醒我们的那样，“大多数重要的规则全球化产生于 20 世纪，特别是自 20 世纪 70 年代以来”（2000：3）。在社会政策领域内，有关劳工和社会标准国际化的法规可能是最重要也是最有争议的。其他领域还包括食品标准、药品标准、国际卫生和福利服务提供者标准以及税收制度标准化等。有关的政策争论围绕两个问题展开：哪些是需要执行的全球监管和哪些是自愿的行为准则？南北半球国家对这种全球化监管的需求是什么？

6.3.1 国际劳工标准：核心劳工标准是全球的进步还是倒退？

布雷恩韦特和德拉霍斯指出：

> 在过去的两个世纪中，大部分伟大的社会运动——反奴隶制运动、劳工运动和社会主义国际运动、妇女运动、黑人民权运动和普遍的人权运动——都涉及了劳工标准的全球化……所有这些都说明，劳工标准并不是在全球化已经发展了几十年后才发展起来的全球标准……低劳动力成本与劳动力市场放松管制的国际竞争相结合，削弱了许多地方的劳工标准，使该问题更为突出。(2000：252－253)

国际劳工组织及其在整个20世纪试图改善劳动和社会标准的作用，被夹在两场全球化的斗争——资本和劳工的斗争、北半球和南半球的斗争——之中。在许多发达国家，这些领域的进展始于20世纪初，然后在20世纪50年代、60年代和70年代初步实现。1994年，平均每个国家批准的国际劳工组织标准的平均数量达到41项。发达国家和地区批准了更多的公约。从各洲情况来看，欧洲为52项，北美为42项，非洲为27项，亚洲为21项。当然，这并不意味着国际劳工组织在发展中国家的影响力很小（Strang and Chang，1993）。20世纪80年代以来的全球竞争引发了一个问题，即全球贸易和全球劳工标准之间是否应该建立起联系，以写入世贸组织新的组织规则，确保世贸组织所有成员方都遵守这些劳工标准。正如我们在第3章中详细讨论的那样，这被称为在世贸组织规则手册中写入“社会条款”的建议。正如我们所看到的那样，这些条件不可能得到较不发达国家的认可。许多南方国家持反对态度，认为强加这些条件是将它们排除在全球贸易之外。发达工业国家的工会承担了对发展中国家实行劳工标准情况监督的任务，因为它们担心低工资水平国家的劳动力流入，并担心这会影响本国的社会政策。正如辛格和扎米特（Singh and Zammit，2000）所指出的，这些问题出现在美国的实际工资停滞不前和欧洲就业低迷的背景下。

发展中国家以及它们在先进工业国家的盟友，对此的反应体现在三个方面（Singh and Zammit，2000）。首先，发展中国家担心的核心问题是，劳工标准问题是虚伪的，无非是一种变相的保护主义和单边主义。其次，它们认为大多数制造业贸易主要是北半球面向北半球，只有某些行业的工人，可能在某些产品的南北贸易快速增长中受到不利影响，如纺织品和服装贸易。无论如何，贸易对北半球工人形成强大压力，包括北半球工人的工资和非熟练工人的工作。最后，发展中国家指出，实行贸易制裁将对南半球工人造成不利影响。此外，劳工权利的进步不是由上而下强加的，而是经济发展本身的功能。在这一问题上，南半球国家（和全球商业）的论点占了上风，北半球国家（及其工会）的社会条款也就被取消了。

这个问题随后归于国际劳工组织负责解决。其做法是后退一步、前进一步。后退一步是指放弃一种立场，即认为更多的发展中国家自愿签署这些标准，就可以在进一步推动其全球标准方面取得迅速进展。前进一步指的是专注于核心劳工标准将这些标准作为加入国际劳工组织的一个条件并在所有的国家中推进。所有这些最终体现在1998年国际劳工组织的工作基本原则和权利宣言中。该宣言明确了核心权利的性质：

> 根据成员国的现实和实践，所有成员国，即使他们没有批准这个标准，都有义务尊重、促进和实现以宪法为基础的基本权利原则，并真诚地遵守这些标准。（Bohning，2005）

核心劳工标准减少为四条：（a）消除在就业和职业方面的歧视；（b）消除所有形式的强迫性或强制性劳动；（c）消除“最糟糕劳动形式的”童工；（d）所有工人有权在没有事先授权的情况下组建和参加自己选择的组织。现在，这些新的核心标准都无须各国选择，国际劳工组织可以从事更有影响力的工作。1999年，该组织采取不同于往常的行动，将缅甸排除在成员国之外，因为该国不间断地使用强迫劳动。2000年，国际劳工组织呼吁其成员国审查各自与缅甸的经济关系，以确保各成员国不再使用强迫劳动。如何评价这种退到强制执行的核心劳工标准的做法，将由时间来回答。

6.3.2 自愿准则和联合国全球契约：有利于法规，还是有利于形象？

20世纪80年代和90年代，那些消费南半球国家工人劳动产品的北半球国家，越来越意识到南半球的许多发展中国家的工人劳动条件的恶劣。这种意识增强的结果是，要求公司确保其产品来源于遵守某些劳动标准的企业。尽管利瓦伊·斯特劳施（Levi Strauss）等个别公司在20世纪90年代早期制定了公司准则，反血汗工厂运动势头强劲，尤其是在美国和欧洲的服装界发生几起丑闻之后。在美国有关运动的发展过程中，学生扮演着重要的角色。1997 年，出现了学生反对血汗工厂的统一组织，其地方分支机构就学校服装选择和购买向大学的管理者施加压力。他们呼吁供应商加入工人权利联盟，并于 2000 年成立了一个团体，以确保对工厂进行独立监测，并得到一些工会的支持，从而为发展中国家的劳工组织架起了桥梁。这一运动蔓延到欧洲，那里的人权领袖、工会和宗教团体组成了一个松散的联盟，名为“净化服装运动”。欧洲的活动人士对 Adidas（阿迪达斯）、Hennes & Mauritz（H & M）、the Benetton Group（贝纳通）和其他欧洲品牌企业进行了分析。

反血汗工厂运动和承担社会责任的推广主要有三种方法：企业行为规范、认证机制和合规性标记。首先是基于企业信誉的行为规范。从事设计、制造或零售的大型公司，通过广告、促销、产品代言、公关和其他手段不断投资来扩大他们的品牌知名度。至少，这样的公司要避免负面宣传。他们认为，在很大程度上，一个积极的企业形象，包括社会责任的声誉，有助于满足销售和市场的要求。珀森和塞方（Person and Seyfang，2001）也总结了反对这种自愿行为规则的某些看法。因为这些规则是自愿的，企业的覆盖面各有不同，执行的内容也各不相同。公司采用这种规则，更多的是回应北半球消费者的认知，而不是南方工人的担忧。况且，所关注的服装、食品、玩具等几个行业，若没有与全球生产营销联系到一起从而受到约束，即使是最糟糕的工厂，也会被忽略。此外，如果全球企业在考虑这些问题时，从供应链中放弃那些没有自愿遵守规则（自愿性守则）的供应商，就更加没有人关注这些工厂的状况，这些情况可能会恶化。最近，对这种自愿遵守执行规则的调查研究正在进行，法规公司董事会的财务会计报告中，对于这些规则的遵守情况几乎没有予以多大的重视（Zammit，2004：147－151）。这些规则，似乎只是企业用于对外宣传的工具。

自愿性守则的局限性已经通过各种集体努力来克服，这些集体努力概述了一个行业中的共同原则，证明公司遵守此类规则，或给遵守现有标准的“品牌”公司颁发证书。认证工作的一个早期例子是 RUGMARK 基金，它成立于 1994 年（www. rugmark. org），由印度工业团体和非政府组织联盟建立。该小组成员致力于建立共同的关于童工的行为准则。行业内的企业向 RUGMARK 基金支付费用，用来获得 RUGMARK 商标。当然，要获得 RUGMARK 商标，公司必须通过由 RUGMARK 基金派遣的独立审计师的检查。这种做法的可信度的关键是审计师的独立性。还有一些组织对企业自身的伦理道德给予认证。其中一个案例是英国的道德贸易倡议（ETI）（www. ethicaltrading. org），其中包括公司、工会和非政府组织。道德贸易倡议是一家认证机构，它强调最佳实践分享。其成员致力于九个核心劳工标准（ETI 基本规则）。尽管其基本规则来自现有的国际劳工组织的规范，但在某些方面已远远超越了它，例如承诺最低生活工资和正规就业。采用 ETI 基本规则的企业也将遵守国家及其他适用法律。对这一倡议的分析研究得出的结论是，“规则内容的演变，见证了一些公司对员工劳动条件改善的承诺”（Ferguson，1998b：1），但报告也指出，规则中未包括外包的家庭工作者，需要将他们包括进来。在美国，经济优先权委员会［后在 2000 年被改名为社会责任国际（SAI）］（www. cepaa. org）提出了一项倡议，即通过国际组织建立各种国际工业标准（如 ISO 9000 质量标准）。1997 年成立的社会责任 8000（SA8000），就是由商业、劳工和非政府组织组成的董事会所建立的社会责任标准。与工业部门 RUGMARK 和 ISO 标准一样，这项工作的基础是假设公司把认证地位作为一种品牌——一种向市场表明意图和努力的声誉手段。SA8000 依据的是联合国和劳工组织公约的可衡量标准，其特点是允许工人和有关方面对 SA8000 标准提出意见和建议。认证也可以与产品标签结合，认证在特定生产标准下的产品问题。例如，美国公平劳动协会成员可以把公平劳动协会的 FLA 标签缝在衣服上。这种标签的一个潜在缺陷是伪造标签的成本很低，尽管迄今为止并没有证据表明这是一个严重的问题。当然，如果企业的社会责任得到了履行，该问题可能不会严重。最近，净化成衣运动回顾了社会审计行业，估计每年大约有 5 000 万美元用于审计大约十分之一的世界服装工厂。现在，在商业社会审计中居于领先地位的公司是使用 CSCC 的乐购，使用

“净化”标识的是 M & S、沃尔玛、耐克和 Societe Generale de Surveillance（瑞士通用公证行）。报告的结论是，这些审计确实对减少强迫劳动、童工、工作时间、健康和安全标准产生了积极影响，但对结社自由、不歧视、就业关系和工作中的虐待没有影响。

哪些国际组织能够制定相关标准？前面我们研究了国际劳工组织和世贸组织的作用，那么联合国和经合组织在其中的作用是什么？经合组织起草了多国企业准则，这是一套针对经合组织公司的准则，概述了在经合组织国家内外开展的跨国公司应遵守的行为准则。它们适用于经合组织内跨国公司和其他 9 个非经合组织国家在发展中国家的投资。它们在 2000 年被进行了修订，体现在 2001 年开始实践操作的第一份报告中（OECD，2001a），在其第四部分和第五部分提及了社会和劳工标准问题。这些准则要求执行与核心劳工标准相关的组织权，并把使用童工、强迫劳动、就业歧视等包含在有关健康和安全标准之中。自 2000 年以来，经合组织国家被要求建立国家联络点，以监测遵守准则的情况。其中，一些联络点可以是政府的机构。在其他国家，尤其是芬兰，联络点是一个涉及企业、政府、工会和非政府组织的四方机制（OCED，2001）。该类准则的主要缺点是它们是自愿性的，经合组织或成员国无法对不遵守准则的企业进行制裁，当然除非也有涵盖相同要点的国家立法。

在新自由主义全球化和世界贸易组织建立的高潮之前，联合国在国际贸易和投资方面一直是一个重要行动主体。在 77 国集团的授意下，联合国贸易与发展会议（UNCTAD）于 1964 年建立，主要是关注社会责任的上述内容，但其观点和活动一直受到后来的世贸组织和经合组织的边缘化（Braithwaite and Drahos，2000：193 - 195）。联合国贸易与发展会议起草了一套限制性的控制商业行为多边协议的公平原则和规则，但对其执行情况没有任何有效的监控。联合国贸易与发展会议的游说，也催生了联合国委员会和联合国跨国公司中心在纽约成立。该中心自 1975 年开始运行，直到 20 世纪 90 年代中期，在美国和商业界游说下被终止。它在运行期间，曾尝试“达成一个跨国企业共同执行规则的共识，覆盖范围广泛，包括针对劳动力、消费者、妇女、环境、腐败和限制性商业活动”等

(Braithwaite and Drahos, 2000: 192), 但失败了。该中心停止运行后, 联合国秘书长科菲·安南强调, 希望重振联合国在这一领域中的作用 (Kell and Levin, 2002; Zammit, 2003)。全球契约是由安南在1999年达沃斯世界经济论坛上发起的, 于2000年正式启动, 与五个联合国机构如国际劳工组织、联合国开发计划署、联合国环境规划署 (UNEP)、联合国国际发展署 (UNIDO)、联合国人权事务高级专员办公室 (OHCHR) (www.globalcompact.org) 合作。它提出了三条原则: (a) 十条细则是关于促进企业实现更多的企业社会责任; (b) 联合国与那些造福于发展中国家的私营部门形成伙伴关系; (c) 企业与公民参与政策对话。其中十条细则来源于现有的联合国公约和国际承诺, 包括《世界人权宣言》(UDHR)、由联合国环境与发展会议 (UNCED) 产生的《里约宣言》、反腐败的四条核心劳工标准和联合国公约。因此, 企业应该:

1. 支持和尊重国际性的人权宣言。
2. 确保不参与侵犯人权。
3. 秉承结社自由和集体谈判的权利。
4. 确保消除所有形式的强迫和强制劳动。
5. 促进有效废除童工。
6. 鼓励消除就业和职业方面的歧视。
7. 支持对环境风险的预防方法。
8. 采取措施, 提高对环境的责任感。
9. 鼓励和支持环境保护产业的发展。
10. (2004年增加) 反对一切形式的腐败行为, 包括勒索和贿赂。

全球契约鼓励企业通过签署全球契约来展示其社会责任, 并要求在其报告中表明, 它正在努力实现其中至少一项原则。来自80多个国家的2 000多家企业和其他利益相关者参与其中。对该契约的批评 (Zammit, 2003; Richter, 2004b), 主要集中在契约的效力方面, 对于企业承诺必须坚持的有限责任, 并没有报告反馈机制, 也没有任何的制裁。扎米特评论说, "就目前情况看, 对企业的监控 (用以评估企业落实原则承诺的企业报表), 仅仅是由社会民间在监督" (2003: 85)。同时, 里克特 (Richter,

2004b）认为，全球契约并不能为全球商业监管创造更多的法律基础。全球企业正在利用契约来反驳联合国人权委员会的一项建议，即建立一个更具约束力的商业行为和人权的框架。一个反对全球契约的峰会（Global Policy Forum，2004）在2004年召开，与会人员对契约提出了异议。丹尼尔·米特勒（Daniel Mittler）以一个参与者的身份提出，"允许企业利用其参与契约的行为代替一种真正进步的行为，实际上是转移公众的注意力，并使其持续违反人权、劳工权利和环境标准"（Global Policy Forum，2004）。为了维护全球契约，该契约的一位起草者约翰·鲁吉（John Ruggie）认为，因为全球企业拥有权力，所以必须将它们纳入一个加强版的联合国的管理中。他指出，关于契约的麦肯锡评估表明，签署契约的企业50%来自发展中国家，其中三分之二的跨国企业在发展中国家，并且签署契约的50%的企业已经做出了很多改进。

最近，经合组织秘书处和全球契约办公室分析了经合组织指导方针和全球契约的互补性、显著性。其结论是，"它们是相辅相成的工作任务，政府支持的经合组织指导方针通过政府实施和推进，以促进跨国企业对经济、环境和社会进步做出积极贡献。全球契约旨在通过鼓励自愿行动以支持普遍商定的原则，强化负责任的企业公民意识，并进一步探索共同倡导和推广的机会"（OECD，2005c：7）。

6.3.3 全球税收法规

在全球化世界中，任何关于全球社会政策的讨论，都必然涉及征税的问题。在一个全球竞争的时代，国家税收来源能否持续，是否需要建立一个区域间的税收协调机制，是否需要一个全球税收机关？这里，我们将针对税收协调和避税天堂的根除问题进行分析和讨论。

全球经济中的税收问题直接指向试图在国家主权概念范围内管理全球经济的核心问题。布雷恩韦特和德拉霍斯展示了民族国家复杂的双边税收协定系列的首选方法，试图就跨境企业税的分摊达成一致。在这种情况下，跨国公司常常使用转让定价和其他税收套利的方法，只在低税收制度中实现利润，"在国家和公司就纳税问题进行博弈的过程中，公司的目标是将利润转移到低税区，避免在高税区造成损失……这种复杂性意味着可以针对各个国家发展一套协调政策，以避免该类情况的发生”（2000：107）。企业可以在税务机关公布的政策范围内进行运作。

税收竞争可能涉及一系列旨在降低税率以吸引外国直接投资的做法（如设立免税区和免税期）。与此同时，“离岸”避税天堂的目的是吸引资本持有，而不是吸引资本投资于该避税天堂。最近的数据显示（Campell，2004），避税天堂只包含世界人口的1.2%，生产总值占世界的3%，但却持有26%的资产，并允许在其境内申报美国公司31%的利润。正如有关出版物所指出的，“跨国公司努力通过在避税天堂来维持其资金，但却有数百万人在与贫困做斗争时丧失了他们的资金”。乐施会最近的一份税收报告显示，在避税天堂所隐藏的金额，相当于普及初级教育每年费用的六倍，几乎是普及初级卫生保健费用的三倍。

经合组织在其《有害的税收竞争：一个新出现的问题》（OECD，1998a）中，首次谈到了这个问题。然而，至关重要的是，由经合组织定义的有害税收行为主要集中在避税天堂的失败。报告分析了这样一种情况，即国家可以提高公民的合法纳税，同时企业却通过避税天堂进行避税操作。经合组织在第一份报告中指出，“必须首先指出，最初该项目主要不是为了税收，也不是为了促进经合组织内外部的所得税或税收结构的协调，也不是要对任何国家规定适当水平的税率”（OECD，2000：5）。事实上，2004年的后一份报告继续声称，“采用低税率或零税率不足以将一个司法管辖区确定为避税天堂或者优惠税收制度是有害的”（OECD，2004：5）。有害的是，避税港缺乏透明度，拒绝与其他国家交换信息。因此，经合组织在2000年确定了经合组织国家的47项潜在有害的税收优惠制度。在2004年的报告中（OECD，2004c），其中18项税收优惠制度已被废除，14项修正了其规则，所以剩余的税收优惠制度不再被视为有害，至少有13项没被发现有害。只有两项制度，即有关卢森堡持股公司和瑞士的50/50实践的制度需要进一步讨论。经合组织试图扩大其工作范围，把非经合组织国家也包含在内，到了2004年，有33个非经合组织国家在消除有害的税收制度方面开始与经合组织合作。然而，还有一些非经合组织国家和地区的避税天堂并不合作（这最终可能会损害其自身利益），例如新加坡等。因此，从表面上看，经合组织的倡议好像是关于税收协调和走向国际税务机构的一个步骤，但事实上并非如此。它的核心是以国家为中心的观点，以增加透明度，促进国际合作，并确保不违反国家法律，不危害国家税收系统的完整性。

结束许多人认为有害的税收制度，即在与另一国竞争中降低税收，将需要一种有效的方法和强有力的领导权。

6.3.4 全球私人健康和福利的法规

商品和服务的跨境交易越来越多，一个关键问题就变成了是否能够以及如何为这些商品和服务制定国际商定的标准，或在全球经济竞争的背景下，确保有关的国家规定不损害这些标准。在这里，我们将以医疗卫生服务的例子来说明所出现的全球法规问题，关于教育和社会保障所产生的问题与其相同或相似。越来越多的情况是，政府不仅通过直接提供公共服务，而且通过从营利或非营利部门购买这些服务来确保公民的健康。政府在准入、质量、成本和可能性等方面采取措施，规范私人提供的服务，以确保政府的卫生政策目标得以实现。正如索尔特曼（Saltman）和布斯所述：

> 确切地说，国家现在被期望“少划船，多掌舵”，它在推动卫生部门向前发展方面的作用有限，在实践中不得不扩大规模、范围，复杂程度上也必须有所提高……管理的理念也要求国家应该把其整体健康系统的行动，置于一个道德和有效经济的基础上……如果不能充分监管卫生部门的企业家精神，将严重违背国家作为负责任的管理者的角色。(2002：6)

霍尔登（Holden，2006）、塞克斯顿（Sexton，2001）、波洛克和普赖斯（Pollock and Price，2000）等探讨了《世贸组织服务贸易总协定》（以下简称《服务贸易总协定》）所鼓励的国际贸易增长对卫生服务监管的影响。迄今为止，《服务贸易总协定》增加的卫生服务的跨境交易量，引发了国际法规的问题。总的来说，国际法规和贸易之间的张力是存在的，因为《服务贸易总协定》第六条第四款要求消除国内管制中的不利贸易壁垒，包括资格要求、技术标准和许可条件。这些法规本来应该是“不再增加所谓必要的负担，以确保服务质量”。有关负担的测试由贸易律师来操作。霍尔登（2006）分析了四种贸易模式中每一种的监管含义。就跨境供应而言，例如诊断服务，问题在于消费国的监管政策对供应商的国家没有效力。服务贸易的境外消费，使消费者只能在服务提供国的法规监管，而不是他本国的监管。健康保险公司常常会优先考虑供应商的资质，以此作为减少劣质供应风险的一种方式。服务贸易商业的存在对国外供应商的进入形成挑战。它已经表明，这些医疗服务的供应商必须在监管下遵守法规，预留一定床位给穷人。但以印度和印度尼西亚为例，钱达（Chanda，2001：24）的报告认为，这种做法是无效的。从业人员的跨国流动加剧了资格认定问题和流出人员的教育投资损失问题。霍尔登（2006）指出，“符合出口国和进口国需要的法规，将要求有关国家之间实施可执行的双边或多边协定”。总的来说，在国内法规的执行和监管能力方面，伍德沃德的结论是：

> 《服务贸易总协定》关于国内卫生服务贸易不利影响的大多数建议都是未经检验、不现实、不切实际、无效和/或有局限性的，具有潜在的负面影响，并且这些建议也没有被它们的支持者所认可。所有这些都会进一步向卫生服务部门征收赋税，而卫生服务部门在大多数情况下已经非常无力，尤其是在低收入国家。(2005：526)

当然，其他关于卫生健康的国际规则几乎没有，只有在药品和食品标准等领域，在全球或区域（例如欧盟）层面上，有一些关于健康的法规。但即使在这个行业领域内，人们也常常认为在一个国家保持更高的标准与增加全球贸易之间存在着紧张关系，如欧盟食品标准就被指责为排斥了非洲供应商。

同样的问题也存在于教育部门中。由于上述这些原因，正如我们在第3章中所看到的那样，国际教育等运动团体反对将教育服务纳入《服务贸易总协定》中（Education International，2006）。然而，鉴于跨境远程学习的供给模式和高等教育中的学生流向国外的人数不断增加，关于教育的国际质量标准一直是联合国教科文组织的一个工作组的主题（该工作组成立于2003年）。联合国教科文组织出版了《跨境高等教育质量指南》（UNESCO，2005）。其指导方针是“保护学生和其他利益相关者免受低质量的教育和声誉不佳的教育机构的影响，鼓励发展满足人类、社会、经济和文化需要的高质量跨境高等教育”（2005：7），但这些指导方针并无约束力。其重点是，加强国家法规监管能力，向政府、高等教育机构、学生团体、质量保障机构、学术认证机构和专业协会提出建议。它们本身并没有规定联合国教科文组织有任何能力或作用来制定标准或审查质量。在美国反对后，《跨境高等教育质量指南》等已作为秘书处文件而不是联合国教科文组织的公约发表。美国的反对还使得这些指导方针不具有约束力（Jobbins，2005）。

6.4 全球社会权利

社会政策的第三个“R”是指权利，特别是指社会权利。事实上，对于许多世界发展运动而言，社会权利有利于说明对商业活动进行法规监管的必要性，以确保其业务不践踏这些社会权利，以及在资源从富有的北半球流向贫穷的南半球的资源再分配中，使这些权利在实践中得以实现。不同于公民权利（法律面前人人平等）和政治权利（政治参与平等），社会权利的特殊性质是需要得到资源。事实上，正是这方面的社会权利，导致米什拉（Mishra）在新自由主义全球化语境中，对现实状况感到悲观，“虽然公民的公民权利和政治权利不是一个有争议的问题，并且正在世界范围内扩展，但社会权利即使没有下降也处于守势”（1999：117）。米什拉在其分析中进一步论证了这一观点，因为有人认为，这种脱离国家和个人的社会权利概念是西方特有的一种概念，但是在其他地方，例如东亚，“公民的社会权利几乎没有什么意义”（1999：117）。米什拉继续论证道，相对于任何特定国家的经济发展水平，其基于社区或集体的社会标准概念在全世界都是有用的。富裕国家应该向往与其相称的福利国家，以便像美国这样的落后国家迎头赶上。在最贫穷的经济发展水平上，“初级保健、卫生、安全饮用水、充足的营养等可能构成基本的社会标准”（1999：

120)。事实上，千年发展目标的后续表述，就反映了即使在最贫穷的国家，也适合采用这一套基本的社会标准。稍后，我们将在讨论英国政府于1999年主动提出的一套世界基本社会政策原则时，再回到普遍最低的社会标准这一概念。在随后的章节中，我们分析联合国和其他机构，试图加强和赋予普遍社会权利概念的现实意义，尽管米什拉的悲观主义仍然存在。

6.4.1 联合国经济和社会权利：好的言论，却没有约束力？

费利斯（Felice，1999）回顾了联合国经济和社会权利处理办法的可行性。他认为，尽管全球关于社会权利方面的争议仍在持续，北半球国家与南半球国家在社会条款和劳工标准上仍然有冲突，以及美国拒绝批准《经济、社会及文化权利国际公约》，但还是形成了一部涉及经济和社会权利的国际公约和条约汇编，并具有重要意义和一定的影响力。国际劳工组织鼓励各国批准的一系列公约及其“新”的核心劳工标准，即所有劳工组织成员国都接受的标准，我们已经讨论过。此外，在经济和社会权利方面，有《世界人权宣言》《经济、社会及文化权利国际公约》以及最近的《儿童权利公约》（CRC）。

根据联合国经济、社会及文化权利委员会（CESCR）和1993年联合国维也纳世界人权会议的工作，国际人权律师起草了《关于侵犯经济、社会及文化权利的马斯特里赫特准则》，代表经济和社会权利在国际法中的地位（Felice 1999；567）。这些准则要求各国政府负责提供基本的社会服务，包括健康、就业和教育。考虑到各国经济发展水平的差异，该准则允许各国有一定的自由裁量权，但他们认为，“缔约国中有相当数量的个体被剥夺了基本食品、基本初级卫生保健、基本住房、最基本的教育形式，显而易见，这是违反公约的”（1999：568）。拥有这些法律准则是一回事，联合国或任何有关机构是否有权干预制止这种违法行为是另一回事。《公民权利和政治权利国际公约》（ICCPR）规定了公民权利和政治权利，它是在依法成立的人权委员会（HRC）主持下完成的，现在的人权理事会也因此受到联合国的国家人权机构（NHRIs）的高度关注。而与《经济、社会及文化权利国际公约》有关的事宜却由联合国经济和社会理事会的一个小组委员会负责处理。这个（次级）经济、社会及文化权利委员会是一个由 18 名独立专家组成的机构。从参加国批准该公约两年后的报告以及其后五个年度的报告中，我们可以看出各参加国遵守该公约的情况。这些报告是由经济、社会及文化权利委员会通过，向联合国经济和社会理事会报告的有关国家违反公约的行为。智利政府因低成本住房项目大幅减少而受到批评，意大利政府由于其低收入者住房短缺受到批评，多米尼加共和国、美国和巴拿马由于其强制拆迁而受到批评（Felice，1999）。但是，个人没有权力报告有关侵犯经济、社会及文化权利等违反公约的行为。

经济和社会权利的一个方面是女性和男性之间，以及少数民族和其他民族之间，平等享有这种权利的问题。虽然联合国的相关文件已经提到这些问题，也制定了附加公约和补充文件，以加强对这些性别和族裔权益问题的解决。《消除对妇女一切形式歧视公约》（ICEDAW）在 1981 年生效，要求缔约国有义务采取措施，包括消除就业、教育和保健方面歧视的立法。该国际公约还建立了消除歧视妇女委员会（CEDAW），总部设在维也纳，是一个完全由女性组成的委员会。该国际公约也没有个人的诉讼程序，所以向委员会报告和来自委员会的报告，是关于这些权利进展的国际对话的主要形式。消除歧视妇女委员会在 1992 年主动建议，妇女的权利还应包括不遭受暴力的权利，包括强迫婚姻、割礼、死亡嫁妆和其他形式的行为，这是在 1993 年维也纳会议上达成的。然而，Felice 评论说，“将妇女权利与其他主流人权机构分离的后果，可能会导致消除歧视妇女委员会的潜在边缘化，以及造成对妇女的忽视”（1999：582）。

《消除一切形式种族歧视国际公约》（ICERD）在 1969 年生效。该国际公约成立了消除一切形式种族歧视委员会（CERD）。该公约的第五条要求政府禁止并消除一切形式种族歧视，保证人人享有经济、社会及文化权利，包括工作、自由选择就业、享受公平优裕的工作条件、免于失业的保障、同工同酬的权利，住宅权，享受公共卫生权、医药照顾、社会保障和社会服务以及受教育和培训的权利。与消除歧视妇女委员会一样，国家的有关报告，向消除种族歧视委员会递交。此外，《消除一切形式种族歧视国际公约》还建立了个人诉讼制度，但是到 1995 年，143 个国家中只有 21 个国家签署了《消除一切形式种族歧视国际公约》的接受投诉制度。那时，只有五个联合公报被消除一切形式种族歧视委员会所接受（Felice，1999：585）。我们在第 4 章中已经讨论了有关儿童权利的公约。

然而，联合国公约的价值并不在于联合国能够直接执行社会和经济权利，以及妇女和少数群体的权利，恰恰是这些公约可为那些准备改善其政府政策和实践的人提供了武器。在国际层面，这些权利使社会运动常常发生在那些不承认和不配合的国家中，并加强了人们对相对应的经济和社会权利的要求。如斯特德（Stean）所述，其中有评论说，"自从个人的话语权，在全球大多数国家内被接受和享有合法性，它具有了潜在的作用。例如，生活在独裁统治下的持不同政见者，或被边缘化的民族，因此具有了反抗语言"（2005：11）。事实上，正是由于这个原因，世界银行还没有接受对其贷款附带任何条件的基于权利的政策。权利的语言引发了这样的主张，即世界银行无法帮助各国并满足其需求。

6.4.2 全球社会政策准则：戈登的好主意，对南北差异的遗憾

在世纪之交，英国政府采取了以权利为基础的方法来发展其国际战略（UKDFID，2000a）。其重申的新主张为：（a）人权的普遍性；（b）人权的社会层面；（c）可以在国际上更有效地实现这些全球社会权利的手段。这一举措的背景是，英国财政大臣对于国际资本流动管制争论的干预，或者相反，防止投机资本流动所带来的破坏性社会后果。他主张制定一项全球社会政策准则。这将是一个"适用于每个国家的全球社会政策最佳实践守则，将设定最低标准，并确保当国际货币基金组织和世界银行帮助一个陷入困境的国家时，商定的改革方案将保留对社会、对增长至关重要的教育和就业方案的投资"（Brown，1999：6）。此外，这一准则"不应仅限于创造社会安全网，我们应该把它看作为所有人创造机会，而不仅仅是在教育、就业和重要的公共服务方面投入更多的资金"（1999：1）。

布朗建议，这一准则应在世界银行 1999 年春季会议上商议确定，因此，他提出了关于谁以及如何设计这些准则的问题。英国国际发展部的社

会发展部门提出了一些初步建议，包括：(a) 公平获得基本社会服务，如健康、教育、水、卫生和住房；(b) 社会保障，降低个人易受冲击的脆弱性；(c) 核心劳工标准。然而，对于哪一个国际组织应该负责制定这一全球社会政策准则还存在许多争议。世界银行希望在这些问题上具有全球专业知识，或者联合国的职责是处理全球社会政策。关于如何处理这个问题，世界银行撰写的报告（第一版，1999 年 3 月 23 日）提出了双轨制的方法，即“关于这些社会政策原则的最佳实践的详细工作应作为世界银行工作方案的一部分”（World Bank，1999b），同时与联合国达成协议，将这项工作作为 2000 年“哥本哈根+5”会议的一部分进行推进。然而，世界银行发展委员会发布的下一个版本的报告（1999 年 4 月 9 日），清楚地表明了联合国和世界银行的责任分工。它的双轨方法现在被解释为“联合国在制定社会政策普遍原则方面发挥领导作用”（World Bank，1999c），世界银行将帮助其成员实施这些原则。发展委员会 1999 年 4 月 28 日会议的最后公报指出，部长们一致认为，“最好在联合国的行动框架内进一步发展社会政策的良好实践原则……作为社会发展问题世界首脑会议后续工作的一部分”（World Bank，1999d）。

世界银行向联合国提交这一建议的动机，更多的是因为一些南半球国家担心国际货币基金组织和世界银行将在贷款或债务减免方面，将新的原则作为一套社会条件，而不是赋予联合国任何权力。虽然联合国的一些人对这一建议表示欢迎，但另一些人则建议，这些原则是世界银行为其自身方便而设计的，这可能会使银行和基金摆脱全球社会责任的束缚。现在应该由联合国，特别是“哥本哈根+5”会议筹备委员会来做这方面的技术工作。在最初的审议中，世界银行起草了第一稿。它提出的原则基于以下几点：(a) 实现普遍和公平地获得基本社会服务，包括获得优质基础教育和卫生服务；(b) 使所有男女都能获得安全和可持续的就业与体面的工作条件；(c) 促进社会保护制度；(d) 促进社会包容。它放弃了英国政府建议的核心劳工标准要素。

英国国际发展部的工作人员编写了一份旨在影响这些原则的审议的背景文件。在谈到全球社会政策和人权问题时，他们认为，“联合国公约、宣言和世界会议文件的全球架构，为这些原则的建设提供了最权威的可供利用的来源”（Ferguson，1999：3）。实际上，联合国文件提供了一套关于社会、经济和政治问题的国际合法协议。英国国际发展部的贡献是，通过这些协议驳回了文化相对主义的反对意见。它还主张，社会权利、经济权利与公民权利、政治权利同等重要。文件接着依据联合国协议和宣言阐述了一系列社会政策原则和做法。社会政策在这里被定义为包括赋予人民权力、确保生计安全、提供服务和促进社会融合的努力。对联合国公约和联合国会议系列协议进行审查，可以产生一系列政策，包括：（a）人身安全；（b）民主参与；（c）公民社会；（d）最低生计；（e）生产性就业；（f）劳工标准；（g）提供服务等。

令人叹息的是，这项（在西方社会民主党人士眼中）看似有助于将全球化从一个新自由主义倾向转向尊重一套核心社会政策原则的良好举措，但在联合国“哥本哈根+5”会议的秘密会议中却毫无进展。有一种声音，要求联合国建立一个与一系列原则相结合的工作组，但遭到南半球国家和中等收入国家（如印度、埃及、印度尼西亚、巴基斯坦）的联合反对。他们认为，欧美地区企图向南半球国家强加一套空虚的原则，而不愿意用行动向南半球国家转移资金。此外，在 20 世纪 80 年代，南半球国家实行结构调整方案的实践揭示出，这些原则将成为一种新的语境，来制约贸易谈判或债务减免。还有人认为，在一个国家或地区是可行有效的原则，但在另一些国家或地区可能并不如此。这一结果与 1996 年世贸组织劳工标准会议的结果是不一样的。这标志着联合国工作的一个转折点。南半球国家正在以一个国家主权权利的名义，对北半球国家制定的经济和社会政策进行抵制，这是一种关于社会调节全球化的渐进式思维。这一南北僵局一直持续到今天，我们将在随后的一章中看到全球社会治理，在最后一章看到关于全球社会改革的政治。然而在联合国经社部和联合国开发计划署 2005 年首脑会议决定各国制订发展计划以实现这些目标的背景下起草的社会政策指南不会遇到这样的发展命运。这些指南很可能在南半球国家得到更广泛的接受，这是因为联合国经社部的工作人员向这些主权国家提供建议（有更多信息，请参见第 4 章）。

结论

可以得出结论，在21世纪的头几年，世界正在努力制定全球再分配、全球社会监管和全球社会权利的全球社会政策，并为落实这些政策设立了必要的机构。比官方发展援助增长更重要的是，新的全球卫生、教育和社会保护基金设立了，贫穷国家现在可以根据某些社会需求标准获得全球资源。当然，这些方面也招来某些批评。以健康为例，批评者们倾向于实施药物和技术的"垂直"计划，而不是国家范围内广泛的"横向"公共卫生方案。同时，他们也质疑这些基金的责任。我们也见证了从纯粹的南北支持国内社会发展到明确全球公共产品概念的转变，这些产品可能需要通过航空旅行等全球进程来获得税收。联合国要求全球商业都应承担社会责任，当然，它没有约束力。这些准则或原则更多的是一些自愿执行的准则，而不是强制执行的法规。之前的国际贸易协定中没有社会条款方面的规定，但现在，对劳工组织的所有成员国都有一个全球性的期望——坚持核心劳工标准，不管他们是否选择签署它们。尽管在国际社会权利方面还存在着持续的国际争议，但联合国的努力及其颁布的文件，使那些迄今为止一直不愿承认有关国际社会权利的国家中的人们，为实现这一目标有了依据。除了这些全球再分配的初始政策和实践，国际社会已经确认的规则和权利（尽管美国有强烈的企图去改变它），即其对千年发展目标的承诺，实际上是教育、医疗和减贫方面的全球最低社会标准，而社会政策指导原则设计旨在促进这些会议取得成果。当然，这些还远远不够。例如，霍尔登（2005b）认为，这些全球社会政策最多只是一种有限的全球社会政策。他建议，"只要不存在支持更广泛普惠制的有效全球政治运动，经济条件和制度结构使得普惠制条款仍将是渐进的、极简主义的，并且实质上是新自由主义的"（2005b：15）。当然，全球社会政策同与其相对应的全球机构还不能完全匹配，这些已经存在的全球社会政策是全球社会斗争继续的基础。重要的一点是，在我看来，全球新自由主义全盛时期的语言和话语已经发生了变化，全球市场本身无法保证人类和社会需求的满足。正如在一个国家内，市场必须嵌入一套政治机构，以确保社会正义，全球市场也是如此。我们现在要转向的是全球社会治理机构的改革。

拓展阅读：

全球社会政策方面：

George V and Wilding P（2002）：*Globalization and Human Welfare*. Basingstoke：Palgrave.

全球税收方面：

Atkinson A B （2005）：*New Sources of Development Finance*. Oxford：Oxford University Press.

全球公共产品方面：

Kaul L，Grunberg I and Stem M （1999）：*Global Public Goods: International Cooperation in the 21st Century*. Oxford：Oxford University Press.

全球契约方面：

Zammit A （2003）：*Development at Risk: Rethinking UN-Business Partnerships*. Geneva：South centre-UNRISD.

全球社会权利方面：

Mertus J （2005）：*The United Nations and Human Rights: A Guide for a New Era*. London：Routledge.

Global Social Policy: GSP Digest，Section on Global Redistribution，Regulation and Rights.（www. gaspp. org）

7　全球和区域社会治理的改革

本章主要分析国际机构之间的分裂和竞争，以及构成全球社会治理的现有“制度”，并分析关于这些制度改革的激进建议。在加强联合国的作用方面，本章提出七个可能的发展方向，包括机构间的政策协作、改善南半球援助政策、政府与社会资本合作模式和互联网、世界银行和世贸组织的改革、劳动力流动管理、发展“建设性的区域主义”等。

7.1　制度的分化与竞争

对全球社会治理现有结构的分析，要求我们必须首先阐述联合国、布雷顿森林体系组织、世界贸易组织以及它们之间的关系。联合国和布雷顿森林机构都成立于第二次世界大战后。联合国系统及其机构的职责可以被简要概括为包括安全与和平、人权、人道主义干预、经济和社会事务；布雷顿森林体系组织（世界银行、货币基金组织和以前的关贸总协定）的职责可以被简要概括为至少在形式上只关注对国际经济关系的管理，为重建和后来的发展提供贷款。经过近十年的谈判，关贸总协定在1994年变成了一个新的、更有雄心的世界贸易组织。这三套机构的治理各不相同，而且在某些方面还存在着不一致甚至是冲突。

联合国是在“一国一票”的基础上进行管理的，安全事项属于安全理事会的责任。有5个常任理事国（美国、英国、法国、中国和俄罗斯），被称为常任理事国，还增加了10个成员国家作为轮值主席国。安全理事会五个常任理事国中，每一个国家都有对任何提议或决议的否决权。成员国大会安排的局限性是：以一个国家为基础，不论其大小和经济实力强弱，都有同等的一票投票权，这在一定程度上会不利于大国。虽然它与非政府组织、工商界和其他民间社会组织等定期进行协商，但其民主责任有限。同时，正如我们所看到的，联合国与一系列自治机构有联系，每个机构都有自己的理事机构和政策。从全球社会政策的角度来看，最重要的几个机构，正如我们在第 4 章中看到的，是国际劳工组织、世界卫生组织、联合国教科文组织、联合国开发计划署和联合国儿童基金会。联合国的经费完全依赖其成员国的捐助，捐助额度是根据一个国家的规模，基于一个复杂的公式进行评估的。然而，一些国家在捐助方面，过去曾拖延或不履行其捐助义务，其中最突出的是美国，由于它的不积极作为迫使联合国和某些机构的组织按其意愿进行变革。

国际货币基金组织和世界银行都由其成员国董事会管理，但投票权是根据其成员国对本组织的财政捐助额度进行分配的。由于这种投票结构，美国和欧盟对这两个组织的活动可以行使有效否决权，特别是美国对这两个组织的政策有实质性影响。与联合国机构相比，世界银行和国际货币基金组织在某些方面进行审议的透明度要低得多，因为其董事会审议工作不公开。国际货币基金组织和世界银行虽然是联合国系统的正式机构，但实际上并不受联合国管制，尽管它们也确实会参与联合国的某些事务，例如与联合国经济和社会理事会进行对话，但它们在任何联合国政策下都完全独立行动。同样重要的是，布雷顿森林机构可获得的资金远远超过联合国机构所能获得的资金。这样，世界银行就能够比联合国机构更有效地制定和实现其全球社会政策的构想。世界银行还可以组织世界上最权威的研究人员和政策分析人员开展研究。

关贸总协定的直接后裔世贸组织在治理形式上又有所不同。在理论上，世贸组织由全体成员方大会决策，并以协商一致的方式进行运作。然而，该组织内部的权力取决于制定议程和做出贸易让步的权力，这意味着大国的影响力更大。南半球国家政府一直批评其私下的暗箱操作，认为这是富裕国家的阴谋，是由富裕国家主导进行的过程。贫穷国家的相对贫困也是一个原因，因为这意味着贫穷国家无力雇用日内瓦的律师来保卫其利益。正如我们在第 3 章中看到的，在过去十年中，已经有了很大变化，发展中国家在世贸组织中变得更加活跃，并正在影响该组织的议程和决定。

因此，在全球层面，有许多相互竞争和相互重叠的机构，所有这些机构都在关注和影响全球社会政策，在解决全球社会问题方面都有一定的利害关系。这种对政策制定权的争夺和有关政策内容的斗争过程，是建立有效的国际社会治理体系的必然过程。这些争夺或斗争出现在不同议题的争论中。首先，最为强烈的是世界银行，稍次的是国际货币基金组织和世界贸易组织，它们都与联合国系统的有关机构进行有影响力的竞争。正如我们已经看到的，世界银行面向国家和地区的健康、社会保障和教育等政策，也不总是与世界卫生组织、国际劳工组织和联合国教科文组织的政策相一致。从世界整体来说：有一个财政部门，其形式是国际货币基金组织（有许多缺点）；有一个贸易部门，其形式是世贸组织；它同时还有两个卫生部门、两个社会保障部门和两个教育机构。其次，联合国社会机构（世界卫生组织、国际劳工组织、联合国儿童基金会、联合国教科文组织）并不总是与联合国开发计划署、联合国经济和社会理事会等保持一致，而是在某些政策方面常常存在分歧。此外，秘书长的倡议，如全球契约或千年项目，在很大程度上，绕过、忽视了联合国经济和社会理事会的社会发展政策。联合国行政首长协调理事会对联合国所有机构的首席执行官的意见进行汇集和协调，这是确保联合国系统内部政策一致性的努力。但是就全球社会政策而言，以下事实令人沮丧：（a）世界银行、国际货币基金组织和世贸组织的存在；（b）26个机构中的5个主要机构有着各不相同的意见。

除了联合国和世界银行之间以及联合国系统内部之间的冲突外，还存在8国集团、北半球20国集团［G20（N）］、南半球20国集团［G20（S）］、77国集团和其他集团国家间的冲突。虽然富裕的8国集团继续享有制定全球政策的权利，但由加拿大领导的新财长会议G20（N）正在努力建立更广泛的全球共识，而77国集团一直到坎昆会议之前，更像是北半球议程的反对者。以巴西、中国和印度为首的G20（S）可能会从这里突破。同时，东盟等国家的区域集团必须被纳入考虑范围。所有这些群体之间的相互作用，导致了联合国近年来的国际社会政策陷入僵局，其中欧盟、77国集团和美国的主导地位仍非常稳固。

最后，当然，我们还需要把在第5章中分析过的非政府组织行动主体或非国家行为主体加入这一清单。企业、更广泛的民间社会组织、国际非政府组织和其他私营部门，也越来越多地参与全球社会治理和全球社会政策制定。因此，更广泛地考虑全球治理，我们将面临一个复杂的治理结构，“其特点是高度的多样性和复杂性。……全球治理的异质性和有时相互矛盾的特征，对任何理解其运作和演变的尝试都提出了挑战”（Koenig-Archibugi，2002：62）。全球卫生治理的特定领域也存在着同样的复杂性。德国海外研究所对全球卫生治理的主要研究做了总结，海因和科尔摩根（Hein and Kohlmorgan）指出，“在全球卫生治理的新制度建设中，由于互联网的发展，合作伙伴关系和私人活动增多，增加了其在卫生领域的社会权利，但却往往绕过联合国正式和民主授权的组织，例如世界卫生组织”（2005：35）。

7.2 激进的和充满野心的全球社会治理改革

毫不奇怪，在过去几十年里，国际民间社会和学术界，以及联合国系统内部本身，在社会政策和规则等方面进行了全球性的体制改革。在这里，我们会提到第一个激进的和雄心勃勃的改革想法，然后分析这种激进的和雄心勃勃的全球社会政策治理改革不可能实现的原因。在本章的结尾，我们将描述在未来几十年内更有可能见证的全球社会治理方面的更多改革和发展。

关于全球治理的运动和想法来自激进自由主义右派、激进左派和南方的激进主义，他们宁愿废除现有的机构和政策。美国的激进右派对于在世界银行和联合国的影响下制定国际政策越来越恼火，他们希望看到这些机构的影响力在减小。美国不支持设立国际刑事法院，也已撤回对全球变暖条约的支持，并试图从2005年联合国首脑会议的成果中，取消千年发展的计划目标。在这种情况下，美国更明显地成为全球超级大国，它为了自身利益“实施全球治理”，而不受国际组织的干预。对于世界银行，梅尔泽委员会（2000年由美国国会成立的国际金融机构咨询委员会）呼吁停止向中等收入国家提供银行贷款，把银行交还给私人放贷人，让它成为一个提供赠款的发展机构，向穷国提供技术援助等。世界银行前总经理杰茜卡·艾因霍恩（Jessica Einhorn）在《外交事务》（2006）中写道，世界银行面向中等收入国家的窗口——国际复兴开发银行，“似乎是一个垂死的机构”。她提出了该机构可能逐步被淘汰的看法。英国《金融时报》的马丁·沃尔夫在一篇文章中写道，“在我们的世界变得更加残酷时，国际货币基金组织不只是处于‘默默无闻’的边缘，正如英国央行行长金（King）所说，是处于‘不相干’的地位”（Wolf，2006）。世界银行前执行董事费里茨·费希尔（Fritz Fischer）在另一篇文章中呼吁将国际货币基金组织和世界银行合并（见 GSP Digest 6.2）。

另一方面，“50 年就够了”的社会运动中的激进非政府组织呼吁取消布雷顿森林体系。他们希望加强联合国作为全球社会治理的主体地位，通过联合国管理的全球税务机构，提高国际货币交易的全球税收，并设立一个经济安全理事会（ESC），以反映现有的安全理事会所监督的全球政策。联合国不仅要对国家政府负责，而且更应该通过议会代表的第二议院或民间社会代表的方式，更直接地对全球公民负责。这样的想法还可以在帕托马基和泰瓦伊宁（Patomaki and Teivainen，2004）的《一个可能的世界：全球机构的民主转型》、帕托马基（2001）的《民主化的全球化》等文中找到。

埃勒曼（Ellerman，2005a，2005b）提出了世界银行将会无法修复和萎缩的观点，世界银行终将会失败。他认为，这是因为世界银行受到经济学家的垄断，因为其与美国的联系，因为钱实际上并不是发展的关键，因为它是通过政府来解决问题的，因为它无法修复被破坏的关系。2005 年 4 月，政策研究所在春季会议期间召开的战略会议上反映了这种对世界银行和基金组织未来的危机感。会议希望切断两个机构和某些发展中国家的联系，尤其是提前偿还债务的阿根廷和巴西，以及拒绝其他国家（如中国、泰国、菲律宾、印度）的贷款，这导致了国际货币基金组织的预算危机。

激进的全球社会治理改革的一种方式是，在全球层面上运作的社会领域的那些机构和政策，应该在国家和区域（欧盟）层面上运作。从表 7.1 中我们可以看到，在全球建立了什么样的社会治理体系，而这种体系已经在欧洲区域层面出现了。从表7.2中我们可以看到，在全球层面什么样的制度改革需要模仿国家和欧洲的治理与决策。

表7.1 国家、区域和全球各级层面治理的社会职能

职能/政策领域	国家治理	欧盟区域治理	目前的全球治理
稳定经济	中央银行	欧元区中央银行	国际货币基金组织/世界银行的国际结算?
增加收入	国家税收	关税收入，政府的捐赠（税收协调与区域性税收）	无，但是联合国呼吁，特设全球基金，双边或多边的官方发展援助
再分配	税收和收入转移政策加上区域基金	社会标准结构基金	无，但特设人道主义救济、特别全球基金、债务减免和差别定价(药物)
社会规范(劳工和社会标准)	国家法律和法规	欧盟法律和法规	温和的国际劳工组织、世界卫生组织等、协议、联合国公约、自愿准则
社会权利(公民权)	法院纠正、消费者宪章、三方治理	欧盟卢森堡法院纠正、三方治理	联合国人权理事会，但没有法院纠正、公民社会监督

表7.2 当前和彻底改革的全球社会治理机构

利益构成	国家机构	欧盟区域机构	潜在激进改革的全球机构
选民	议会	权力较小的欧盟议会	世界人民大会?
政府部长	内阁等	内阁会议	联合国经济和社会理事会的改革?
行政事务	部门	欧盟委员会	由联合国经济和社会理事会、联合国开发计划署、国际劳工组织、世界卫生组织、联合国教科文组织、世界银行、世贸组织、经合组织，以及新税务机构的合理化功能组合

续 表

利益构成	国家机构	欧盟区域机构	潜在激进改革的全球机构
司法	法院	卢森堡法院（和斯特拉斯堡人权法院）	新的具有人权任务的国际法院
资本	中央银行	中央银行	中央银行
劳工（民间社会）	工会和法定协商	经济及社会委员会和协商工会	加强工会和民间社会协商机制

然而这种雄心勃勃的改革思想，涉及全球治理制度，涉及联合国和世界银行的合并，充其量被看作乌托邦。但值得注意的是，其中一些问题，在秘书长提交联合国第五十七届会议的2002年报告《加强联合国：进一步改革的议程》（UN Secretary-General，2002）中均有所体现。稍后我们再进行讨论。

与此同时，在不同的改革方向上，在过去的20年里，民间社会的发展影响了反全球化运动，自2001年以来，在巴西阿雷格里港召开的世界社会论坛（WSF）的年度会议上，该运动开始在政治和组织方面找到了表达方式。该会议经常被批评为反对全球化，但批评者对其具体内容和做法尚不清楚。然而，正如我们在第5章中建议的那样，这有可能发现一种新的思维方式，将构成对现有全球化的一种选择。去全球化的产业链将取代长途贸易和全球市场，用当地生产来促进当地经济和维持生态系统。科林·海因斯（Colin Hines，2000）的《本地化：全球宣言》代表着这样一股力量。这种情况将会发生在某些区域范围内，如东盟等区域集团将重新建立对区域生产的保护条例。沃尔登·贝洛（Walden Bello）的有关观点（1998，2000，2004），在聚焦全球南部运动的网站上也反映了这一趋势。贝洛（2000）甚至认为，“多边结构巩固了北半球超级大国的力量，假借为了所有人而制定一套规则……结构越简单，规则越不明确，对南半球国家越有利”（2000：61）。

换句话说，发展中国家和国际社会的目标，不是要改革跨国公司驱动的世贸组织和布雷顿森林体系的机构，而是要采取被动与主动相结合的措施，去达到：(a) 使它们退役；(b) 中和它们（例如，将国际货币基金组织转变为一个纯粹的研究机构，监测全球资本流动的汇率）；(c) 从根本上削弱它们的权力，把它们变成另一类行动主体，与其他国际组织、机构和区域集团共同存在并加以核查。这一战略将包括强化各种行为者和机构，如联合国贸易与发展会议、多边环境协定、国际劳工组织和区域经济板块……当然，“强化”的一个关键方面，是确保这些组织朝着以人为本的方向发展，不再继续成为区域精英项目（Bello, 2004：116－117）。

在南半球，沃尔登·贝洛和他的同事们，致力于探索一种完全不同的全球社会治理改革方法。以最近的两个焦点网络发表的文章为例（www. focusweb. org），他们的主张与许多北半球改革派相比具有很大差异。北半球的许多反新自由主义运动，赞同与世贸组织脱轨，并明确“作为全球新自由主义代表的世贸组织应永久废除”（Focus on the Global South, 2005）。作为全球社会改革者的许多持相同观点的北方活动家和学者，对焦点网络上的妮古拉·布拉德（Nicola Bullard, 2005）的论点并不理解。联合国本身的改革不应该被优先考虑，她说，“美国和世界其他地区，以及资本全球化与公民之间的不平衡”已经解决了，“联合国以后最多就是无效用的‘道德良心’”(2005：2)。她认为，没有理由认为加强或改革联合国会产生任何影响，并质疑社会运动为什么要花时间来挽救它，应该把重点放在自下而上的运动上，以确保土地、粮食、水、社会安全、免受压迫和自决的自由。她总结说，“我们的任务是要‘改革’联合国，以便与社会运动和社区携手并进，建立政治和体制工具，这样‘我们人民’就能够实现60年前联合国做出的承诺”（2005：6)。在最后一章，我们将论述，虽然这种国内关注的焦点是改善世界的斗争的一部分，但它也应该和许多其他的斗争结合起来去改革联合国。

第三世界网络（TWN）（www. twn. org）的马丁·霍尔（Martin Khor）也赞同这一观点，但他更倾向于增强联合国的整体力量。他强调了通过共同努力，加强南南政策对话和协调，增强联合国的力量（Khor,

2000，2001）。霍尔的这些观点与社会观察的罗伯托·比西奥（Roberto Bissio），以及南北发展监测的迪帕克·尼亚尔（Deepak Nyyar）和查夫拉瓦蒂·拉哈文（Chavravarthi Raghaven）等的观点，都体现在《77 国集团知名人士和知识分子高级别咨询小组关于全球化及其对发展中国家的影响的报告》中（High Level Advisory Group，2000）。在下文讨论改革海外援助架构时，我们将回到该观点的一个方面，即南半球国家需要一个政策空间。

在反全球化运动中，甚至可以看到真正的反资本主义“第五国际”的开端，再次谈论（柏林墙倒塌 15 年后）关于世界社会主义取代资本主义全球化的规划。马克思主义的反资本主义立场，在卡林尼科斯（2003）和斯克莱尔（2002）提到的内容中反映出来，这将在最后一章中进行分析和讨论。

介于去全球化或反全球化思想与我们称为“激进改革”的思想之间的观点，是乔治·蒙比奥特（George Monbiot，2003）在最近的研究中提出的。他认为：

• 把世界银行和国际货币基金组织更换为一个全新的国际清算组织联盟（ICU），这样在过去的 5 年中，使用自己货币的国家，能够对其贸易价值减半进行限制。

• 用公平贸易组织（FTO）取代世界贸易组织，允许发展中国家保护刚起步的企业，这将确保外国投资者在一个国家留下的财富大于其所提取的财富。

• 修改后的联合国大会按民主程度调整的人口加权投票制度，应该在国内进行实践。

他迫使富裕的北方国家遵守这些符合南方利益的计划的策略是，南方国家对北方国家的债务的价值是世界银行储备的两倍，除非改革马上进行，否则将无法偿还。

7.3 全球社会治理中可行的和可能的发展

这些旨在废除世界银行的激进的（左派、右派、来自南方的）改革思想、激进的去全球化思想、反资本主义思想和为了南半球利益而进行的激进的蒙比奥特机构改革方案，是令人感兴趣的，可能会得到某些方面的支持，这可能有助于全球社会治理的发展。然而，考虑到现实的制度仍然是由北方国家主导的，我们建议，应采用平稳缓和的运作方式改变全球治理体系。尽管如此，下面的设想仍然是一项雄心勃勃的改革建议。

7.3.1 加强联合国在经济和社会政策方面的作用

世界银行与联合国机构之间在国家、全球社会政策问题上的紧张和有时的政策冲突，是第 2 章和第 4 章对这些行为者进行评论的主线。事实上，世界银行拥有大量的资源来推广那些受到怀疑的私有化的社会政策，而联合国则更关注全球社会政策的公共性和普遍性及其工作方法，其影响力较小。有趣的是，一个关于世界银行和联合国的北欧评论，即伯格森和伦德尔（Bergesen and Lundel，1991）所著的《是恐龙还是发展?》认为，联合国应退回到履行规范职能，制定指导方针和规则，并做好这些工作，让世界银行在实践中实施发展。另外，该评论还建议世界银行成为全球发展问题知识库。我认为，这两种想法都会使联合国和世界银行的紧张关系持续下去，因为双方都在竞相制定良好的政策并付诸实践。

任何理想的改革都必须加强联合国在其中的影响力。联合国秘书长在 2002 年联合国第五十七届会议上提交的《加强联合国：进一步改革的议程》承认，联合国在促进全球重要的社会和经济问题达成共识方面发挥着越来越大的作用，并呼吁相应加强关注这些问题的主要机构，即联合国经济和社会理事会。他强调，需要改进议程和精简业务。与此同时，该报告提到经济和社会事务部将被强化，任命一个新的助理总干事，并在其内部设立一个政策规划小组。事实上，现在已经任命了乔莫·夸梅·桑达拉姆为助理总干事，他以批评新自由主义经济学在东亚的应用而闻名（Jomo K S，1998），与新的联合国副秘书长乔斯·安东尼奥·奥坎波合作从事经济和社会事务。政策规划小组在与社会政策和发展司合作起草社会政策指导说明方面发挥了重要作用，使各国能够计划实现千年发展目标。迄今为止，在联合国行政部门内部，要达成一致的全球经济和社会政策一直是个难题。例如，社会政策发展部在其报告《世界公共部门报告：全球化与国家》（UNDESA，2001）的起草过程中，并没有与公共经济和公共行政部合作。事实上，这种内部部门之间的分割，促使联合国秘书长通过网络来了解实践中的全球契约和千年计划状况，制定自己的联合国经济和社会政策，避开了由联合国内部机构与联合国经济和社会理事会的国家代表和社会发展委员会对话的政策制定方式。

使联合国经济和社会理事会成为一个有效的工作实体并受到世界银行和美国政府认可的努力可能比联合国秘书长想象的要困难，因为只有联合国经济和社会理事会高级别会议可以召集部长们交流各自的观点。大多数时间，低级别的会议及联合国其他会议，常被一个问题所困扰，即参会的国家代表无法对问题提出实质性观点和实践设想。有关社会和经济项目议程，缺乏专门从事该工作的公务员来转达国家立场。各国与全球经济社会没有连贯一致的政策，因此联合国的每一个部门，以及每个联合国代表都有这样的看法，即不可能指望联合国经济和社会理事会提出连贯一致的全球经济和社会政策。关于全球化问题中的国家一致性问题，我们将在最后一章中谈到。同时，联合国经济和社会理事会的现实情况是，出席联合国大会第二委员会的大多数代表考虑的是经济问题，而考虑社会问题的联合国大会第三委员会的代表通常缺席（Scholvinck，2004：10），这样就进一步阻碍了联合国经济和社会政策的协调发展。

有些人（Haq，1998；Falk，2002；Nayyar，2002；Dervis，2005）认为，联合国在世界经济和社会事务管理中的作用，应通过建立一个经济安全理事会来加强，就像改革后的安全理事会一样，其工作人员就能够更好地指导全球经济和社会事务。马布·哈克（Mahbub Haq，1998：228）认为，在这样的情况下，机构改革回归到了这样一个基本论题，即全球化造成了一系列全球性的社会问题，例如全球贫困、禁毒、人口增长、生态安全、人口流动和疾病扩散等。只有实施强有力的全球领导，才能解决这些问题。他认为，经济安全理事会“将是一个审视所有多边机构政策的上层机构，包括布雷顿森林体系的机构和联合国发展机构”（1998：243）。近来，最有政治影响的是刚被任命为联合国开发计划署署长的凯末尔·德维斯（Kemal Dervis）的研究贡献，即他为总部设在华盛顿的全球发展中心智库所撰写的著作。他在《更好的全球化：合法性、治理和改革》（Dervis，2005）中建议，建立一个有 6 个常任理事国的联合国经济和社会理事会（欧盟、美国、日本、中国、印度、俄罗斯），另外，再加上其他 8 个国家，以下地区各安排 2 个国家：（a）亚洲；（b）拉丁美洲，加拿大，加勒比地区；（c）阿拉伯联盟；（d）非洲和其他欧洲国家。投票数将按人口、国内生产总值及财政对全球公共产品的贡献来确定。这将成为世界银行、国际货币基金组织、世贸组织和联合国系统关于治理战略的总体机构。

其他人，包括联合国经济和社会事务部中社会政策和发展司的主管约翰·斯科尔文克（Johan Scholvinck），将此视为不太可能的发展思路，认为最好把改革努力集中于联合国经济和社会理事会，即使这也不容易（Scholvinck，2004）。《全球化社会层面世界委员会报告》（ILO，2004c）从两个方面分析并解决了这一问题。报告认为，“应该认真考虑现有的关于建立经济和社会安全理事会的建议”（2004c：530－531），“联合国经济和社会理事会协调经济和社会领域全球政策的能力，应通过提高其代表的水平予以加强，包括部长级执行委员会等，对于全球政策问题，应采用部际互动和新的运作形式”（2004c：533－534）。斯科尔文克（2004：10）对此持怀疑态度，他指出，联合国经济和社会理事会总部位于纽约，这表明其主要的组成部分，是外交部和一定程度上的发展合作部。他继续论述道，“财政部部长从未参加联合国经济和社会理事会有关会议，直到布雷顿森林机构春季会议之后。请注意用词‘之后’。这表明，联合国经济和社会理事会是由华盛顿主导和通知的，而不是通过其他方式”（2004：10）。关于应该设立一个执行委员会的想法，眼前的问题是应该由谁来负责，因为“一旦它变成决策机构，其得到的利益将会成倍增长”（2004：10）。斯科尔文克赞成把更多的重点放在社会发展委员会的议题审议上，以确保其商定的结果能够提交到联合国经济和社会理事会直至联合国大会上。毕竟，委员会的结论常常是激进的，大多是通过政府间协议和妥协达成的。

关于联合国经济和社会理事会的作用和功能，在 2005 年 9 月秘书长提交联合国首脑会议的报告中提到了这一问题。在《在更大的自由中：面向所有人的发展、安全和权利》中（UN Secretary General，2005），肯定了联合国经济和社会理事会的工作，称改革后的理事会“可以开始在推动全球发展过程方面发挥领导作用”（para. 179）。它应当“就商定的发展目标，特别是千年发展目标的进展情况，每年举行部长级会议评估，这些评估可以基于同行评审”（para. 176），以及“它应该作为一个高级别发展合作（两年）论坛”（para. 177）。首脑会议最后商定的结果是（UN Secretary General，2005a），“认识到需要一个更有效的经济和社会理事会，它不仅仅作为一个协调主体、政策审查、政策对话，并且要对经济和社会发展问题的政策提出建议，以及执行在联合国各次主要首脑会议上达成一致意见的国际发展目标，包括千年发展目标”（para. 155）。随后，会议赞同秘书长的具体程序性建议，现在将进行这些改革。当这一切受到欢迎时，一位资深联合国事务员詹斯·马滕（Jens Marten，因其对多边主义的未来评价而知名）警告说，在加强联合国经济和社会理事会在发展问题上的作用的同时，这一新的重点可能绕过经济和社会理事会更广泛的经济简报：

> 它的责任领域将只限于发展问题。国际货币基金组织、世界银行和世界贸易组织将继续决定联合国以外的国际经济、货币和贸易政策……因此，联合国经济和社会理事会至多有点儿类似于一个由发展中国家支持并增强的、放大的经合组织开发援助委员会（Martens，2005：7）。

联合国经济和社会理事会改革作为联合国改革的一部分，在 2006 年，由科菲·安南负责推动。联合国经济和社会理事会的改革还包括其他因素：首先，采取有效措施，将一些重叠的和相互竞争的任务变得合理化，就如联合国机构多年来执行的一样（www. un. org/mandatereview/executive. html）。秘书处编制的任务清单，提请联合国注意其机构之间重叠的问题、任务和资源的差距问题。其次，还要考虑加强联合国总部内部的财政和行政管制，并给予秘书长更大的行政权力，以及将财政问题提交大会小组委员会。然而，这一举措遭到 77 国集团的强烈反对，他们希望这些权利仍由联合国大会继续持有，担心这样的举动会使南半球国家失去这些权利。最终达成妥协，秘书长只得到了相当有限的财政权力，比他想象的要少得多。

更重要的一个建议是，在发展、人道主义援助和环境领域（GSP 6.2 Digest），设立一个联合国全系统一致性的高水平小组。安南在 2006 年 2 月 16 日组建并任命了这个小组，成员包括戈登·布朗（英国）、露丝·雅各比（Ruth Jacoby，瑞士）、里卡多·埃斯科巴尔（Ricardo Escobar，智利）以及巴基斯坦、莫桑比克、坦桑尼亚和挪威的总理或总统，它在同年 4 月 5 日开始工作。安南计划在 2006 年 9 月之前，让这个小组在发展、人道主义援助和环境这三个领域，从事关于精简联合国机构的工作，并提交报告。为此，北半球国家和欧盟的政府都在很努力地进行游说，一个由 13 个捐助国组成的小组（欧盟国家和加拿大）以联合主席的身份写信给挪威总理，提出各个国家的合理化建议，即在每个联合国统筹和联合国项目下，都能够有一个联合国小组。

在社会发展的背景下，就社会政策而言，这似乎表明，联合国开发计划署将扮演更重要的角色，从而加强其社会政策分析工作，帮助各国规划千年发展目标。世界银行和联合国开发计划署的政策对话进展顺利，保证了减贫战略文件中“千年发展的目标化”（Trogemann，2006）。联合国经社部与联合国开发计划署合作起草的关于新的社会政治指引规划，是促进社会发展的基础。像劳工组织和世界卫生组织这样的专门机构，将在这种情况下担任智囊团或顾问角色。在新开发计划署领导机构与社会保障相关的更多机构之间的对话，是非常必要的。借用联合国秘书长在 2006 年 7 月联合国经济和社会理事会会议报告中的话来说，“联合国发展组织应促进多方利益相关者的政策对话，在国家和区域层面上，包括卫生、教育和劳工部以及联合国有关机构，以建立国家和区域能力为目标，通过多学科的办法解决经济和社会问题”（UN Secretary General，2006）。这种新情况表明，联合国在和平、发展、人道主义、环境等领域的作用将得到加强，把经济和贸易领域留给了国际货币基金组织、世界银行和世贸组织。在联合国看来，联合国开发计划署可能会在这一改革中成为引领者。从某种程度上说，相比于世界银行与国际劳工组织、世界卫生组织、联合国教科文组织而言，联合国开发计划署和世界银行具有更多的共同点。当然，这可能会出现一个令人担忧的结果，尽管发布了新的《社会政策指导说明》(Ortiz，2006)。77 国集团最初反应消极，并警告联合国，要对这种只关注特定的问题而不是改革联合国贸易与发展会议的做法负责。的确，联合国贸易和发展会议于 2006 年 9 月出版的一份报告（2006：1）称，联合国应该成立一个新机构来向南方提供双边援助，类似欧盟结构基金，这需要接受政府的资金配合。托马斯·富斯（Thomas Fues）一直强调，“全系统一致性思想备受怀疑，实际上它本身就是一个支持西方统治的策略。富有同情心的观察家认为，这是联合国在国际发展体系中发挥重要作用的最后机会”（2006：1）。在 2006 年 11 月的专家组报告中（UN，2006b），的确向联合国开发计划署与联合国经社部合作领导千年发展规划提出了建议。它还提出了一个新的高水平 L27，即在联合国经济和社会理事会之下设立关键国家领导工作小组。这份报告可能会遭到 77 国集团的拒绝（GSP Digest 7. 107. 2)。

7. 3. 2 组织间合作、政策对话和协同作用：全球化社会层面世界委员会

通过全球税收独立筹资以及给予联合国经济和社会理事会更多的权力，以加强联合国国际社会经济事务的作用，可能是降低世界银行全球影响力的一种有效方法，因此美国在经济和社会政策上开始思考对策。另一种方法是要求世界银行与联合国机构之间进行合作和政策对话，这也许是国际劳工组织支持的全球化社会层面世界委员会最重要的成果，该委员会于 2004 年提交了报告。因此，“国际组织应启动政策一致性的倡议，共同致力于制定更加平衡和互补的政策，以实现公平和包容的全球化”（ILO，2004c：para. 608 - 611)。其中的第一个问题是，应该解决全球增长、投资和创造就业的问题（para. 611)。它还建议“应在有兴趣的国际组织中建立全球化政策论坛。论坛将成为一个平台，就全球经济发展和政策的社会影响问题在不同观点之间定期开展对话。参与的机构可以产生定期的‘全

球化状态报告'"(para. 618－622)。这一全球化政策论坛将处理和监测全球经济发展和政策的社会影响，旨在使国际机构在社会问题上形成共识。

这些关于国际组织之间进行政策对话的建议，在联合国秘书长的倡议中也可以找到。该倡议即关于联合国经济和社会理事会的议题，在2005年9月的联合国首脑会议上赢得肯定，所举办的两年期全球发展问题政策论坛，体现在高级别小组的报告中。同时，国际劳工组织本身的追求与该报告建议相同，它试图通过与世界银行和其他行动主体，就其选定的优先领域，即面向“增长、投资和就业”进行对话，通过“各参与机构工作人员组成的多学科工作团队，与领先的经济学家和来自商业、劳工和学术界的其他专业人士合作”（ILO，2004b：31）。其拟讨论的题目进一步表明，工作组“为了实现更高和更稳定的增长以及更高水平的就业，将着眼于宏观经济、金融、贸易、投资、劳动力市场和其他相关的社会政策”(2004b：31)。这感觉就像一个注定要失败的项目。长期以来，国际劳工组织的旧式凯恩斯主义改革派与来自银行界的新式自由主义经济学家进行着激烈斗争，而全球教育、卫生和社会保护政策的真正创新正在他处进行。正如我们在第2章和第4章中所看到的那样，世界银行、国际劳工组织、世界卫生组织、联合国开发计划署的社会政策实际上正在趋于一致性和融合。银行专业人员的观点正在转变，他们已经认识到，不平等不利于经济增长（World Bank，2005a1），例如为穷人提供的服务质量很差(World Bank，2003c）不利于经济发展。政策对话，在重要的国际非政府组织的关注之下，正在会议、讲习班、期刊文章以及联合行动的全球社会政策认知共同体中积极开展着。那种仅通过正式组织管理和改革的方式并不能取得更好的成效。

世界银行、经合组织、联合国经济和社会理事会与其他机构之间，迈向更为正式的合作进展，也可能是围绕联合监测实现千年发展目标的进展而展开的。早在2001年年底，世界银行和货币基金组织联合开发委员会，就发布了一份公报，声称“联合国经济和社会理事会与布雷顿森林体系机构间的对话展现了巨大的潜力……布雷顿森林体系机构和联合国，与经合组织一起，定期检查千年发展目标的进展情况，将为改进合作提供一种有效的和切实可行的办法”（World Bank，2001）。事实上，2002 年 4 月，开发委员会同意世界银行“与伙伴机构的工作人员合作”，就实现千年发展目标的进展情况编制年度全球监测报告。第一份报告在 2004 年发布，第二份报告在 2005 年 9 月发布（World Bank，2005c）。这份由世界银行以光亮的格式发表的报告声称，其合作机构包括联合国开发计划署、联合国经社部、联合国经济和社会理事会。然而，这并没有影响联合国经社部的统计部门在 2005 年继续发布《千年发展目标的进展情况报告（1999—2005）》（UNDESA，2005d），也没有影响联合国经济和社会理事会在 2005 年 9 月发布《关于实现国际商定的发展目标的报告》（UN Economic and Security Council，2005）。因此，华盛顿和纽约的两位主角仍在质疑其发布的报告质量（世界银行取胜），以及统计报告（世界银行再次取胜）和策略信息的可见性。就世界银行的《监测报告》而言，它包含了五个方面的问题：

- 在国家主导的发展战略中实现千年发展目标的行动；
- 改善环境加强私营部门主导的经济增长；
- 扩大人类发展服务；
- 拆除贸易壁垒；
- 大幅增加援助的水平和效果（World Bank，2006c）。

在联合国报告的摘要中，这些信息并不清晰，尽管在其目标八中有少量的篇幅有所提及，如“创造体面和生产性就业机会”，以及“增加发展援助和更广泛、更深入的债务减免”等（UNDESA，2005d）。即使是世界银行、联合国和经合组织商定的千年发展目标的共同项目，有时也难以促成真正的共同努力，即使在报告进展的层面上也是如此。

7.3.3 援助结构的变化：南方的政策空间？

有一件事是肯定的：世界继续致力于实现千年发展目标，以及由此带来的官方发展援助的真正增加，对现有的向发展中国家提供援助体系的结构提出了挑战。这是因为：一方面，2005 年所宣布的官方发展援助增加幅度巨大，所以选择问题就出现了。大多数增加的官方发展援助来自双边捐助者，这可能意味着应回到更多的双边关系，而不是仅通过多边组织来增加流动和合作。另一方面，与双边制度有关的协调的局限性和失败，可能意味着将会更多地利用新兴的全球基金，如艾滋病、结核病和疟疾基金，或是教育的快速通道倡议。目前正在为非洲制订的第三个方案是将所有官方发展援助资金合并为一个单一的行动计划，该计划于 2006 年 4 月前制订，并且每年进行一次审查。非洲联盟（非盟）作为区域参与者，在这方面发挥的作用是有趣的，这也是我们稍后将讨论的主题，即把加强区域主义作为一项社会层面的全球社会治理改革战略。

援助协调问题不是新问题。经合组织开发援助委员会在 2005 年 3 月制定了提高援助实效的《巴黎宣言》。捐助国（OECD，2005e）同意：(a) 调整援助的受援国政府的优先事项；(b) 增加通过政府预算流入的 25%的援助额；(c) 减少各国重叠的任务数量；(d) 援助进程中越来越多地使用受援国政府采购机制；(e) 增加援助资金的可预测性；(f) 使援助更透明。然而，这些目标都没有实现，尤其是一些目标的实现状况存在严重不足。2005 年联合国开发计划署《人类发展报告》表明，国际合作正处于十字路口：

> 国际援助是当今反贫困斗争中最有力的武器之一，但是这个武器运用不足，目标不清晰。援助太少，所提供的东西与人类的发展联系并不紧密。修正国际援助制度是各国政府所面临的最紧迫的优先事项之一，直到 2015 年为止。（UNDP，2005：75）

这个信息是清楚的。正如前面几章所讨论的那样，需要更多的援助，而且“通过目前的援助结构，提供的援助将产生不理想的结果……这意味着应结束捆绑援助，缩小波动性、不可预测性和反思性的援助范围”（UNDP，2005：76）。报告进一步详细地阐述了这些问题：

- 援助的波动性：受援国政府所得到的援助不稳定，最高时可达到其他收入来源的 40 倍，而且承诺和支出之间的差距可达到国民总收入的 2%。
- 条件性：世界银行曾试图将制约性条件转向过程监控，但援助依旧带有制约。例如，贝宁在其减贫和增长机制之下，联合世界银行扶贫和支持信贷，将对 90 项行动进行监测。

• 捐助国的不协调性：埃塞俄比亚政府于 2003 年接受了来自 37 个国家的援助，并且这些国家都有数十个项目在实施。即使在有全部门协调的情况下，就像在赞比亚的教育领域一样，也只涵盖了其教育援助的二分之一。

• 捆绑援助：在捆绑援助的情况下，国家必须购买捐助国的产品，在某些情况下，商品和服务的价格会提高 40%。

• 项目没有预算支持：大量的援助仍在预算之外，削弱了公共财政管理。通过预算获得援助的比例现在约为 53%，根据联合国开发计划署的报告，它的目标应是 100%（UNDP，2005）。

如果联合国开发计划署《人类发展报告》的教训仍牢记在心，那么我们可以期待一种情况，即可以通过征收跨境金融税或航空税，将所有捐助主体的资金汇集，通过共同基金管理的全球代理，使受援国政府获得援助的附加条件减至最少。如果能够做到这一点，那么本书所关注的大部分焦点在未来几年中将变得多余，我们将不再关心美国或欧盟是否操控世界银行的政策性贷款条件，国际组织内部和国家间的全球对话也变得不那么重要了。同样，我们不会担心通过改变董事会成员和投票模式等来确保世界银行和国际货币基金组织更好地承担对受援国政府的责任。当然，这只是前文提到的有关该方面的联合国倡议之一。

因此，全球南半球国家收回制定社会政策和社会发展政策选择的权利是一场开始对全球援助进程产生推动和影响的运动。在全球贸易的背景下，这一点变得更加明显。一方面，在新加坡，然后在西雅图、多哈和坎昆，越来越多代表南半球的声音，在世贸组织等会议中开始挑战北半球的权威。例如：全球劳工标准不应作为贸易协议的一部分内容；与贸易有关的知识产权协议中，对南半球国家的不利影响变得明显，特别是药品价格制定方面；北半球的农业补贴也受到挑战，这一挑战在世贸组织主导的背景下并不奇怪。另一方面，北半球国家认为，世贸组织已经形成了它的形象，并将联合国贸易与发展会议的贸易和发展对话论坛边缘化，因在这个论坛中，更容易听到南半球的声音。联合国贸易与发展会议提供这样一个论坛，南半球的政府可以从出口导向的角度，在华盛顿共识的私有化路径之外，探讨另一条发展道路。根据查尔斯·戈尔（2000）对联合国贸易与发展会议中至少两个联合国区域经济委员会（拉美经济委员会、东亚和亚太经济委员会）的分析，以及对于联合国开发计划署、人权发展报告办公室和联合国儿童基金会的分析，认为已经产生了一个“南方共识”或“范式转换”。从广义上讲，这意味着一种发展方法：(a) 一国经济融入国际经济的战略，应通过适当的排序和部分部门的开放；(b) 不仅是宏观经济政策，而且是富有成效的发展政策，应聚焦于具有比较优势的领域；(c) 建立或保持一个务实的发展状态；(d)“主要是通过以生产为导向的方法，而不是通过再分配转移”来管理发展的分配后果（Gore，2000：98）。这些观点在联合国得到重视和回应，这从联合国经社部，随后是拉加经委会（ECLAC）对于奥坎波的任命中可以明显看出（他作为副秘书长，之后又到亚太区域经委会）。奥坎波（Ocampo，2006）评论道，在新自由主义出现危机迹象时，联合国现在完全有能力重申其作用。加强南半球国家能力、政策所有权和替代知识系统需要一个有利于知识多元化和重振国家部门的环境，例如在联合国内部。他说，这与布雷顿森林体系组织喜欢自上而下地强行推动的做事方式形成了鲜明的对比。

7.3.4 更多的全球公私伙伴关系、网络、联盟和特别小组

因为重大的全球机构改革，例如联合国和世界银行的社会政策和社会发展功能的合并似乎不太可能，而且全球主要社会政策的改革，例如通过全球税收以实现更实质性的国际分配等也是很难实现的，而且因为在全球社会问题上，现在有太多的行动和倡议，我们可能正在看着政策辩论以及活动场所和内容的转变，从更为正式地设在联合国和世界银行决策领域的活动转变为围绕网络、公私伙伴关系和项目的一系列实践，在某些方面，这些机构和辩论可能会被忽略，并为在特定的社会政策领域实现全球改革提供了新的可能性。恩加尔·伍兹（Ngaire Woods）在赫尔德和麦格鲁（2002）的《治理全球化》中写道，“管理全球化、全球治理的辩论主要是围绕国际机构的改革与创新……然而，全球治理日益由多种网络、同盟和非正式组织所从事，这些更加远离公众的视线和政府的直接控制”

（2002：42）。在这些网络的例子中，伙伴关系和项目是：

• 联合国秘书长的千年项目涉及十个工作队，主要是审议千年发展目标的执行情况；

• 疫苗和免疫全球联盟成立于 2000 年，比尔和梅林达·盖茨基金会是其主要捐助组织，鼓励其他公共机构和私人捐助，以实现在发展中国家增加可预防疾病疫苗接种的目标；

• 联合国秘书长的全球商业契约。

这一新兴的网络和伙伴关系形式的政策发展和实践，通过侧重于具体项目的转变，使国际组织利益相关者、全球企业部门、国际非政府组织和民间社会组织之间形成协作。这种全球决策制定和实践的核心与实质的转变，最近得到了来自不同机构和立场的评论员的支持。世界银行欧洲副总裁里沙德（Rischard，2002）在《正是中午：20 个全球性问题和 20 年来解决的这些问题》一书中提出，全球多边机构无法独自处理全球问题，这些条约和公约的效率低，无法解决问题，政府间会议也没有适当的后续机制，7 国集团/8 国集团形式的分组太具排他性。相反，我们需要的是一个全球问题网络（GINs），涉及政府、民间社会和企业，由一个领先的多边组织主持，形成对所要解决的问题和任务的共识，就建立规范并进行实践提出建议，然后向未能取得成功的政府提供报告，鼓励交流良好的实践经验，也通报不良的实践教训。夏洛特·斯特雷克（Charlotte Streck，2002）在《全球环境治理：选择和机会》一书中认为，全球公共政策网络（GPPNs）使各国政府、私营部门和民间社会组织联系到一起。她坚持认为，最近的趋势表明，国际治理的重点从政府间活动转移到多部门的举措，在很大程度上是从正式的法律途径转为采取不甚正式的多主体参与和综合方法。这样的全球公共政策网络（GPPNs）可以设置议程，设置标准，创造和传播知识，提高制度的有效性。斯特雷克的研究是建立在威特（Witte，2001）等的基础上的。威特认为国际组织可以在全球公共政策网络（GPPNs）中发挥特殊的作用，扮演召集人、平台、网络工作者和某些方面的金融家的特定角色。全球公共政策研究所（www.globalpublicpolicy.net）在雷尼克（Reinicke）的管理下，有一些知名人物，例如拉尔夫·达伦多夫（Ralf

Dahrendorf)、凯末尔·德维斯、马克·巴洛赫·布朗(Mark Balloch Brown)和玛丽·鲁宾逊(Mary Robinson)等，已经形成了以“探索并支持有效和负责任的治理的创新方法”的研究团队。

在这些关于决策方式的叙述中，显然有一种趋势，即基于网络和联盟的以任务和项目为中心的方式。一个关键的问题是，如何进行干预，使这些任务、项目和网络不倾向于机会主义、利己主义或实用主义。因为这类工作，在其知识和政策内容方面，很多都是进行委托转包的，所以这就使得引导这些行动主体的原则变得很重要，并再次提出了这些原则是如何形成的问题。这不仅包括那些集中在短期项目和任务上的网络和伙伴关系，而且还包括长期的全球政治联盟，这些联盟可能形成一套原则并指导工作队成员。如果修正新自由主义全球化的干预是以项目为基础的，那么项目中的行动主体就需要一个坚实的伦理纲要和可以评估其行动的一套政策原则。我们回到全球社会政策，它不是一项在联合国会议中通过辩论并赢得的政策，也不是一项在与世界银行专家的知识对话中赢得的政策(尽管这些活动需要继续下去)，相反，这是一项由那些发现自己参与此类项目的人在实践中实施的政策。我们在最后一章会讨论这个关于建立全球政治联盟的问题。

《全球化社会层面世界委员会报告》(ILO，2004c)提到了这种全球问题解决和政策制定的方法，认为“这些新机制有几个优点：具有迅速和非官僚行为的优势，具有调动不同行为主体和技术的能力等”。但同时也提出，“这种方法限制了参与行动主体的数量，以及有关各方的问责制和代表性问题，并面临运行的技术风险”(para. 581)。尽管如此，“由于全球化本身，全球网络很可能会成倍增长，我们需要寻找这些新的和有希望的治理形式”(para. 582)。

评论家(Martens，2003；Ollila，2003；Richter，2004b)对这些发展特别是公私伙伴关系的一个主要关注是，企业部门可能开始主导联合国的政策，而其临时进程和机制并不对联合国民主进程负责。他们认为，这种伙伴关系可能会扭曲联合国卫生组织的卫生政策，例如更关注药物和其他技术性干预措施，而不是更广泛的公共卫生方法。里克特(2004b：85)

呼吁，在联合国和世界卫生组织中，对这种伙伴关系的风险进行更公开的辩论，以保障措施的确立，防止未公开利益政策的形成。博厄斯和麦克尼尔（2003：146）表达了对与企业建立新伙伴关系的三个担忧：它们是否会导致多边机构在协调机构间的进展时支离破碎？当我们正在讨论政策的一致性和趋同性时，这样的伙伴关系是否会导致政策缺乏连贯性？联合国的“私有化”会导致政策的扭曲吗？马滕斯（Martens）认为，“在联合国系统之外，建立更多的卫星式基金不仅可能会削弱联合国，而且也阻碍了旨在落实千年发展目标的跨行业发展战略”（2003：25）。

7.3.5 世界银行和世贸组织的改革

世界银行和国际货币基金组织不仅对其政府控股，而且对其客户负责，这一问题一直是全球民间社会的一个长期关切的问题。该方面的关注（Christian Aid，2003a，2003b；Martens，2003）涉及三个领域：表决权的分配、执行董事会的组成、组织人员的甄选。表决权目前在很大程度上反映了“一美元一票”的原则，而不是“一个国家一票”的原则，所以国民总收入、贸易流动和货币储备更多的国家获得更多的话语权。改革的重点是减少因经济规模而造成的负担，并对“一国一票”原则给予更多的重视。另外，国民总收入可按购买力平价计算，这样将使巴西、中国和印度这样的国家受益。就执行董事会而言，工业化国家目前拥有绝对多数。特别是欧盟代表，欧盟国家目前在国际货币基金组织中的执行董事有 24 名，亚洲国家有 4 名，非洲、拉丁美洲和阿拉伯国家各有 2 名。因此，有人提议，欧盟最多应任命 3 名成员。改变世界银行董事会的成员资格是一回事，但改变银行政策却是另一回事。那些正在世界银行内部逐渐形成的关于社会政策和社会发展的更进步的想法，最终必须得到董事会的认可，这就要求派驻那里的财政部部长也赞成这些意见。在最后一章中我们将讨论，捐助国为了确保其在银行董事会会议上可以阐明进步的社会政策，在其国内也进行了大量工作。同样的道理也适用于世界银行在寻求补充资金时，其捐助者也有机会影响政策的制定。

世界银行等机构的工作人员甄选存在一些问题：一个是美欧瓜分了世

界银行行长和国际货币基金组织总裁的任命权。另一个是北半球国家高级官员的比例问题。这里的问题是，这两个机构被经济学和美国经济学所主导。目前，有90%拥有博士学位的国际货币基金组织工作人员，在美国或加拿大的大学接受过培训。也许第2章中审查的关于世界银行内部公平的政治和体制制约的新工作将促使它招募更多的政治和社会科学家。

与此形成对比的是，世贸组织至少在文件上是一个更为重视南半球国家的组织，所有加入世贸组织的国家和地区都有一票的表决权。当然，正是出于这个原因，美国和欧洲国家在世贸组织部长级会议上，才没有能够完全按照自己的方式行事。然而在实践中，评论家们（Khor，2001；Martens，2003；Bello，2004）指出，关闭“绿色房间”（秘密会议室）交易的做法遭到富裕国家的打击。他们将其意见作为决议提交给其他成员，其他成员由于害怕贸易制裁和来自美国的金融恐吓而签署决议。马丁·霍尔（2001）呼吁，所有世贸组织成员可以平等地参与所有的谈判，一切成员方的立场都应该平等考虑，不应给政府施加压力签署协议，所有成员都应该有时间考虑提案。但一个制约因素是，一些南半球国家的政府需要额外资源去聘请足够知情的贸易律师，以挑战目前数以百计的美国律师。为了帮助南半球国家的政府解决这一问题，北半球向南半球提供的技术支持应该而且可能会增加。全球民间社会的成员已发出呼吁，要求世贸组织更多地审议民间社会的报告和参与问题。世贸组织关于与非政府组织的关系，已制定了196项准则，“目前有一个广泛持有的观点，非政府组织不可能直接参与世贸组织的工作和会议”（Martens，2003：42）。然而世贸组织总干事巴尼巴滴（Panitchpakdi）在2003年设立了两个咨询机构，一个是面向企业的，另一个是面向非政府组织和工会的。不仅非政府组织对世贸组织的保密工作表示不满，而且世贸组织也觉得其成员无法在当前的服务贸易总协定谈判中适当地要求其政府承担某些责任（Martens，2003：41）。

7.3.6 对全球劳动力流动的更好管理

2005年联合国首脑会议（UN，2005）简要论述了保护流动工人人权的必要性（para. 61），以及为减少汇款费用而制定的政策（para. 63）。对这个问题的思考和讨论比较少，部分原因是联合国在等待全球移民问题全球委员会在2005年10月的最后报告。该报告（UN，2006a）认为，六项原则（下面所述）应支持国际流动人口管理的改革：

• 流动应具有选择权而不能被强制。人们应该能够在他们的出生国实现自己的潜力，但是如果他们选择迁移，他们应该这样做，因为其他地方需要他们的技能，而且是以一种规范的方式实现的。

• 移民对促进他们的原籍国和目的地国发展的贡献应该得到承认。

在这一背景下，有关报告及其委托的研究论文（Holzmann et al., 2005）分析了养老金和医疗保健的权利不可随迁的相关问题。研究指出，在国外工作的移民中，只有不到25%的人拥有双边或多边社会保障协定，并且这种协定通常不包括健康保障权。那些将支付社会保障计划的临时移民，在他们回国后不能从中获益，还有些移民不回国，自愿在非正规经济中工作。移民在目的地国家的利益保障以及利益的随迁权等，急需政府间制定相关协议。与此同时，有关方面需要在服务贸易总协定的背景下进行一些发展中国家所主张的更多讨论，以探索模式4中关于自然人流动的选项，从而以规定其国际社会福利权利的方式开放全球服务人员的劳动力市场。

• 在制止非法移民时，各国应相互合作，确保采取的措施不会危及包括庇护权在内的人权。

• 移民和目的地国家的公民应该（维护）相互适应和融合，实现文化多样性和促进社会凝聚力。

• 应该加强影响国际移民的法律和规范框架，以便保护男性和女性移民的人权和劳动标准。

• 国际流动人口的管理，应通过在国家层面提高一致性和能力得以加强；在区域层面上，加强国家间的协商与合作；在政府间以及全球层面上，政府与国际组织之间应采取更有效的对话与合作。这种努力必须以更好地理解国际流动人口与发展之间的密切联系以及其他关键的政策问题为基础，包括贸易、援助、国家安全、人的安全和人权。

在关于国际治理的最后原则中，报告建议，联合国秘书长应“立即建立一个高级别的机构间的小组，来定义其功能和方式，为机构间全球移民基金铺平道路。该机制应确保对国际移徙所带来的机遇和挑战做出更有效的体制反应”（UN，2006）。这一建议反映了委员会对移民领域的关注，正如我们前面所指出的，如在社会政策和卫生政策领域，全球层面的制度架构的特点是缺乏机构间的合作和协调，缺乏一个关于移民的权威制度。移民政策研究所提交给委员会的一份文件（Newland，2005）指出，在联合国系统内部，国际劳工组织、人权事务高级专员办公室、联合国经社部、联合国人口活动基金会（UNFPA）和联合国难民署（UNHCR），“其任务是在特定的历史、地理和专题背景下演变的”（UN，2006：73），而关于迁移的国际组织（IOM）却在联合国以外进行运作。最近，世界银行、联合国贸易与发展会议和世贸组织等，在这一政策领域内发挥着更大作用。但这些组织之间的不协调性，也反映出它们与有关的政府之间的不协调性。向劳工组织派出的代表，与向国际移民组织派出的代表不一样。报告认为，需要将所有这些问题置于一个权威之下，以确保效率、政策连贯性和专业知识的汇集（UN，2006：74）。报告还提及关于建立联合国移民问题权威的几种选择，纽兰（Newland，2005）、巴格瓦蒂（Bhagwati，2003）和谢尔顿（Helton，2003）等论述了对这样一个机构的要求。报告承认联合国难民署（UNHCR）需要继续处理强迫移民问题和难民问题。其结论是，国际移民组织最适合成为与国际劳工组织密切合作的联合国经济移民机构。

随后，联合国经社部人口区划司的国际移徙与发展建议汇编成《联合国发展议程与全球移徙问题全球委员会的比较》出版。联合国经社部人口司负责筹备国际移徙与发展问题高级别对话，大会于 2006 年 9 月进行。联合国自 1990 年以来召开的一系列政府间会议和首脑会议，做出了若干与国际移徙有关的承诺和建议。该报告从联合国各次会议和首脑会议的成果文件中，提取了与国际移徙有关的完整文本。因此，这一文件汇编允许评估哪些地方已经就可以改善国际移徙的益处并解决其弊端的措施达成共识。此外，该报告还对联合国和国际移徙问题全球委员会（GCIM）首脑会议所提出的建议进行了比较。这些建议也是2006年9月将进行的高级别对话的议题之一。同时，秘书长科菲·安南任命彼得·萨瑟兰（Peter Sutherland，一个国际商人）作为世贸组织的代表，担任秘书长的移徙问题特别代表。作为新角色，萨瑟兰将帮助秘书长为国际移徙大会与发展高层对话做准备。新特使还将着手准备大会所要讨论的一系列移徙和发展问题概览，将涉及包括移徙对发展的影响以及高技能和受过教育的劳动力的流动等一系列问题。有关改革的后续发展可以通过联合国网站的改革专栏和普惠制文摘的6.3和7.1查阅。

7.3.7 走向具有社会政策维度的建设性区域主义：一个全球联邦主义的选择？

值得注意的是，在这个问题上，南半球国家的一些人（Bello，2004）把焦点放在主要的北欧学者和欧洲民间社会活动家的观点方面，认为他们研究改革现有的全球社会治理制度是错误的。重点不在于改革和加强那些为北半球国家利益运作的机构（联合国部分的除外），而是通过为全球南半球国家的利益创造新的对抗性力量来源来破坏和包抄它们。在这一点上，建设和加强具有南方保护主义目的的国家的区域组织成了关键。与寻求发展相比，全球再分配、管制和权利的社会政策等都是为北半球国家利益服务的，重点更应该放在建立再分配、调控和权利的若干区域社会政策。同样，与寻求战胜世界银行的欧洲社会政策的观点相比，世界银行和联合国可以为各国提供最佳的社会政策建议，重点更应该放在扩大政策制定的空间，这样南半球国家的政府与民间社会都能够选择建构自己的政策。改革全球社会治理或许意味着建立一个区域的世界联邦，每个区域都有各自的能力。跨国研究所关于替代区域主义的项目是这样描述的：

> 新自由主义危机的加深迫切需要对替代方案进行研究。区域主义的跨国专业机构替代方案旨在从非洲、亚洲和拉丁美洲社会运动的角度研究持续发展的问题，寻求有效地影响南半球区域治理的形式和实质，作为创造一个更加多元、灵活和更公平的全球治理体系的关键点。(2004：2)

一些新兴的大宗贸易和南半球国家区域协会，在实践中开始面临贸易与劳工、社会和卫生标准、吸引资本的竞争与维持税收水平之间的关系问题。在这样的背景下，发展中国家形成的区域集团在社会层面上的潜在优势已在世界几个地区显现，受到政策分析家的高度关注（Deacon，2001a；Room，2004；Yeates，2005b）。这种优势可以从外部和内部两个维度进行概括。

对于世界其他地区，区域主义的做法为全球市场提供了保护，但可能会侵蚀国家社会福利。当然，这为这些区域国家在联合国与其他论坛的全球经济和社会政策的全球活动中提供了争取话语权的可能。因此，福尔克认为，“从世界秩序的角度看，区域主义的作用是帮助在政治上建立一种新的平衡，在保护弱势群体的保护。在全球化中，面对一体化和技术动态链接的过程中保护人类的利益”（1995：245）。

在区域国家内部签署政府间协议，区域主义将有可能在以下方面得到发展：

• 区域社会再分配机制：这些机制可以采取多种形式，包括在区域内提供资金到特别萧条的地区，或处理特别重大的健康或粮食短缺问题，以统筹跨界合作的资金。另一种方法是由强势政府帮助弱势政府进行能力建设。如果这些机制到位，那么由官方发展援助或全球税收资助的南北转移可以通过区域结构传送到特定的地区。

• 区域社会和劳工条例：这些措施可以包括标准化的健康和安全条例，以打击区域内的恶性竞争，还包括食品生产和处理标准，以及平等对待妇女、少数群体和土著群体的协定等。

• 区域社会赋权机制：赋予公民在区域超国家社会权利方面挑战其政府的发言权。社会政策原则和社会供应水平可以被清楚地表达，并被用作各国渴望实现的基准目标。长远而言，在欧洲委员会（非欧盟）人权法院的例子中，公民可以被授权挑战未能实现这些权利的行为。

• 区域政府间合作：包括在区域卫生专业化合作、区域教育合作、区域粮食和就业合作，以及区域社会保障权利方面的社会政策合作等。对于专业医疗服务的共享是非常可能的，关于教育流动的跨界协定可以促进区域认同。如果有社会保障流动权的话，跨境劳动力流动问题可以更有效地得到管理，并能够保持更公平的社会保障权利。

• 基于事实上的区域法规和管制：包括卫生、教育、公用事业以及社会保障企业的私人区域社会政策。原则上，区域性组织可能更倾向于私营供应商，以便制定和有效监管有关穷人获得私人服务的权利的跨境规则。

当然，在全球，欧盟是这种区域一体化最先进的形式。在超国家的社会政策方面，可以说，在社会再分配、社会法规和社会权利三个领域都有一个社会政策的雏形。欧盟的结构基金是一种机制，即联邦基金（按国家国民生产总值和人口规模大致分摊）分配给联盟内贫困或经济欠发达地区用以发展。欧盟在这些领域内制定了社会法规，包括健康与安全、平等机会、劳工法、社会保障计划的协调、烟草制品的标签和社会对话机制，这些法规适用于欧盟内部的所有国家，包括那些即将加入欧盟的国家（Threlfall，2002）。在区域社会权利方面，早期有工人基本社会权利共同体宪章，在 2000 年被批准为基本权利宪章。拟议中的扩大工会的未来宪章可能使这些权利得以强制执行，但目前尚未得到批准。

欧盟试图影响和指导其会员国的社会政策，从最初作为一种辅助政策来解释其属性和方法开始，在之后的几十年中逐步改革和变化。这意味着，政策制定应以最适当的最低水平进行才是恰当的。这在社会政策领域被解释为属于国家层面或更低的层面，尽管人们可以提出这样的论点：在国家间竞争的时代，在更高级别上决定某些社会政策（例如更高的税率）是最合适的，因为较低级别的决策必然会确保减税。逐渐地，欧盟委员会在社会领域应该有更多作用的观点得到了认可。欧盟社会政策对成员国社会政策的思考是有益的，欧盟社会政策大多由强硬的或合法的可实施的共同体法律总汇而成。但在成员国之间以及它们与欧盟委员会社会事务理事会之间进行结构性对话的背景下，也出现了相对温和的协议。采用这种温和的方式来协调社会政策的制度化，形成了开放式协调方法（OMC），或称开放协调法（de la Porte and Pocher，2002）。开放式协调方法是 2000 年 3 月在反对社会排斥的斗争中被推出的。在养老金方面，它于 2001 年 3 月被推出；在医疗保健领域，它于 2001 年 6 月被推出。作为一种广泛的公众参与和对话的机制，开放式协调方法虽然存在不足但被视为一种机制，鼓励国家公职人员，通过政策学习掌握该方法，并根据商定的基准推进政策实施（Chalmers and Lodge，2003；de la Porte and Naze，2004）。

有迹象表明，这种区域性社会政策方针也已经在南半球国家出现。南方共同市场制定了区域劳动和社会保障条例，相互承认学历。南部非洲发展共同体在区域基础上探讨了健康问题，其性别部门在将这些问题纳入该区域的主流方面也取得进步。东盟宣布其宗旨之一是促进社会关怀的发展，并设有大学奖学金和交流学习的项目。南亚区域合作协会（SAARC）已将社会问题列入其首脑会议议程，在 2002 年签署了促进儿童福利的区域公约和防止贩卖妇女、儿童卖淫的区域公约。在 2005 年 11 月举行的首脑会议上，该协会解决了十年扶贫的项目，建立了区域粮食银行和区域扶贫资金。安第斯共同体（CAN）在 2004 年同意实施一项社会发展的区域整体计划，包括在安第斯国家的社会政策技术合作，以及良好的实践交流，落实千年发展目标的区域监控及区域社会项目的交流。一些类似的发展也出现在非洲联盟层面、欧美地区和东非国家区域中。

关于对南方区域主义的社会意义的充分评估，尚有待时日和进一步研究，但可以得出初步的结论：

- 几个区域集团都涉及社会层面，其范围包括从最不发达的东盟到最发达的南方共同市场。
- 区域智库、区域组织和一定程度的区域秘书处，相对于国家政府来说更专注于社会政策方面。
- 区域层面新出现的社会问题，有可能进一步激发政府间的合作。这些问题包括跨境劳工迁移、跨境艾滋病感染、跨国毒品流动等。
- 某些区域内即将出现的自由贸易协议，将引起人们对不同的劳工标准和区域社会政策的其他方面越来越关切，或对贸易集团的侵蚀开始关注。
- 在所有地区，无论是关于加强现有地区社会层面的政治选择，还是支持现有区域进入新自由主义更广泛的贸易集团的政治选择，都需要即刻面对。

区域一体化的进展将受到两种全球对话的影响，一种是南北对话，另一种是南南对话。南北对话又有两种类型：一种是美国与南方国家的“对话”，由美国推动的将世界各地区都开放给涉及美国的更广泛的贸易集团（亚太经济合作组织、亚太经贸合作组织、美国自由贸易区以及美洲自由贸易区）和美国的双边贸易协议。这种方式给南方的区域社会保护主义带来灾难。另一种南北对话是欧盟与南方区域主义对话，该对话有些复杂。一方面，它包含了美国与南方国家对话的某些特点，鼓励南方区域开放与欧盟的贸易联系，发挥其优势（Keet and Bello，2004）；另一方面，它涉及区域间的政策对话，似乎是为了传播在发展社会层面在区域贸易安排中的重要性。例如，通过用欧盟和亚洲资金建立的亚欧会议信托基金（亚欧会议），试图扩大在这两个地区之间的对话。奇怪的是，世界银行成了这个基金的代理人，尽管它保持着世界银行之外的自主权。在这一方案范围内，世界银行召开了一系列涉及欧洲、亚洲学者和决策者的社会政策会议。其产生的研究报告集，由马歇尔和布茨巴赫（Marshall and Butzbach，2003）负责编辑。该报告论述道，在全球化的背景下，区域间相互理解和执行社会标准的重要性是有依据的。同样，欧盟驻南部非洲发展共同体和南方共同市场的代表团也有能力建设和培训内容，似乎主要不是保护欧盟的贸易利益（Farrell，2004）。

这使我们再次认识到南南政策空间和对话的重要性。现在有许多跨国研究所正在研究南方区域主义。这些研究机构包括在南非的替代信息和发展中心（AIDC）、位于泰国的聚焦南半球发展研究中心、巴西社会和经济分析研究所（IBASE）、网络对自由贸易的墨西哥行动（RMALC）等。在其区域主义的跨国公民社会运动中，南南对话是一个重要的组成部分（Transnational Institute，2004）。同时，联合国教科文组织在其国际教育、科学和文化的背景下，于 2006 年 2 月在乌拉圭召开了关于区域主义社会层面的高级别专题研讨会。在此次研讨会上，一些区域秘书处与来自跨国专业机构、联合国大学区域一体化研究中心（UNUCRIS）和全球化与社会政策方案的学者等，共同讨论和交流了区域社会政策问题。在布宜诺斯艾利斯宣言中，“基于政策关系所产生的区域组织，例如南方共同市场和非洲联盟，在社会层面应与社会科学家和民间社会合作，进一步推动和发展区域一体化，并与联合国区域社会政策部门共同促进区域对话”（UNESCO，2006）。他们希望这一呼吁能够得到联合国经社部的关注，事实上，联合国经社部正在与南部非洲发展共同体从事这样一个项目。

值得思考的是，在这一背景下，在挑战20国集团（北半球）财长会议的运动背后，建立20国首相会议，慢慢将权力从8国集团会议转向20国集团会议。加拿大前总理保罗·马丁（Paul Martin）认为，20国集团代表着世界经济的90%、人口的67%和贸易的80%，它是一个具有强大和稳定的区域力量的机构（2006）。但最近召开的20国集团总理会议没有大力宣传，没有发布公报，也没有秘书处，这在一定程度上可能会阻碍联合国和世界银行的进步，有待克服。美国仍然反对这一想法，但中国和20国集团的很多其他国家都持积极态度。第一次会议，美国无法阻止或回避，在未来一年左右将由中国主办。德国发展研究所和加拿大国际治理创新中心一致认为，即将形成的20国集团与联合国经济和社会理事会的改革，将会是“包容性全球治理和联合国工作增效的互补性基石”（German Development Institute，2006）。鉴于以上对于区域主义的讨论，在我看来，这项改革可能会得到加强，如果区域大国例如巴西、印度和南非是成员国，不是因为目前它们的经济实力，而是因为它们有权代表其区域在国家协会中发言。2007年，德国拥有8国集团的领导权，同时南非领导20国集团（南部），它们可能会进行联合，共同讨论20国集团的建设性观点，以及它与建设性区域主义的联系。

7.3.8 中期结论：全球治理改革与合法性

关于全球治理改革的建议，从机构改革和重建的极端意义上讲，主要是对现行体制进行重大改革，以及对特定机构的管理和优先事项等进行细微的改革。一些改革建议指出，重要的不是改变机构，而是通过网络化的国际治理形式，包括在超国家层面的私人行为者，加强它们之间的对话和合作。其他人则指出，鉴于美国在这类问题上的立场，国际机构的权力不太可能有显著增长，并指出了改善双边援助及其更好协调的重要性。另外，还有些人站在南半球国家的立场上，追求一个涉及超国家治理的多元化战略，包括对区域机构给予新的重视。那么，如何对全球治理改革进行判断和预测？一般来说，可以根据若干标准包括合法性、透明度、问责制及其有效性和程序的健全性来判断。由于全球利益存在着巨大的差异，因而对全球治理的判断要比国家或区域治理更为复杂。判断是基于某些标准进行衡量的，而对全球社会治理改革方向的预测，将更多地取决于对政治形势的评估。下一章，我们将尝试对政治力量、利益、理念、行动主体、社会运动、参与改革斗争的游说团体等开展前瞻性评估。

拓展阅读：

全球治理方面：

Held D and McGrew A（2002）：*Governing Globalization*. Cambridge：Polity.

全球社会治理改革方面：

ILO（2004）：*A Fairer Globalization: Creating Opportunities for All*, Report of the World Commission or the Social & Inclusion of Globalisation. Geneva：ILO.

全球南半球视角方面：

Bello W（2004）：*Deglobalization: Deals for a New World Economy*. London：Zed Press.

区域主义方面：

Farrell M, Hettne B and Van Langenhove L（2005）：*Global Politics of Regionalism*. London：Pluto.

Global Social Policy: GSP Digest, Section on Global Governance.（www. gaspp. org）

8　社会政策的国家化和全球化的启示及展望

本章作为本书的结论部分，主要内容有：系统阐述全球社会政策的当代内容，包括既向各国提供全球咨询，同时也作为超国家的社会政策；分析全球范围内社会政策的变化及其对全球社会改革的影响；对全球社会改革的战略、策略进行讨论和展望。

8.1　全球社会政策的当代内容

8.1.1　全球社会政策Ⅰ："安全网""新普遍主义"与私有化

在20世纪八九十年代，在发展和转型的背景下，世界银行在改变和塑造国家社会政策方面起了很大的作用，但它的某些主张并不利于人们获得教育和健康。教育和健康的受益指数表明，公共开支的受益者常常是穷人以外的其他人，这实际上损害了拉丁美洲、南亚和非洲的早期福利。而依赖公立大学、医院和养老金的城市中产阶级也是利益受损者，他们被迫投入新的全球私人服务提供商的怀抱，从而放弃了他们作为国家建设者的历史作用。世界银行强调的政策往往是针对特定行业的，该组织中的许多人认为，私有化对养老金和高等教育很有好处。在卫生领域，有人质疑民营化的策略，但国际金融组织明确表示支持。在世界银行内部，人们对于为穷人提供安全网和为更富裕的人提供私人服务存在着思想观念的分歧；而那些更符合欧洲跨阶级联盟理念的人，倾向于为所有人提供更好的公共服务，现在看来还是倾向于为富人提供服务。事实上，因为世界银行对持不同意见的社会发展部门的影响，《2006年世界发展报告：公平与发展》

（Word Bank，2005a）关注的是体制公平和政治障碍，现在仍然是其核心内容，甚至在世界银行中也是如此。然而，对于那些持有更进步的改革其社会政策的理念，并长期从事该研究的世界银行内部的人士来说，由于他们没有在一个有权威和全球合法性的机构工作，因而其观点难以成为主流议题。更为严重的是，他们付出努力取得的成果和有关资金都直接进入了联合国机构，没有自主权，也成为他们难以突破的障碍。

20 世纪 90 年代，国际货币基金组织社会政策的主旨也是“安全网”，包括有针对性的补贴、现金补偿代替补贴、改善药品等基本要素的分配机制。虽然对国际货币基金组织结构调整机制的批评使其改进了减贫和经济增长措施，但批评家们继续指出，国际货币基金组织关于经济稳定的短期考虑和这些长期的减贫目标之间仍存在矛盾，国际货币基金组织的财政目标常常导致社会支出减少。然而，就国际货币基金组织本身对各国社会政策的规定而言，其结构调整开始出现了重大转变。现在，国际货币基金组织声称，根据它所收到的受其支持国家的社会支出资料，证明这些国家在教育和健康方面的实际支出增加了。我们已经看到，世贸组织作为国际组织集团中相对较新的一员，是如何以有争议的方式影响国家社会政策的，特别是在促进全球私人服务提供方面，以及在与贸易有关的知识产权的约束条款方面。我们已经表明，经合组织的社会政策建议，在国际货币基金组织和世贸组织所推动的市场开放及自由化，以及联合国社会机构所关注的保护公共服务之间占据了一席地位。它认为，全球化需要更多而不是更少的社会支出。

在 20 世纪 80 年代和 90 年代，尽管世界银行接管了全球领导角色，主张并确保国家养老金体系的角色回归，以支持私有化和个性化形式，但国际劳工组织进行了长期和艰苦的努力来揭示世界银行主导的养老金政策的缺陷，认为没有证据表明养老金私有化势在必行，面对欧洲型方案的改革和可持续发展，私有化战略只是增加私人资本储蓄份额的一个幌子。此外，国际劳工组织认为，这个战略在不受管制的资本范围内很有风险，它会给那些不得不参与现收现付制以及为自己的养老计划提供资金的工人带来沉重的负担。当然，国际劳工组织还有许多其他观点和倾向。其社会和经济安全方案已广泛阐述了21世纪的政策，这些政策可能有助于在全球劳动力灵活就业的背景下，保障普遍公民（和居民）的安全。该方案主张自下而上地体现一种新的普遍性，例如以孩子上学为条件的普遍现金收入津贴或普遍分类养老金。这些是当前国际劳工组织的主流思想，在社会保障部的领导下，欧盟、联合国开发计划署、国际卫生组织和其他组织，为了推进改革议程正在结成联盟做出相当大的努力。

我们已经分析了世界银行是如何影响世界卫生组织发挥作用的，正像影响国际劳工组织的情况一样，以至于世界卫生组织的最后一位总干事布伦特兰关心将世界卫生组织从国际影响力的边缘拯救出来，并将其建成一个能与世界银行竞争，或至少能与之并驾齐驱的机构，在全球卫生问题和国家卫生政策问题上发出权威的声音。要做到这一点，她认为，有必要把世界卫生组织的话语从规范全球人类的健康转向与经济学家的合作。医疗支出值得鼓励，不是因为人们的道德理想，而是因为他们的稳健投资。

世界银行与联合国社会机构的对立问题，同样存在于联合国教科文组织的作用发挥方面。在教科文组织集中联系的全民教育运动范围内，有关资金问题还是留给了管理快车道计划和全球教育资金的世界银行。同样，联合国开发计划署对执行千年发展目标所承担的责任，与世界银行在发展和环境中的作用相互不协调。首先，我们看到这些千年发展目标概括了进步和紧缩两个方面。进程正按照实现发展目标的日程安排进行，包括对于全球发展伙伴关系发展目标所体现的承诺。紧缩的重点是针对最贫穷的人，重点放在初级教育和生殖健康上。但实现千年发展目标的主要问题是各国将不得不计划增加公共开支。然而，要让世界银行和国际货币基金组织的联合工作人员评估批准由世界银行运行的减贫战略文件，各国实际上要记住，这两个机构基本上仍然坚持涉及宏观经济稳定和私有化的华盛顿共识。千年发展目标在未来几年如何体现，这是关键。最重要的是，能否重振“一个联合国”的权威，新的经社部/联合国开发计划署的社会政策指导，是否注意到了更广泛的南北资源转移问题，使各国能够挑战坚持华盛顿共识的世界银行。

因此，在第2章、第3章和第4章中调查的国际组织所支持和主张的关于理想的国家社会政策的观点，揭示了那些主张更具选择性、剩余性的作用和行动者之间接近“立场之战”的情况，揭示了国家以及私人行为者在卫生、社会保护和教育提供方面的更大作用；另一些人则持相反意见。这种意见的分歧主要涉及以下方面，即关于减少贫穷是否针对最贫穷者的具体资源问题，是否涉及重大社会和政治制度变革，是否涉及权力关系的转变，以及从富人到穷人的再分配问题。2006 年，形势转向针对目标和私有化的观点，联合国和持相同观点的捐助主体有了发挥作用的机会，如北欧和欧洲其他一些国家，开始逐渐消除过去几十年世界银行造成的损害。

在我撰写《全球社会政策：国际行动者和福利的未来》（Deacon，1997）之后，在某种层面上，情况正在发生变化。通过对国际组织在东欧社会政策制定方面的干预进行分析后，我得出结论认为，东欧社会主义国家的巨变所带来的机会被世界银行所全面掌控。它与社会发展非政府组织结成联盟，正在构建未来的社会安全网。我认为，这种方法是“对捍卫普遍主义和基于联合国和国际劳工组织的国家福利及社会安全等的强有力挑战”（1997：197）。到了 2006 年，我的结论与此有所不同，即在国际组织内部开展的国际社会政策的全球话语以及涉及安全网的国家社会政策，再次强调了其普遍性。从我的规范和分析的角度来看，这是一个好消息。然而，现在我们必须与世贸组织及其联盟进行更直接的竞争，因为在未经审查的世界银行国际金融公司的支持下，推动了公共服务的私有化。该方面的思想斗争好像已经取得胜利，但从全球经济的结构背景和全球商业的空间来看，这可能是一个得不偿失的胜利。换句话说，尽管有证据证明，已经出现了一种更具普遍性政策的实践，以及重新对联合国机构与世界银行进行公平审视，但在新的全球背景下，有四种倾向可能会破坏公共服务的方向以及社会政策和社会发展的公平。这些倾向是：

- 世界银行继续认为，在发展的背景下，政府应该提供最低限度和基本水平的社会服务和社会保障，尽管它承认可能存在公平问题。

- 联合国对于千年发展目标的关注，可能只注重基础教育和保健，尽管在新的社会政策指导说明中试图淡化这一点（Oritz，2006）。

• 非政府组织为了保护自身利益，不断与捐助者签订合同，以取代政府的社会服务。

• 世贸组织正在采取措施，以加快私人保健、社会护理、教育和保险服务的全球市场化。

如果上述倾向得以实现，我们知道，国家只提供最低限度和基本水平的保健与社会保护服务，发展中的经济体和转型经济体的中产阶级将被诱惑购买私人社会保障计划、私立中等教育和高等教育、私立医院的医疗等服务，这些服务越来越多地以跨境或外国投资为基础来提供。结果是可以预测的，除非中产阶级也能受到国家有关法规的关照，否则优质的社会保障是无法维持的。在这种情况下，发展中国家和转型期国家的中产阶级可能会放弃其作为福利国家（福利）建设者的历史角色，并承担进入不受管制和服务交付影响的全球福利市场的风险。莎娜·科恩（Shana Cohen）总结道，“现在，异质性的社会关系增加了，全球中产阶级的政治目标是从全球福利市场中获得以前由国家及各州提供的服务，这反映了对全球化的支持”（2004：141）。因此，“精英与非精英之间的社会和政治纽带在全球和当地分崩离析，只留下经济利益和剥削”（2004：141）。正如古尔德已经证明的，援助业务在引诱发展中国家具有专业技术的中产阶级方面起了重要作用，“通过美元经济诱惑，使对象把获得技能的优先权给予……援助卡特尔的要求……以牺牲国内制造业的发展，以及牺牲在国民经济中产生实际财富的加工工业为代价”（2005：148）。科恩继续论述道，“知识分子和企业家阶层必须在寄生发展和自我指向的国家发展项目（增加国内储蓄和生产性投资、提高土地和劳动力的生产率、建立公共经济的收入基础）之间进行选择”（2005：149）。联合国经社部指南对国家建设的重新强调表明，这些担忧在那个层面上得到了理解。

8.1.2 全球社会政策Ⅱ：全球和区域层面的社会再分配、社会法规、社会权利及其治理与实践

在超国家的全球社会政策方面，在21世纪的前几年，全世界都在努力制定全球再分配、全球社会法规和全球社会权利等全球社会政策，以及

在实践中设立实现这些政策所必需的机构时，行动迟缓，并不那么顺利。与最近增加的官方发展援助相比，更重要的是诞生了卫生、教育和社会保障的新全球基金。贫穷国家现在可以根据某些社会需要和标准获得有限的全球资源。当然，这些基金也有其批评者。以健康为例，因为它们倾向于通过药物和技术的“垂直”计划而不是基础广泛的“横向”公共卫生计划来确保健康得到改善。其问责制也受到怀疑。同时，我们也看到，从纯粹的南北支持国内社会发展转变为阐明全球公共产品的概念，这可能需要从全球航空旅行等全球进程的税收中提供。

联合国要求全球商业以承担社会责任的方式行事。当然，联合国的这种要求没有约束力，现在更多的是自愿执行的原则，而不是强制执行的法规。国际贸易协定中没有社会条款，但现在对于劳工组织的所有成员国来说，都有一个全球性的期望，即希望坚持核心劳工标准，不管他们是否选择签署它们。然而，对于卫生、教育和社会保障方面，全球法规和监管能力不足仍引起人们的担忧。尽管国际社会对全球社会权利的各个方面仍存在争议，但联合国的存在和其发布的有关文件，使得其他人能够在政府迄今不愿承认这些权利的国家中为实现这些权利而采取行动。

除了这些全球再分配的初始政策和实践，国际社会已经确认的规则和权利（尽管美国有强烈的意愿试图改变它）以及有关的千年发展目标，实际上是教育、医疗和减贫方面的全球最低社会标准。当然，正如我们之前建议的那样，这些还远远不够。正如我们在第 6 章中所看到的，确保这些目标能够实现的全球机构还不够强大。在我看来，重要的一点是，全球新自由主义全盛时期的语言和话语已经发生了重要变化，它不再是全球市场和经济社会的主导理念，这将有利于确保全球人类和社会需求的满足。正如在一个国家内，市场必须嵌入一套政治制度，以确保社会正义和满足人们的社会需要。

关于超国家的全球社会政策的发展，我们可以看到，在超国家的某些地区，其区域社会政策已具雏形。事实上，政府间的区域协定对区域社会再分配机制的发展、区域社会的形成，以及劳动法规、卫生、教育和社会保护方面的区域部门社会政策、赋予公民挑战政府发言权的区域社会赋权机制等方面，均具有重要的促进作用。区域超国家社会权利在区域卫生专业化、区域教育合作、区域粮食和生计合作，以及对社会保障权利的区域承认方面，有助于区域政府间的社会政策合作。最后，也很重要的是，在卫生、教育、公用事业和社会保护等区域社会政策领域，有关方面应该加强对有关的公司（事实上是私人）运作方面的区域法规的制定和监管。今后，区域社会政策的发展可能与全球社会政策的发展一样重要。国家区域集团可以作为全球资金流向较贫困地区的一个传递纽带。

8.2 全球背景下的社会政策分析：超越福利制度和比较框架

在第 1 章中，我们曾讨论过，在全球化的语境中，在国家和超国家层面对于社会政策的理解，可能会被国际层面的某些政策理论和观点所引导，其中有奥布赖恩等（O'Brien et al.，2000）提出的复杂的多边主义观点。他们认为，国际政策不仅在国际谈判中形成，而且在国际组织与国际民间社会直接接触后也可以形成。奥伦斯坦（2005）的全球政策倡导联盟方法，专注于国际组织和《全球知识网络和国际发展》（Stone and Maxwell，2005）中涉及的其他组织之间形成的联盟，以支持某种政策。斯塔布斯（Stubbs，2005）的规模政治方法表明，我们需要关注全球行动者在当地的行为方式。我们也注意到迈耶等（1987）基于已经存在的超越国境的全球社会活动所提出的世界社会理论方法。他们认为，跨境专业协会采取行动，在有会员国的地方化解政策思想和实践中的阻力。按照这一方法，教育政策和实践、卫生保健流程和做法在任何地方都是一样的，都要符合专业标准。所有这些理念和方法的价值及局限性在前文中均已被提及。到目前为止，尚未形成最佳、最科学、最能为人接受的全球政策构想，而在全球层面，有关替代政策理念的冲突与论争仍在继续。这里，我们认为，在一个全球化的时代，在国家和超国家的层面，任何对社会政策及其出台过程的理解都需要一个分析框架，以便于讨论和理解：

• 众多新行动主体及其性质、作用和影响，需纳入国家和超国家社会政策的制定中。正如我们所看到的，这一范围非常大，涵盖了正式国际组织和一系列非国家的全球私人行动主体。产生这种现象的一个原因是，这些行为者的灵活性和多面性：他们有时在同一机构中既是政策倡导者又是服务提供者；另一个原因是，国际社会、国际私人、国际民间社会行动者之间的网络和联盟通常是暂时性的，以解决特定的全球福利问题。在分析和理解方面，全球和国家的交集是问题的核心。

• 关于理想的国家和国际社会政策思想与全球话语，发生在这些国际组织和有关的认知社群内部及相互之间。分析和解释社会政策思想斗争的精确方法，应是在有关政策中介机构中进行的。这些国家的和全球的机构，在这里处于核心位置。在全球民主政治进程中，个人、智库和政策咨询企业，在全球决策过程中的交流比国家之间的交流更多。现在的情况是处于一个全球性的论争过程中，而不是处于一个全球达成一致的扩散过程中，个人在有关路径和方法方面往往会产生较大影响。

• 全球私人福利提供者的活动以及他们的客户及其活动，是福利国家发展的必要补充。也许在全球化的背景下，未来与社会政策制定相关的研究，应该是发展中国家和转型国家的中产阶级在国家发展中所起的作用。如果新的全球或跨国的中产阶级离开了他们父母所在国家的建设项目，那么国家层面的跨阶级的福利基金的未来就可能前景黯淡，所以社会福利必须重新建立在超国家的水平上。同时，超国家的监管重点应被转移到目前薄弱的教育、卫生和社会保障服务等方面。

• 全球化运动的意义在于，挑战了以领土为基础的结构框架以及福利义务承担、授权和治理等。跨越国界的福利形式可以被镶嵌在宗教、种族或文化的框架内，成为全球化社会政策的一个组成部分。伴随着全球人口的流动，国家与国家之间互惠的早期话语和实践，可以在区域和全球层面上满足对超国家的公民社会权利的诉求。

上述研究和论述凸显了社会决策过程的多领域、多层次、多行动者的性质，但这并不是说国家不重要，国家仍然很重要，有时还更重要。国家仍然是国际影响力的调停者，有助于国际政策对话。但大多数国家的社会政策常常在公共和私人国际行动者的框架内进行权衡，并受到贷款和捐助机构贷款条件的强烈影响。同时，真正的全球再分配、管制和权利的社会政策雏形（超意识的）影响着国家的社会政策。全球卫生和教育基金决定的优先事项就影响着国家有关政策的优先事项，这在前文已有交代。全球范围内确定的千年发展目标被纳入了国家规划，虽然有些条款和目标与他们的实际需要并不一致。许多国家的具体政策可能是由国际顾问和政策活动家负责起草的，实现减贫战略的国家进程也受到国际行动主体的监督。各国和世贸组织之间的协定使公私混合福利组合的平衡走向私人。但在国家层面，规范私人业务的能力很弱，即使在国际层面上，有关法规也不成熟或被美国所阻止。发达的福利国家受到了这一进程的影响，因为有关养老金改革或医疗改革的想法来自这些国家，它们更容易受到国际货币基金组织或世界银行的直接压力，通过“开放的协调方法”进入欧洲中心地带。我已经说过了，欧盟关于国家和区域层面的社会政策的想法，即使很弱，也产生了重要的国际影响，而经合组织是自由主义和社会福利议程之间竞争的场所之一。

有人认为，国家社会政策选择，特别是在后共产主义过渡或发展的条件下，受到全球经济和政治背景的强烈影响，发展中国家越来越矛盾地断言社会政策是各国政府的主权选择。正如我们在第 7 章中所讨论的，联合国不合时宜的治理结构在决策过程中助长了一些国家的这种想法。这些主张是一种可以被理解的反应，即认为长期以来北半球已经促成了南半球的政策选择。首先是帝国主义和殖民主义的政策推行，其次是通过货币基金组织进行结构调整，最后通过官方发展援助项目的驱动加以制约。这种情况阻碍了南北的交流和辩论，似乎更需要在一个理想的国际关系状态下制定国家和超国家的社会政策。

如果南方的“国家主权”立场走向极端，那么南方政府就摆脱了北方社会政策强加的枷锁。国际劳工组织和世界银行就社会保障问题进行了对话，是否达成政策共识变得不再重要。联合国千年发展目标似乎与世界银行的减贫战略文件进程有分歧，但这种分歧也变得不再重要。面对南半球国家摆脱北方强加的政策，北方捐助国的一个反应是，正如我们已经看到的，只关注对结果的制约性。更多的贷款和礼物将只取决于从发展中国家获取更多有关死亡率、教育水平和减贫的数据。我们北半球国家将不再成为全球行动者，而成为全球进步的监测者。

回到分析层面，有关国际行动者的政策研究结果，必须能够相当有力地挑战比较社会政策或比较福利国家分析的传统。虽然一些观点认为，相对来说，发达的福利国家并不太受全球经济改革和政治压力的影响，但这并不意味着，经合组织内富裕国家的学者基于他们狭隘的关注所形成的比较分析框架，就可以在全球化的世界中很轻松地被推广。福利制度的有关文献将世界划分为自由主义、保守主义、社会民主主义。在这些主义的边缘，也可能出现国家主导的发展福利国家。巴里恩托斯（Barrientos，2004）已经被迫将拉丁美洲国家的社会政策从非正式的保守主义发展到非正式的自由主义，这是由于几个国家采用了智利养老金的改革方案。朱莉亚·萨莱尔（Julia Szalail，2005）最近正试图用“保守—自由”一词来描述匈牙利。

与其试图挤压新兴的福利国家及其形成的社会政策，以及最近被冻结的盎格鲁-撒克逊和欧洲格局，不如积极地面对新兴福利国家，就如约翰·克拉克（2005）所说的“政策组合”。这些政策组合是多行动主体和多层次互动过程的产物。成熟福利国家那种路径依赖的改革对于世界大多数国家的社会政策改革方案的借鉴价值有限，因此新兴福利国家的改革是否遵循欧洲早期的改革路线，还需要进一步研究和讨论。在复杂政治背景下，这种超越国家空间的新福利国家建设的结果或将要产生的结果，是发生在多个层次内的，涉及多个国际行为主体，其结果是不同的。同时，规制再分配和权利的新兴跨国社会政策也需要用不同的术语来理解。比起路径依赖的发展逻辑，我们可能要继续借用阶级、性别与民族斗争等概念，对工作、家庭、国家愿景加以关联表达，以此来理解社会政策的形成和制定。但是，我们仍需思考如何使用一个分析框架来修改全球化的语境。世界是相互关联的，至少新自由主义已经改变了阶级力量的平衡，全球商业观念得到了增强。其中，妇女运动全球化思想得以发展和实现，并进入世界银行的视野，因此出现了更多对妇女友好的社会政策，而民族团结将会带来更复杂的社会政策反应。

设计一个分析框架，把社会政策看作在全球化的背景下，不同阶级、性别、种族、视角等之间斗争及动员的结果，并强调跨国行动者、跨国政策中介和进程的重要性。这种分析框架和方法可以帮助我们了解国家、区域和全球各级社会政策的性质，然而在这种复杂的情况下建立分析的经验事实并不容易。事实上，斯塔布斯（2005）曾说过，任何一个研究小组，无论是多学科的还是多语言的，都无法了解所有跨国行动者的行为，因为这些行动者会在特定的地方形成特定的政策组合。当然，为了理解这种复杂的现实，社会政策分析人士一直是立足于多学科地收集现实资料，并且拒绝接受政治、经济学和社会学等先入为主的见解。现在，他们更需要利用国际关系理论及其研究方法，以及人类学方法、强大的网络分析方法等来进行研究。

8.3 多地域、多主体、多层次的全球社会改革策略

如果我们的分析是正确的，那么有一点是可以肯定的，即未来的全球社会政策将在国家、区域和全球等各个层面来共同塑造，并共同塑造全球和区域社会治理的未来结构——这种治理结构是多地域、多行动主体、多层次的。换言之，这也是本书的立场和观点，我们所关心的是，使世界变得更公平，更好地、更多地满足世界人口的社会需要，而有关的政治斗争可能会在若干地域进行，并涉及若干不同的行动者：

- 国家层面的新自由主义和社团主义之间的斗争将继续发挥作用，或许在美国，这种斗争更为突出。
- 在国家认知群体内部和认知群体之间，关于最佳社会政策的讨论将会发挥积极作用。
- 倡导全球政策的组织和国际智囊团的工作将是重要的。
- 国际公司对社会责任实践的成功经验将被总结和推广。
- 在反全球化运动中，关于另类全球化的前景与实际政策前景间的辩

论将是重要的。

- 联合国、欧盟、8 国集团和 20 国集团会议的国际公务人员默默无闻地工作，并努力使会议宣言的主题能够保持在一个渐进发展的轨道上。
- 作为政策翻译和中介中的个人，为支持或反对国际组织的工作，将被历史记住。
- 该策略是否能够成功，最终将取决于建立一个涵盖这些行动者和机构的全球政治联盟。

8.3.1 在机构和层级之间制定政策：一个新的进步的政治联盟？

这并不是说，任何井然有序的多层次治理制度都能够起作用，只有首先是在地方，其次是在国家，然后是在区域层面，最后是在全球层面，由低到高进行社会治理讨论、研究和实践，才能取得社会政策的进步。相反，正如克拉克所说，这不能简单地理解为在多个层次或水平上，各种自主权、政策和制度重叠在同一空间之中（司法管辖权是冲突和谈判的主题）。事实上，不同的政治和主权标志着机构的结构不同，最明显的是其所代表的基础不同。有些人争辩说，正是在这种重叠和争论的空间中，跨国政策的最有效策略才可能形成。因此，关于全球社会问题，现在有许多不同的行动和倡议，正如我们在第 7 章中所分析的，我们可能正在目睹政策发展轨迹的转变、全球政策辩论内容的转变，以及来自联合国决策领域的正式活动的转变（不管是在纽约的联合国经济和社会理事会，还是在日内瓦的国际劳工组织和世界卫生组织），或者聚焦联合国或布雷顿森林体系体制的改革，例如设立一个经济安全理事会，以及围绕网络、伙伴关系和项目的一系列实践等。在某种程度上，这些辩论和转变有利于在特定的社会政策领域内做出全球性改变的新的可能性。

我们在第 7 章中曾指出，关键的问题变成了如何干预这些任务、项目和对话，使其受到公正和公平原则的约束。还有一种情况是，这些侧重于短期项目和任务的网络和伙伴关系，同时还形成了长期的全球政治同盟，这也许会建立一套指导成员国工作的原则，虽然它尚未受到人们的关注，但这些全球政治联盟正在形成和逐渐活跃起来。它们活动和作用于各个领域，诸如参加全球化社会层面世界委员会的专家和千年工作小组成员的遴选以及参与赫尔辛基进程的工作（该工作开通了南北之间国际对话的三个渠道，并在2005年召开的会议上呼吁建立一种为更好地管理全球化的新政治），参与联合国政策一致性问题高级别小组成员的遴选等，这也是隐含在国际行动者之中的反新自由主义的全球政治联盟的证据。2004年2月16日，戈登·布朗召开会议，会上巴西新总统和许多国际非政府组织提出，有必要让其他国家签署国际金融倡议，将海外援助增加一倍，这是全球社会民主联盟出现的一个标志。垂死的全球霸权的新自由主义引起了广泛的争议，也许这是一个具有相当水平的立场和观点的斗争。如果各国遵循瑞典的倡议和立法，以确保所有政府政策都能采取负责任的做法，那么走向全球化将取得进展。如果各国按照考尔等（1999）的建议任命全球公共物品（例如教育、健康和水）问题大使，那么这些大使实际上将成为这场斗争的参与者。也许美国财政部不再拥有全部控制权，也许博厄斯和麦克尼尔（2004）著作的下个版本将得出结论，强大的国家（特别是美国）与其他强国（特别是欧洲国家、中国和巴西）抗衡，强大的组织（如国际货币基金组织）与其他强大的组织（如联合国开发计划署）竞争，强大的学科（特别是经济学）与其他学科（特别是社会和政治科学）相抗衡。所有这些都可能引发关于全球化条款应该如何制定的阵地战。在这种情况下，知识分子及其思想在国际组织内外的斗争与对抗中将起到非常重要的作用。观念竞争引起的这种转变同样也反映了社会力量平衡的自下而上的转变，这也将对国家政府和国际行动主体产生较大影响。

在这一社会政策领域中，全球进步政治联盟的形成得益于国际社会政策推动者在几个重叠网络空间内进行的工作。电子邮件在经济合作与发展组织、国际劳工组织、联合国经社部、联合国开发计划署、联合国社会发展研究机构之间来回收发；芬兰、瑞典和其他捐助国政府为国际劳工组织和欧盟关于“社会保护与包容：凝聚全球视野的努力”研讨会制定议程；瑞典和联合国社会发展研究机构将发展研究方案中的社会政策成果进行传播；芬兰外交部关于“在全球化的世界中采取适当的社会政策”的研讨会和下一届联合国委员会关于社会发展的后续活动等，都有国际社会政策推动者的参与。

8.3.2 美国、北欧国家、欧盟和英国的“全球化政策”

在机构和组织中，虽然个人及其代理人能够在其中主导和运作他们的改革范式，不同的行动主体取得成绩也很重要，但是机构和组织仍需从整体上进行协调。因此，在一本肯定跨国和全球重要性的书里，我们同时强调，需要回到国家内部。正如全球化的几位评论员所建议的那样，国家仍然重要（Weiss，2003），或如耶茨（Yeats，2001）、博厄斯（2001）和麦克尼尔（2004）所认为的那样，强国能够以其规划塑造全球化。那么，北半球关键国家政府的全球化政策就特别重要，其中也许没有比美国更重要的了。当美国的建议未能出现在2005年9月联合国首脑会议关于全球进步的最后文本中时，这看起来好像是一场美国与世界其他国家的阵地战。但在如下方面，如是否建立国际刑事法院的问题，关于气候变化的丰田议定书，创新的全球税务问题，世界卫生组织关于在食品加工企业中添加糖类的统一管理问题，捐助者为预防艾滋病传播提供免费针头和避孕套的问题，世界卫生组织将堕胎药列为基本药物清单的问题，南半球国家希望采用医疗紧急的例外来生产或进口廉价药品问题等，美国都站在争论的反方（见Sands，2005）。如果美国不反对，现在就会有一个加强的联合国和一些更有效的国际税收和援助制度，全球经济的规则也将更具有社会责任性。正如桑兹（Sachs）所说，“美国在多边行动中的缺席，破坏了全球安全以及迈向社会正义和环境保护的进展……需要在美国境内和国外开展政治行动，迫使其在走向全球和平与正义的道路上发挥作用”（2005：365）。但是，必须补充说明的是，美国的一些个人和公司仍在对一些全球慈善事业做出较大努力，遵循着福特基金会和洛克菲勒的道路。如比尔和梅琳达·盖茨基金会，就是艾滋病、结核病和疟疾及其他全球医疗计划全球基金的中流砥柱。

分析美国政策对改变这些问题的前景，超出了本书的范围。然而，在这方面，我们仍需高度关注在美国境内建立的智库和政策倡导网络，以及美国的全球政策。其中一个是总部设在华盛顿的全球发展中心，由南希·

伯索尔主管。以美国为基础的董事会学者有达尼·罗德里克（Dani Rodrick）、杰弗里·萨克斯、阿玛蒂亚·森（Amartya Sen）和约瑟夫·施蒂格利茨。美国对各国进行“富裕排名”的新方法就非常重要（Roodman, 2005），其关于国家发展指数的参照指标有：

- 外国援助的数量和质量；
- 对发展中国家出口的开放；
- 影响投资的政策；
- 移民政策；
- 支持创造和传播新技术；
- 安全政策；
- 环境政策。

2005年的国家“富裕排名”中，丹麦、荷兰和瑞典分别排名第一、第二和第三，美国排在第十二位。根据全球发展中心提供的国家分析数据，美国排名靠后的原因是：援助量小；阶段性援助份额大；纺织品和服装贸易壁垒高；限制在新兴市场投资养老基金；在人道主义危机中承担太少的难民责任；进入美国的发展中国家移民的数量很低；较高的温室气体排放以及这一政策领域的许多其他缺点；向非民主政府出口武器；在双边贸易协议中，强力维护和推动与贸易有关的知识产权政策；等等。

基于美国立场的其他国际组织，如：渐进全球化政策宣传中心，即开放社会政策中心，由乔治·索索斯（George Soros）建立，位于华盛顿；还有由米哈伊尔·戈尔巴乔夫创立的世界论坛（www. worldforum. org）。开放社会政策中心的倡议之一是全球合作参与项目，并撰写报告主张恢复美国的领导地位，以推动全球进步的合作（Open Society Institute, 2005）。有关全球社会政策的报告认为，美国应该在2006年向全球防治艾滋病、结核病和疟疾基金捐款11亿美元，且不包括任何与贸易有关的知识产权的贸易协定，因为该协定会对有关疾病防治的非专利药品进行限制；并且改善美国的千年发展目标与双边关系的协调，以及批准消除对妇女一切形式歧视的公约（2005：57，83，98）。

关于社会责任全球化的渐进政策的另一端是一些北欧国家，特别是瑞典和芬兰。它们不仅对其致力于全球发展的任何指标都给予高度评价，还致力于改革全球社会治理，并在国际舞台上提出先进的政策倡议和思考。这些北半球国家政府面临的一个关键问题是，其各部门之间的政策需要保持一致性，这是因为：一个国家的发展政策可能是值得称赞的，但它的贸易政策可能与此相悖；它对联合国行动的支持是可信的，但其在世界银行董事会中又可能会支持对社会政策和制约政策的质疑；当一个国家可以提供很多贷款时，它可能会坚持认为，贷款或捐赠要用于捐助国的企业（捆绑援助）。意识到这些问题后，瑞典政府在 1999 年 12 月宣布将建立一个议会委员会，对瑞典的全球发展政策进行调查。随后，政府决定制定一项综合的瑞典全球化政策。事实上，贸易部部长科夫・帕格罗茨基（Leif Pagrotsky）被指派领导一个工作组来确保这些政策的一致性。他在第一次报告中明确表示，“对于同一个国家的政治家来说，参加各种国际机构，但工作目标却相互冲突，这是不可接受的”（Pagrotsky，2001）。2003 年 12 月，瑞典政府制定了全球发展新政策，宣布国家承诺将国民总收入的 1%用于官方发展援助，并宣布全球减贫为其政策的总体目标。更为重要的是，它确立了所有政府部门全部政策的原则，即“公平与可持续发展”。这些做法在同行评审过程中得到了经济合作与发展组织的肯定（2005d）。为了保证和维持这项工作顺利开展，各国政府在世贸组织（贸易部部长）和世界银行理事会（财政部部长）的政府代表要能够积极发挥作用，并不断监测全球社会政策，而该方面的贸易和金融专家需要提供社会政策论据。

当瑞典在内部关注其政策如何能够促进社会公正的全球化时，芬兰则着重于如何在这些问题上促进全球对话。芬兰在全球事务中经常发挥着重要作用，它在东西方冷战时期就处于关键位置，使其能够促进东西方对话。现在，它认为自己也有助于南北对话。继与坦桑尼亚共同担任国际劳工组织世界委员会主席后，该委员会与坦桑尼亚政府合作推进了全球化与民主的赫尔辛基进程，其中包括赫尔辛基集团，涉及政府高层“代表”（如英国的克莱尔）、企业利益相关者，国际组织和学术团体，还有国际政策倡导团体的安・佩蒂弗（Ann Pettifor，2000）、道德全球化倡议的玛丽·鲁宾逊、布鲁金斯研究所的斯特罗布·塔尔博特（Strobe Talbot）等，重要的是南半球的许多捐助者，例如马丁·霍尔和第三世界网络。这个高级别小组定期召开会议，讨论有关全球治理改革问题。它还设置了三个议题：全球问题解决的新途径、全球经济议程和人类安全。第一个议题由尼汀·德赛（Nitin Desai）——联合国主管经济和社会事务的前副秘书长——负责，并由约翰·福斯特（John Foster）撰写了一份有价值的报告（2005）。该报告得出结论认为，作为赫尔辛基进程的议题，如果全球治理安排向前推进，就需要克服三个赤字。第一是“民主”赤字，作为一种权力集中于少数国家（8 国集团）手中；第二是部门与政府之间的“一致性”赤字，导致国际责任和义务冲突以及国际组织间的冲突；第三是“合规性”赤字，因为国际机构无法执行他们做出的决定。当然，分析这些缺点是一回事，改革进步是另一回事。因此，赫尔辛基进程在 2005 年 9 月召开最后一次会议的报告是《积极调动政治意愿》（Helsinki Process, 2005）。坦桑尼亚和芬兰的外交部部长均在其报告前言中简单地说道：“我们正在主导建设一个政府集合，在赫尔辛基进程中，愿意和感兴趣的人一起推动该问题的讨论……”会议报告本身反映了赫尔辛基集团的工作，涉及五个主题：贫穷与发展、人权、环境、和平与安全、治理。贫穷与发展主题强调了许多改革建议的紧迫性。我们在前文中曾回顾过，“发达国家必须履行自己的承诺”，“全球问题需要全球融资”，以及“发展和消除贫穷，必须成为世贸组织谈判中的核心问题”。现在，每一个主题都是正在进行的圆桌会议的工作主题，重要的是这些思想的实施，而不是仅停留在思想本身。关于赫尔辛基进程所产生的驱动力是否可以持续，还有待于观察。因此，它继续在全球政治联盟中就全球社会治理改革发挥重要作用。会议联席主席宣布了以下国家如阿尔及利亚、巴西、加拿大、埃及、匈牙利、马来西亚、墨西哥、南非、西班牙、泰国、英国、芬兰和坦桑尼亚等的政府视自己为赫尔辛基进程的盟友，以及致力于促进采用多方利益相关者参与的方法来解决全球问题。与此同时，有趣的是，在撰写本文时，芬兰外交部正在发出邀请，于 2006 年 11 月举行一次会议，讨论“全球化世界中的适当社会政策”。受邀者是主导进步的社会政策分析师，来自以下组织，包括联合国开发计划署、国际劳工组织、联合国儿童基金会、联合国社会发展研究所、经合组织，还有来自南半球的国家领导人和学者（见GSP 7.1 Digest）。

英国在“赫尔辛基之友”名单中的地位很有意思。英国的全球社会治理政策有着重要的影响力，它持续活跃在8国集团、欧盟、国际货币基金组织、世界银行和经合组织开发援助委员会等国际组织的论坛上，尽管它参与过伊拉克战争而造成了损害。它的全球社会政策倡议中，有些是进步的，但有时又是相互矛盾的，我们可以列举如下：

- 推进全球减贫作为国际发展的关键目标（UKDFID，2000b）；
- 在国际社会政策上推行以权利为基础的方法（Ferguson，1999）；
- 戈登·布朗提出了一套令人满意的全球社会政策原则，尽管这些原则被南方政府质疑而没有被接受（Brown，1999；Ferguson，1999）；
- 对全球贸易活动中商业和伦理行为守则的支持（Ferguson，1998b）；
- 建立一个支持全球基金的国际金融机构，尽管最初好像是以航空旅行替代税为代价；
- 拥护戈登·布朗的早期多边债务减免和双边债务免除公告；
- 拥护托尼·布莱尔（Tony Blair）对于欧盟要降低农业补贴、减少贸易壁垒的呼吁；
- 它最近在2005年做出的大幅增加官方发展援助的承诺以及英国发展部部长希拉里·本的决定，终止了要求将私有化作为此类官方发展援助条件的政策（Hilary，2005）；
- 启动了非洲委员会，其发表的报告虽有时强硬但并没有改变初衷；
- 利用在2005年担任8国集团主席和在同一年担任欧盟轮值主席国的机会，推动国际发展事业；
- 当美国决定不资助那些提供节育建议和避孕套的机构时，他们决定补偿和援助那些机构损失的资金。
- 托尼·布莱尔在进步的治理网络（最初于2000年由比尔·克林顿召集形成）中，于2003年得到了英国政策网的支持，产生了伦敦公报，呼吁全球进步的议程。

事实上，托尼·布莱尔和戈登·布朗领导下的英国政府一直致力于接受全球自由贸易的政策、全球金融流动的政策，通过补贴低工资来调整其国内的劳动力市场和社会政治，以及关注国际上对于符合全球社会正义的利益政策的争论。布莱尔（2001）在工党会议上的讲话显示了他对这个议题的一些看法："问题不是如何阻止全球化，而是我们如何将它与正义结合起来。如果全球化只为少数人的利益而工作，那么它就会失败而且罪有应得……权力、财富和机会必须被掌握在多数人手中，而不是少数人手中。如果我们把它作为全球经济的指路明灯，那么它将是一种积极的力量和一场国际运动，我们应该为此感到骄傲。"戈登·布朗更清楚地阐明了这一愿景，"挑战是巨大的，但本着马歇尔计划的精神，答案是不要退出全球化。相反，我们必须在全球范围内促进社会正义，造福于所有人，并以更多的全球合作而不是更少，更强大而不是更弱的国际机构来这样做……这一代人已经掌握了权力，如果选择最终释放世界的自由意志，那么这一愿景就可实现"（Brown，2001a）。在幕后，英国费边社基于过去推进国民福利事业的经验，一直致力于在与一些劳工部部长的对话中阐明全球社会责任的愿景（Jacobs et al.，2003；Fabian Globalisation Group，2005）。

就在本书将完成的时候，英国出版了新白皮书《消除世界贫困：让治理为穷人工作》（UNKFID，2006a）。它支持在国家和国际层面援助改革与治理改革的若干进步思想。它赞扬了一些非洲国家最近取消了学校和医疗费用，并声称，所有人都有权在需要的情况下接受教育、卫生服务和社会保障。它呼吁强势发展国家（以马来西亚为例）加强区域治理。在全球层面，它再次呼吁联合国在标准制定中应发挥更重要的作用。它希望让发展中国家参与到更透明的世界银行和国际货币基金组织之中。

北半球国家全球化政策的大部分都是通过欧盟传递的。是否有可能作为一个整体，来表达欧盟对一个开放的全球化压力的反应？欧盟在多大程度上利用其作为全球参与者的地位来推动对社会负责的全球化？我（1999）曾在他处提出，欧盟对新自由主义全球化的响应，从其内部和外部两个方面来看，是随时间而变化的，体现在欧盟体系中各个部分之间的关系。在这个范围内的反应是：适应了劳动力市场自由化的全球议程和相关社会政策；在一些贸易交易中，有社会保护主义倾向；在共同外交和安全政策中，表现出对全球人权的社会关切；虽在社会层面没有采取扩大的行动，但在话语层面表现出自信；在一些发展政策中，试图将贸易援助和标准联系起来；世界银行关于全球金融监管的讨论是无效的，可能是全球社会政策讨论中关于社会层面的一种新主张。

对于欧盟在全球舞台上扮演角色的困惑的一个解释是，在不同的情况下，谁有权代表欧盟在不同的全球论坛上发言，谁在全球舞台上代表欧盟，谁有制定对外政策的权力，委员会与议会和部长会议的关系如何，欧盟轮值主席国在这一切中有多重要？换言之，欧盟与瑞典等国家正在制定的不同部门的全球化政策之间的协同作用，在欧盟复杂的现实中很难保证。从欧盟对全球化的话语和政策贡献来看，可以得出结论：

- 欧盟制度结构中不同要素的贡献是不同的；
- 欧洲议会经常解决政策问题，似乎在体现社会责任全球化思想的方向上走得最远，但它并没有因为这些问题而负担什么；
- 该委员会根据职能进行划分的部门常常会有矛盾的表述，试图用人权协调和捍卫欧洲的特殊利益；
- 经济和社会委员会表达了对全球化的关注，但这些往往带有贸易保护主义的色彩；
- 政府间的协调和合作促成了欧盟，在诸如联合国社会发展委员会等一些论坛上，对全球化的社会层面做出一致的贡献；
- 欧盟的共同外交和安全政策是过时的外交政策概念，它未能将欧盟社会政策的外部性纳入其中。

这是令人遗憾的，因为正如我们在前文所指出的那样，对于世界其他地区而言，欧盟原则上代表了一种模式，尤其是在社会层面发展经济合作方面。当然，如果欧盟希望扩大其影响力，帮助构建一个具有社会维度的区域世界，为了应对全球新自由主义，那么它必须把社会发展政策放在贸易利益的前面，必须符合其道德权利，并在资源的转移中使这些权利在实践中得以实现。是否有朝着正确方向的变化迹象？当然，欧盟承诺大幅提高其成员国政府的发展援助金额，并遵照格伦伊格尔斯会议的建议。事实上，在2006年3月2日联合国千年计划执行审查首脑会议即将召开之际，欧盟委员会发布了关于如何提高欧盟援助实效，以实现千年发展目标的文件。在其理事会向议会提供的发展筹资和援助实效的文件（Commission of the Eu，2006a，2006b）中建议：

• 积极审查增加官方发展援助的承诺，并敦促会员国做更多的工作；

• 欢迎一些成员国支持的两种创新的资金来源：国际金融机构免疫和航空公司团结税；

• 主张国家和欧盟向各国提供的一揽子援助项目之间具有更有效的互补性；

• 葡萄牙通过向多年期预算转移，带头支持不受年度审查制约的国家报告；

• 进一步放开欧盟和成员国的官方发展援助；

• 敦促国际工作小组出版全球公共物品的最终报告；

• 进一步建议欧盟成员国和欧盟委员会，协调和提高欧盟的知名度，并作为国际金融机构的一个组成部分；

• 呼吁实施一项有效的贸易一揽子援助计划，并将贸易纳入减贫和发展战略的主流之中。

如果欧盟在全球范围内要发挥其应有的作用，那么所有这些要点，似乎都是朝着正确方向迈出的步骤。欧罗达（Eurodad，2006）对于这些文件的审视，呼吁欧盟成为创新资金来源的更强大的全球参与者，以加速其在债务减免过程中的作用。欧盟委员会（Commission of the Eu，2006c）最近也发布了一份关于体面工作的新通讯，重点放在欧盟国家和发展中国家，并与劳工组织合作，通过联合国系统推进体面工作的议程。

8.3.3 南南对话：中国、巴西和印度在全球社会治理方面希望得到什么？

需要引起我们关注的是，全球社会政策南北对话陷入僵局的背景和现实，破坏了某些由北半球推动的全球社会改革。以下是北半球政府或北半球社会活动家为全球经济注入社会目标的尝试，但都遭到了南半球政府或南半球社会运动的反对。

- 1996 年建议在贸易协定中加入社会条款；
- 1999 年提出一套全球社会政策原则；
- 支持将全球劳工标准和社会权利纳入世界银行贷款目前正在采取的行动实践中。

在聚焦南半球的全球政策中，发言人对此进行了激烈的辩论。2000 年，在新德里召开的关于全球化社会权利的社会政策研讨会上，发言人指责“南方是新左派”。在这一点上，许多基于北半球全球社会政策的改革者，以“欧洲”的全球社会民主来对抗“北大西洋”的全球新自由主义。以下摘录全球社会治理论坛的部分观点：

> 它的结论是：广泛的讨论表明，虽然南北半球的参会者都认为，在国家内部产生公平的社会政策的可能性是存在的，但关于全球化如何与这种国家内部的社会公正相一致的协议却少得多。北方的乐观主义者相信，结合社会保护和国际公正的全球化是可行的，但与许多南半球国家的捐助国的评估结果形成了鲜明的对比。关于这种改革的障碍是多么令人畏惧，南北权力关系的变化可能需要更大的基础，以确保能够对南部产生积极影响。(Deacon，2001c：148)

这导致的结果是，“对于全球社会标准的南北辩论僵局，只能通过北半球国家加大对南北转移的投入力度来克服，同时需要南半球国家开始为自己制定一套符合发展中国家国情的最佳社会政策原则”（Deacon，2001b：69）。

南半球各国政府在寻求全球社会治理南部立场上的出发点似乎是针对实施“不合理”的标准，而保护南半球国家在全球贸易中的相对优势不受侵蚀。它们仍然带有这种色彩反对许多北方倡议，并认为，北半球国家只是在鼓吹标准而不提供资源，以帮助实现这些目标。摆脱北半球国家倡导的全球化，争取在多个竞争机构和权力部门中工作，是沃尔登·贝洛（2004）所领导的全球南部运动的战略。坚决反对美国和欧盟在历届世贸组织会议上主张的自利政策，是这一战略的一个实际结果。巴西、印度、南非、中国联盟以及其他南半球国家（新的 20 国集团），已经开始改变全球力量的平衡。事实上，为了避免2005年在中国香港召开的世贸组织会议上的对话失败，8国集团与这些国家和墨西哥需要首先进行总理级会晤，也表明了这一点。从南半球国家的角度来看，对有关贸易的知识产权协议、《服务贸易总协定》、北半球社会保护主义等进行反思和批评，是这种新的权力平衡的具体结果。

虽然如此，但对于南南对话和南半球的社会标准，或者基于南半球利益而改革全球社会治理的任何持续的南南对话，很难形成明确一致的观点。现在，已有许多以南半球为导向的智库和研究网络这样新兴的对话平台，如南方中心、跨国研究所、联合国社会发展研究机构等，以及联合国开发计划署资助的巴西国际贫困研究中心等。联合国社会发展研究机构的项目一直强调在南方社会服务方面能够提供一个普遍的做法（Mkandawire，2004），但是几乎没有涉及关于更有效的全球商业社会监管的问题（Utting，2000）。南部联盟政策倡导网络和联盟（例如第三世界网络）正聚焦全球南部，变得越来越有影响力，特别是围绕世贸组织的问题，但正如我们在第5章中所看到的，世界社会论坛并不认为自己能够提出更好的管理全球化的特定政策。

2000年，南南社会政策对话在“管理全球化的风险：关于社会政策作用的南南交流”的方案下启动了。这是由联合国开发计划署发起的发展中国家间的技术合作项目（UNDPTCDC），也是受77国集团的2000年《哈瓦那宣言》（www. G77. org）的影响，进一步强调了在社会发展的过程中南南合作的必要性。第一次研讨会于2001年在贝鲁特召开，集结了40多名社会政策的研究者和制定者，主要来自巴西、智利、中国、哥斯达黎加、埃及、印度、约旦、韩国、黎巴嫩、摩洛哥、秘鲁和菲律宾。当时还建立了一个短暂的南方社会政策小组网络，但遗憾的是，在这次南方合作研讨会之后，因缺乏基础条件和设施，这项倡议就被搁置了。曾经大力支持该倡议的人仍在联合国中继续努力推动。对南半球国家做过某些贡献的联合国其他组织包括联合国贸易与发展会议。联合国贸易与发展会议的查尔斯·科尔（2004）注意到，南部国家发展的双重束缚，试图通过满足世界银行减贫战略文件的要求和实施联合国千年发展目标计划来解决。联合国贸易与发展会议目前正在联合国改革中，就建立一个新的联合国机构，来总体协调南半球官方发展援助工作而进行争论（UNCTAD，2006）。特别是国际劳工组织—社会经济安全方案，以及联合国经济和社会事务部、联合国社会发展委员会，为南半球提供了一个社会保护经验的交流平台。一种自下而上的新的普遍主义，包括新兴的利益分配和有条件的行为改变，从这类工作中浮现出来。联合国教科文组织借助其社会科学政策的国际论坛平台采取了主动行动，其在 2006 年 2 月召开了一个关于区域主义社会层面的高级别专题讨论会，就区域的社会政策层面进行更广泛的南南对话。当然，由联合国经济和社会事务部支持的非洲联盟，目前正在这个领域努力工作。

关于全球社会、经济政策和治理问题，南半球形成的集体观念是由 77 国集团与中国（实际上是由 132 个发展中国家提供的）提交的提案，即联合国千年发展目标 2005 年首脑会议宣言草案。该提案于 2005 年 6 月提交，总共代表了全世界 76%的人口，该提案宣称：

• 发展援助不应附带任何条件；

• 世贸组织多哈回合应充分体现发展中国家的利益，尤其是在与贸易有关的知识产权方面；

• 北方国家应重申其承诺的提供国家收入水平的 0.7%用于官方发展援助；

• 应考虑联合国技术小组关于创新融资的所有机制，这种融资应更多地用于官方发展援助；

• 发展中国家应该有政策空间去制定自己的发展战略；

• 需要在全球经济治理改革中，确保发展中国家的发言权和参与权，发挥联合国在国际经济决策中的“更果断的和更核心的作用”。

对于巴西、印度、中国和南非的全球化社会层面的政策，用 77 国集团的集体视角分析并不容易。其联盟是脆弱的，主要是基于确保对主要农业生产者和其他制造业的市场开放，以及对旅行的开放。各方在通过《服务贸易总协定》或其他手段来抵制压力，进一步开放服务业，使其面向外国竞争方面，也达成了一些一致意见。然而印度在这方面的排名并不好。

印度实际上是在利用《服务贸易总协定》规定中关于自然人的流动，以更好地规范熟练劳动力的贸易（Yeates，2005；www. focusweb. org/india）。它还在全球市场中开发有优势的市场，例如整形手术市场。当然，印度等国家在很多方面一直倡导新自由主义全球化，反对全球运动力和社会标准的制定。巴西在卢拉（Lula）总统的领导下，批判新自由主义，并寻求加强拉美贸易集团，以加强对美国的防御。玻利维亚总统埃沃·莫拉莱斯（Evo Morales）现在还呼吁，建立拉丁美洲人民贸易协定。

8.3.4 走向一个融合了社会标准的区域多样性的联邦世界？

本书认为，在全球化背景下，有关国内卫生、教育和社会保护等方面的政策选择以及在区域和全球层面上的再分配、社会调节和社会权利的跨国社会政策，正受到各种国际行动者的影响。虽然欧洲较为发达的福利国家社会政策相对不受这些压力的影响，但除了劳动力市场和一些与之相关的社会保障措施之外，世界上的大多数国家都受到这些压力的影响。由世界银行、国际货币基金组织和世贸组织所主张的国家与跨国社会政策，一般都与联合国所倡导的制度相抗衡，尽管它们也有许多共同点。本书审查了关于全球社会治理体系改革的情况，包括加强联合国的作用，这可能有助于开展更好、更广泛的卫生、教育和社会保护公共服务，即使在较贫穷的国家也是如此。

本书是通过社会政策分析家的视角撰写的，但是我们在最后几章中却关注和讨论了更广泛的问题，因此本书可能会受到批评。首先，它着眼于在劳工组织或世界银行中工作的国际公职人员层面来阐述具体的社会政策细节；其次，着眼于寻求概括欧洲福利国家的成功经验，并向世界其他一些并不一定合适的地区推广。

关于第一点，芒克（2005）在评论早期的著作时断言，“像鲍勃·迪肯（Bob Deacon）这样的思想家反映了学术社会政策的制度偏见，这种偏见存在于特权国家，正如妮古拉·耶茨所说，它只能带来问题，即引起更制度化的反对派运动（Yeats，2001：130）”。他接着指出，“然而，在全球范围内，更广泛和更‘野蛮’的争论过程，可能与全球化的社会影响有关。因为全球化是主动的自下而上的全球化，这也正是全球社会政策研究所应重视的关键问题，正如某些开明改革者在国际论坛上所主张的一样”（Munck，2005：79）。同一文本的其他地方又指出，“全球社会政策领域无疑将是一个领域内的论争，仅从转型主义视角进行研究有一定的局限性。是的，首先，自上而下的视角，往往忽视自下而上的全球化论争的意义与影响”。此外，妮古拉·耶茨认为，这种侧重于超国家机构如国际货币基金组织和世界银行的方法，“反映了学术社会政策本身的制度倾向，从而使国家和机构享有特权”（Yeates，2001：130）。我对这种论点的辩护是双重的。本书虽然关注了自下而上的社会运动和具体的社会政策内容，但结论往往是发现缺乏具体的国家和跨国社会政策。有些聚焦全球南部的组织，在反对世贸组织和世界银行的行动中进行了非常有效的动员，但往往没有具体方案。世界社会论坛决定不再发表一个共同宣言，取而代之的是发出一千种声音。因此，机构社会政策的细节必须引起人们的关注。同时，本书的重点是阐明一个多行动者、多地域、多层次的全球社会改革的政治战略。北欧国家通过志同道合的国家联盟来寻求建立政治意愿改变；国际化的全球政策倡导经常在僵化的机构间运作；社会运动促成了社会活动中和政府间的南南对话等。我主张，所有这些应在全球社会改革中发挥作用。

这场关于“自上而下”的全球社会政策的辩论，呼应了戴维·赫尔德（David Held，2004）和他的同事们关于全球社会民主改革的战略，并进行了更广泛的讨论。赫尔德重申了他的全球社会民主议程，并将其概括为：

- 拯救多哈；
- 注销债务；
- 改革与贸易有关的知识产权法规；
- 建立公平的跨国移徙制度；
- 增强发展中国家的谈判能力；
- 在国际金融协会的运行中增加发展中国家的参与；
- 建立新的人力资本投资资金流动；
- 改革联合国。

梅格纳德·德赛（Meghnad Desai）所提出的“社会民主方案，主张在全球层面重建国家”（2005：69），在聚焦全球南部的变化中，基于人性的回归，将重塑整个世界。这种全球社会民主改革战略遭到了持不同政治观点者的批驳。但他坚持认为：

> 一个新的全球秩序将最终被重建，而不是采取一个中央集权的、自上而下的“全球新政”式的方法。之所以会创建它，是因为在全球化的过程中，人们转移到工作岗位所在地、资本转移到利润所在地的反应将损害国家主权。全球秩序将产生，因为跨国公司将要求一个统一的环境或标准，以便在全球范围内运作。事实上，如果个别司法管辖区（如在欧盟）不坚持维护自己的法律，那么自下而上的这种全球治理可能会更快。这将需要国家主权的削弱和独立于领土国家的人权的加强。（2005：69）

梅格纳德·德赛说，我想知道哪些国际公职人员，在哪个机构工作，由谁出资，由哪些权威法律强制执行并监督这些人的执法？这些制度细节很重要，是全球社会政策的组成部分，在这个例子中，应是全球社会权利的执行。这种不屑在国家和国际层面讨论的细节，往往是那些大论战的议题和论点，但谁又会拿出关于未来社会政策细节的路线图呢？

梅格纳德·德赛现在不会用马克思主义的术语来明确地表述，但他关于自发产生全球秩序的想法呼应了这种马克思主义者哈尔特（Hardt）和内格里（Negri）的情绪，将全球化看作最终“渐进”地到来的帝国，阶级斗争最终要在这个领域内开展：

> 阶级斗争推动了民族国家走向废除，从而超越了它所构成的障碍，提出帝国宪法是分析和冲突的场所。没有了这种障碍，斗争的形势就完全开放了。资本与劳动以直接对立的形式存在着。这是一切社会主义政治理论的基本条件。（2000：27）

他们所撰写的“群众组织作为一个政治主体，开始出现在世界舞台上”，但需要注意的是，“我们唯一期待的事情仍是建设，或是一个强大的组织暴动……我们没有任何可以为其提供的模板……只有群众通过实践才能提供依据，以确定何时和如何可能成为现实”（2000：411）。

所以我再次坚持，在等待他们共同采取行动时，我们还是应该在全球改革方向上，改革现有的新自由主义的全球资本主义。事实上，我们这样做，与哈尔特和内格里所希望的“强大的组织”相比，没有很大差异。根据哈尔特和内格里的说法，群众的三个政治要求中的前两个是“控制自己（跨境）运动的一般权利是群众对全球公民的终极需求”和“所有公民的社会工资和收入保障……一旦将公民权扩展到所有人，就可能形成新的全球社会秩序”（2000：400－403）。

本书的一个重要意义是提出了一个跨国社会政策的区域方法，并得到了现实案例的强有力支撑。这有别于其他人（Held，2004；Patomaki and Teivainen，2004）所倡导的一种全球社会民主。有趣的是，虽然阿里吉（Arrighi，1993）早期就已提出，全球化的下一个霸权将是全球社会民主，但罗伯特·考克斯（Robert Cox）认为，我们不应寻求一种新的进步的霸权，建议寻求一种“世界秩序的新形式；后霸权主义与普遍的文明共存被大多数人所认同，后威斯特伐利亚的政治权威应转型为一个多层次的体系，在其满足人类各种合理的需要中实现后全球化”（1993：286）。鉴于宗教身份的重新崛起，斯科特·托马斯（Scott Thomas）提出，在高度关注宗教和文化多元主义的基础上，形成世界主义国际秩序的伦理纲要，并且坚持要求，国际社会应吸收非西方元素，找到一个结合点，找到一种有效的方法（2000：815）。里格和莱布弗里德（Rieger and Leibfried）也认为，西方社会政策有着很深的宗教根基及其派生物，因此强调：

> 我们必须重新评估西方机构被迁移到具有不同文化基础的国家的状况，以及我们衡量福利国家发展进程的标准。（2003：326）

他们还坚持认为，“国际劳工组织应当承担对西方具体规范和社会政策设计理念的宣传”。在对我的一篇文章（Deacon，2005）评论时，里格说道，“这种思维与观念显然是带有强烈文化偏见的”（2005：13）。这篇文章回顾了世界银行现在也在多大程度上接受了一种国际通用的福利提供价值与方法。因为不同地区的社会政策都具有其地域性和特殊性。由于关于加强联合国系统的作用的任何一种建议，以及关于全球税收和再分配的任何讨论，都遭到世界超级大国的反对，因而一个可替代的路线就是建立能够更加系统治理的全球政府，并寻找能够加强地域性与社会标准的理念和方法（Deacon，2001b；Room，2004；Yeates，2004）。在这种情况下，无论如何，欧盟的做法都为“超越国家治理”提供了新的思考途径。目前的区域联盟或组织还有东盟、非盟或南部非洲发展联合会，非洲其他次区域组织、南亚区域联合组织、拉丁美洲人民贸易协定中的南方共同市场，并且这些区域联盟或组织之间也正在全球范围内加强联系。加拿大的 LED L20 区域国际治理机制也超越了国家层面。所有这些将在区域间的基础上进行国际再分配，将资金分配给那些经济社会标准低下且需要的地区，然后再使用类似机制决定将资金分配给该区域内所需要的活动和项目。正如我们在前文中所提到的，区域社会政策可以被设计成能够得到不同社会的认可、体现不同文化和宗教的劳动标准与社会权利。例如，当我们倡议推行一项全球社会政策时，南半球国家反对北半球国家驱动的全球社会民主的声音就大于他们反对北半球驱动的全球新自由主义的声音（Bello，2004）。

尽管我们仍然面临共同的政治任务，但这种对保护和尊重文化多元性和地域多样性的承认，仍非常重要。面对当今世界，考克斯还是进行了相当透彻的分析和评价：

> 他们现在的任务是弥合全球化中处境不利的各种群体之间的差异，以便使人们对全球化的性质和后果有一个共同的了解，制定一个共同的战略，把世界经济融入社会的公平制度。这意味着，反霸权的集团可能会与全球化霸权力量展开长期的“阵地战”……他们现在的任务是能够同时在本地、区域间和全球各地进行同等级别的工作。（1999：26）

需要强调的是，我认为，基于谦逊和相互尊重的社会政策，应该是北半球和南半球的社会政策知识分子听取当地文化中的多种意见后，在展开更多对话的基础上形成的。这可能有助于将文化和经验的多样性与一套关于社会正义和权利的共同价值观结合起来，并将它们转化为一个共同的国际政治计划，以确保形成一个社会公正的世界。我仍然坚持认为，这需要公平驱动的国家社会政策、强化的区域社会政策和全球社会再分配措施、有效的全球社会监管，以及全球社会权利的清晰表达和有效实现的某种结合。

拓展阅读：

全球社会改革思想方面：

Held D（2004）：*Global Govenant. The Social Democratic Alternative to the Washington Concensus*. Cambridge：Polity.

Patomaki H and Tevainen T（2004）：*A Possible World Democratic Transformation of Global Institutions*. London：Zed Press.

自下而上的全球斗争方面：

Munch R（2005）：*Globalization and Social Exclusion*. Bloomfield CT：Kumarian Press.

参 考 文 献[①]

AFRODAD (2005) 'Tanzania and the Millennium Development Goals'. Zimbabwe: African Forum and Network on Debt and Development. www.afrodad.org.

Ahde, M., Pentikainen, A. and Seppänen, J.-M. (2002) *Global Lottery*. Helsinki: Crisis Management Initiative.

Ahmad, S. and Schneider, J. (1993) *Alternative Social Security Systems in CIS Countries*. Washington, DC: IMF.

Alcock, P., Erskine, A. and May, M. (2003) *The Students' Companion to Social Policy*. Oxford: Blackwell.

Anderson, K. and Reiff, D. (2005) 'Global Civil Society: A Sceptical View' in Anheier, H., Glasius, M. and Kaldor, M. (eds.), *Global Civil Society 2004–2005*. London: Sage.

Anheier, H., Glasius, M. and Kaldor, M. (2005) *Global Civil Society 2004–2005*. London: Sage.

Armingeon, K. and Beyeler, M. (2004) *The OECD and European Welfare States*. Cheltenham: Edward Elgar.

Arrighi, G. (1993) 'The Three Hegemones of Historical Capitalism' in Gill, S. (ed.), *Gramsci, Historical Materialism and International Relations*. Cambridge: Cambridge University Press.

Asian Development Bank (1999) *Framework for Operations on Social Protection*. Manilla: Asian Development Bank.

Atkinson, A.B. (2005) *New Sources of Development Finance*. Oxford: Oxford University Press.

Aziz, S. (2005) 'International Taxation Alternatives and Global Governance', *Global Governance*, 11: 131–139.

Barr, N. (1994) *Labour Markets and Social Policy in Central and Eastern Europe*. Oxford: Oxford University Press.

Barrientos, A. (2004) 'Latin America: Towards a Liberal-Informal Welfare Regime' in Gough, I. and Woods, G. (eds.), *Insecurity and Welfare Regimes in Asia, Africa and Latin America*. Cambridge: Cambridge University Press.

Barrientos, A. (2006) 'Social Protection for the Poorest: Taking a Broader View', *Poverty in Focus*, 6–8.

Beattie, R. and McGillivray, W. (1995) 'A Risky Strategy: Reflections on the World Bank's Report Averting the Old Age Crisis', *International Social Security Review*, 48.

Bello, W. (1998) 'The Bretton Woods Institutions and the Demise of the UN Development System' in Paolini, A.J. and Jarvis, A.P. (eds.), *Between Sovereignty and Global Governance*. Basingstoke: Macmillan.

---

① 为方便读者查阅，本书按原版复制参考文献。

Bello, W. (2000) *Why Reform of the WTO Is the Wrong Agenda*. Bangkok: Focus on the Global South. www.focusweb.org.
Bello, W. (2004) *Deglobalization: Ideas for a New World Economy*. London: Zed Press.
Bergesen, H.O. and Lundel, L. (1999) *Dinosaurs or Dynamos? The United Nations and the World Bank at the Turn of the Century*. London: Earthscan.
Bhagwati, J. (2003) 'Borders Beyond Control', *Foreign Affairs*, Jan.–Feb.
Bhagwati, J. and Hamada, K. (1982) 'Tax Policy in the Presence of Emigration', *Journal of Public Economics*, 18: 291–317.
Bhorat, H. (2006) 'An Income Grant to all South Africans?', *Poverty in Focus*, 9–10.
Biekhart, K. (1999) *The Politics of Civil Society Building: European Private Agencies and Democratic Transition in Central America*. Utrecht: International Books.
Birdsall, N. and Roodman, D. (2003) 'Global Development Index'. www.cgdev.org.
Blair, T. (2001) Labour Party Conference Speech by the Leader of the Labour Party, Blackpool, October.
Boas, M. and McNeill, D. (2003) *Multilateral Institutions: A Critical Introduction*. London: Pluto.
Boas, M. and McNeill, D. (2004) *Global Institutions and Development*. Basingstoke: Palgrave.
Böhning, W. (2005) *Labour Rights in Crisis*. Basingstoke: Palgrave.
Borger, J. (2005) 'Roadmap for US Relations with the Rest of World', *Guardian*, 27 August.
Boutros-Ghali, B. (2006) *Reinventing UNCTAD*. Geneva: South Centre.
Braathan, E. (2000) 'New Social Corporatism: A Discursive-comparative Perspective on the World Development Report 2000/2001' in CROP (ed.), *A Critical Review of the World Bank Report: World Development Report 2000/2001: Attacking Poverty*. Bergen: Comparative Research Programme on Poverty (CROP).
Braithwaite, J. and Drahos, P. (2000) *Global Business Regulation*. Cambridge: Cambridge University Press.
Bretton Woods Project (2002) Bretton Woods Update 28. www.brettonwoodsproject.org.
Bretton Woods Project (2004) Bretton Woods Update 41. www.brettonwoodsproject.org.
Broad, R. (2006) 'Research, Knowledge and the Art of "Paradigm Maintenance"'. *Review of International Political Economy*, 13(3): 387–419.
Brown, G. (1999) 'Rediscovering Public Purpose in the Global Economy', *Social Development Review*, 3: 3–7.
Brown, G. (2001) *Tackling World Poverty: A Global New Deal, a Modern Marshall Plan for the Developing World*. London: Transport and General Workers Union.
Bruno, M. (1992) 'Stabilization and Reform in Eastern Europe'. Washington DC: IMF.
Bullard, F. (2005) 'Why UN Reform Is not a Priority'. www.focusweb.org.
Buse, K., Drager, N., Fustukian, S. and Lee, K. (2002) 'Globalization and Health Policy: Trends and Possibilities' in Lee, K., Buse, K. and Fustukian, S. (eds.), *Health Policy in a Globalising World*. Cambridge: Cambridge University Press.
Callinicos, A. (2003) *An Anti-Capitalist Manifesto*. Cambridge: Polity.
Callinicos, A. and Nineham, C. (2005) 'Critical Reflections on the Fifth World Social Forum'. www.forumsocialmundial.org.
Camilleri, J. and Falk, J. (1992) *The End of Sovereignty? The Politics of a Shrinking and Fragmenting World*. Aldershot: Elgar.
Campbell, D. (2004) 'Havens That Have Become a Tax on the World's Poor', *Guardian*, 21 April.
Cardenas, S. (2003) 'Emerging Global Actors: The United Nations and National Human Rights Institutions', *Global Governance*, 11: 23–42.
Casey, B., Oxley, H., Whitehouse, E., Antoln, P., Duval, R. and Leibfritz, W. (2003) 'Policy for Ageing: Recent Measures and Areas for Further Reforms', Economics Department Working Paper 309. Paris: OECD.

Castles, F. (2005) *The Future of the Welfare State: Crisis Myths and Crisis Realities*. Oxford: Oxford University Press.

Castles, S. and Davidson, A. (2000) *Citizenship and Migration*. Basingstoke: Macmillan.

Cerney, P. (1995) 'Globalization and the Changing Logic of Collective Action', *International Organisations*, 49: 595–625.

Chalmers, D. and Lodge, M. (2003) *The Open Method of Coordination and the European Welfare State*. London: ESRC Centre for Analysis of Risk and Regulation, LSE.

Chand, S. and Shome, P. (1995) *Poverty Alleviation in a Financial Programming Framework*. Washington, DC: IMF.

Chanda, R. (2001) *Trade in Health Services*. Working Paper WG 4:5 of the Commission on Macro-Economics and Health. Geneva: WHO.

Chau, A. (2004) *World on Fire: How Exporting Free-market Democracy Breeds Ethnic Hatred and Global Instability*. London: Heineman.

Chavez, D. (2006) 'Beyond the Market: The Future of Public Services', *Public Services Yearbook*. Amsterdam: Transnational Institute and Public Services International Research Unit.

Chen, L. and Desai, M. (1997) 'Paths to Social Development: Lessons from Case Studies' in Mehrotra, S. and Jolly, R. (eds), *Development with a Human Face*. Oxford: Clarendon.

Chen, L.C., Evans, T.G. and Cash, R.C. (1999) 'Health as a Global Public Good' in Kaul, K., Grunberg, I. and Stern, M. (eds), *Global Public Goods: International Cooperation in the 21st Century*. Oxford: Oxford University Press.

Cheru, F. and Bradford, C. (2005) *The Millennium Development Goals: Raising Resources to Tackle World Poverty*. London: Zed Books.

Christian Aid (2003a) *Struggling to be Heard: Democratizing the World Bank and IMF*. London: Christian Aid.

Christian Aid (2003b) *Taking Liberties: Poor People, Free Trade and Trade Justice*. London: Christian Aid.

Cichon, M. (2006) 'Social Protection at the ILO', Show and Tell Seminar on Social Protection, ILO. February 22nd.

Cichon, M., Pal, K., Leger, F. and Vergnaud, D. (2003) *A Global Social Trust Network: A New Tool to Combat Poverty Through Social Protection?* Geneva: ILO.

Clarke, J. (2004a) 'Changing Welfare, Changing States: The Shifting Conditions of the National in Comparative Studies', *International and Comparative Social Policy Seminar*, Bristol, 21–22 April.

Clarke, J. (2004b) *Changing Welfare, Changing States*. London: Sage.

Clarke, J. (2005) 'Welfare States as Nation States: Some Conceptual Reflections', *Social Policy and Society*, 4: 407–415.

Clunies-Ross, A. (2004) 'Resources for Development', *Global Social Policy*, 4: 197–214.

Cohen, S. (2004) *Searching for a Different Future: The Rise of a Global Middle Class*. Durham, NC: Duke University Press.

Commission of the European Community (2006a) *Communication: Financing for Development and Aid Effectiveness: The Challenge of Scaling Up, COM(2006) 85*. Brussels: European Commission.

Commission of the European Community (2006b) *Communication: Increasing the Impact of EU Aid, COM (2006) 88*. Brussels: European Commission.

Commission of the European Community (2006c) *Communication: Decent Work*. Brussels: European Commission.

Cooper, R. (1988) 'Towards a Real Global Warming Treaty (The Case for the Carbon Tax)', *Foreign Affairs*, 77(2): 66–79.

Cornia, G., Jolly, R. and Stewart, F. (1987) *Adjustment with a Human Face*. Oxford: Clarendon.

Cox, R. (1993) 'Structural Issues of Global Governance: Implications for Europe' in Gill, S. (ed.), *Gramsci, Historical Materialism and International Relations*. Cambridge: Cambridge University Press.

Cox, R. (1999) 'Civil Society at the Turn of the Millennium: Prospects for an Alternative World Order', *Review of International Studies*, 25(1): 3–28.

CROP (2000) *A Critical Review of the World Bank Report: World Development Report 2000/2001: Attacking Poverty*. Bergen: CROP.

Curtis, M. (2005) 'How the G8 Lied to the World on Aid', *Guardian*, 23 August.

Daly, M. and Rake, K. (2003) *Gender and the Welfare State*. Cambridge: Polity.

Dani, A. (2005) 'Policies for Social Development in a Globalizing World: New Frontiers for Social Policy', Discussion Paper for Technical Consultation on Social Policy at the meeting of the Social Development Advisors Network, Washington, DC, 14 February.

Davis, G. (2004) *A History of the Social Development Network in the World Bank 1973–2002*. Washington, DC: World Bank.

de la Porte, C. and Nanz, P. (2004) 'The OMC: A Deliberative-democratic Mode of Governance? The Case of Employment and Pensions', *Journal of European Public Policy*, 11: 267–288.

de la Porte, C. and Pochet, P. (2002) *Building Social Europe through the Open Method of Coordination*. Brussels: Presse Interuniversitaires Européennes.

Deacon, B. with Stubbs, P. and Hulse, M. (1997) *Global Social Policy: International Organisations and the Future of Welfare*. London: Sage.

Deacon, B. (1999) *Socially Responsible Globalization: A Challenge for the European Union*. Helsinki: Ministry for Social Affairs and Health.

Deacon, B. (2000a) 'Eastern European Welfare States: The Impact of The Politics of Globalization', *Journal of European Social Policy*, 10: 146–161.

Deacon, B. (2000b) 'The Future for Social Policy in a Global Context: Why the South Now Needs to Take the Lead', *Futura*, 2000: 65–70.

Deacon, B. (2000c) *Globalization and Social Policy*. Geneva: UNRISD.

Deacon, B. (2001a) *The Social Dimension of Regionalism: A Constructive Alternative to Neo-liberal Globalisation*. Helsinki: GASPP.

Deacon, B. (2001b) 'Northern Input for South–South Dialogue on Social Policy', *Cooperation South*, (2): 66–78.

Deacon, B. (2001c) 'A North–South Dialogue on the Prospects for a Socially Progressive Globalisation', *Global Social Policy*, 1(2): 147.

Deacon, B. (2003) 'Global Social Governance Reform' in Deacon, B., Ollila, E., Koivusalo, M. and Stubbs, P. (eds), *Global Social Governance: Themes and Prospects*. Helsinki: Ministry for Foreign Affairs of Finland.

Deacon, B. (2005) 'From "Safety Nets" Back to "Universal Social Provision": Is the Global Tide Turing?', *Global Social Policy*, 5(1): 19–28.

Deacon, B. (2006) 'Global Social Policy Reform' in Utting, P. (ed.), *Reclaiming Development Agendas*. Basingstoke: Palgrave.

Delanty, G. (2000) *Citizenship in a Global Age*. Buckingham: Open University Press.

Delmonica, E. and Mehrotra, S. (2006) *Eliminating World Poverty: Social and Macro-Economic Policy for the Millennium Goals*. London: Zed Press.

Dervis, K. (2005) *A Better Globalization: Legitimacy, Governance, and Reform*. Washington, DC: Centre for Global Development.

Desai, M. (2005) 'Social Democracy as World Panacea?' in Held, D. (ed.), *Debating Globalization*. Cambridge: Polity.

Desai, M., Holland, F. and Kaldor, M. (2006) 'The Movement of Labour and Global Civil Society' in Glasius, M., Kaldor, M. and Anheier, A.H. (eds.), *Global Civil Society 2005/6*. London: Sage.

Devetak, R. and Higgott, R. (1999) 'Justice Unbound? Globalization, States and The Transformation of the Social Bond', *International Affair*, 73: 483–498.

Dinello, N. (2004) 'Cairo Consensus: Reforms as a Path to Equitable Globalization', *Global Social Policy*, 4: 9–26.
Dinello, N. and Squire, L. (2005) *Globalisation and Equity: Perspectives from the Developing World*. Cheltenham: Edward Elgar.
Dodgson, D. (2000) 'Contesting Neo-liberal Globalisation at UN Global Conferences: The Women's Health Movement, United Nations and the International Conference on Population and Development', *Global Society*, 14: 443–463.
Dollar, D. and Kraay, A. (2001) *Trade, Growth and Poverty*. Washington, DC: World Bank Development Research Group.
Dolowitz, D. and Marsh, D. (1996) 'Who Learns What from Whom: A Review of the Policy Transfer Literature', *Political Studies*, 44: 343–357.
Drahos, P. and Braithwaite, J. (2002) *Information Feudalism: Who Owns the Knowledge Economy?* London: Earthscan.
Drahos, P. and Braithwaite, J. (2004) *Who Owns the Knowledge Economy? Political Organising Behind Trips*. Sturminster Newton: The Corner House.
Edelman, M. (2003) 'Transnational Peasant and Farmer Movements and Networks' in Kaldor, M., Anheier, A. and Glasius, M. (eds), *Global Civil Society*. Oxford: Oxford University Press.
Education International (2006) 'GATS: Education Is a Right Not a Commodity'. www.ei-ie.org.
Ehrenreich, B. and Hoschschild, A.R. (2002) *Global Women: Nannies, Maids, and Sex Workers in the New Economy*. New York: Metropolitan Books.
Einhorn, J. (2006) 'Reforming the World Bank', *Foreign Affairs*, Jan-Feb.
Ellerman, D. (2005a) 'Can the World Bank Be Fixed', *Post-Autistic Economics Review*, 33: 2–16.
Ellerman, D. (2005b) *Helping People Help Themselves: From the World Bank to an Alternative Philosophy of Development Assistance*. Ann Arbor, MI: University of Michigan Press.
Elliott, L. (2005) 'Africa's Time Has Come and May Have Gone', *Guardian*.
Elson, D. (2002) 'Gender Justice, Human Rights, and Neo-liberal Economic Policies' in Molyneux, M. and Razavi, S. (eds), *Gender Justice, Development and Human Rights*. Oxford: Oxford University Press.
Emmerij, L., Jolly, R. and Weiss, T. (2001) *Ahead of the Curve: UN Ideas and Global Challenges*. Indianapolis, IN: Indiana University Press.
Emmerij, L., Jolly, R. and Weiss, T. (2006) 'Generating Knowledge in the United Nations' in Utting, P. (ed.), *Reclaiming Development Agendas*. Basingstoke: Palgrave.
Ervik, R. (2005) 'The Battle for Future Pensions: Global Accounting Tools, International Organisations and Pension Reform', *Global Social Policy* 5: 29–54.
Esping-Andersen, G. (1990) *The Three Worlds of Welfare*. Cambridge: Polity.
Esty, D.C. (1994) *Greening the Gatt: Trade, Environment and the Future*. Washington, DC: Institute for International Economics.
Eurodad (2006) 'EU Aid Effectiveness Package'. www.eurodad.org.
Fabian Globalisation Group (2005) *Just World: A Fabian Manifesto*. London: Zed Books.
Falk, R. (1995) *On Humane Governance: Towards a New Global Polity*. Cambridge: Polity.
Falk, R. (2002) 'The United Nations System: Prospects for Renewal' in Nayyar, D. (ed.), *Governing Globalization*. Oxford: Oxford University Press.
Farnsworth, K. (2004) *Corporate Power and Social Policy in a Global Economy*. Bristol: Policy Press.
Farnsworth, K. (2005) 'International Class Conflict and Social Policy', *Social Policy and Society*, 4: 217–226.

Farrell, M. (2004) *The EU and Inter-regional Cooperation: In Search of Global Presence*. Bruges: United Nations University, Centre for Regional Integration Studies.
Farrell, M., Hettne, B. and van Langenhove, L. (2005) *Global Politics of Regionalism*. London: Pluto.
Felice, W. (1999) 'The Viability of the United Nations Approach to Economic and Social Human Rights in a Globalized Economy', *International Affairs*, 75: 563–598.
Ferguson, C. (1998a) *A Review of UK Company Codes of Conduct*. London: UKDFID.
Ferguson, C. (1998b) *Codes of Conduct for Business*. London: UKDFID.
Ferguson, C. (1999) *Global Social Policy Principles: Human Rights and Social Justice*. London: Department for International Development.
Focus on the Global South (2005) 'The Derailers' Guide to the WTO', Focusweb. www.focusweb.org.
Foster, J.W. (2005) 'Governing Globalization–Globalizing Governance: New Approaches to Problem Solving', Report of the Helsinki Process on Globalization, Helsinki. www.helsinkiprocess.fi.
Foster, J.W. (2006) *Report of Paris Ministerial Conference on Innovative Financing Mechanisms*. Geneva: North–South Institute.
Fues, T. (2006) 'The Prerequisite in Development: System-wide Coherence', World Economy and Development Brief 8. www.world-economy-and-development.org.
Fumo, C., de Haan, A., Holland, J. and Kanji, N. (2000) *Social Funds: Effective Instruments to Support Local Action for Poverty Reduction*, Social Development Department Working Papers No.5. London: UKDFID.
GASPP (2005) 'Copenhagen Social Summit Ten Years On', *GASPP Policy Brief 6*. Helsinki: STAKES.
George, V. and Wilding, P. (2002) *Globalization and Human Welfare*. Basingstoke: Palgrave.
German Development Institute (2006) 'L20 and ECOSOC Reform', Briefing Paper 6/(2005). Bonn: German Development Institute.
German, T. and Randel, J. (2002) 'Reality of Aid 2002 Report', IBON Foundation. www.realityofaid.org.
Ghigliani, D. (2003) *International Trade Unionism in a Globalising World: A Case Study*. The Hague: Institute of Social Studies.
Gilbert, C. and Vine, D. (2000) *World Bank: Structure and Policies*. Cambridge: Cambridge University Press.
Gillion, C., Turner, J. and Bailey, J. (2000) *Social Security, Pensions: Development and Reform*. Geneva: ILO.
Ginsburg, N. (1992) *Divisions of Welfare*. London: Sage.
Ginsburg, N. (2004) 'Structured Diversity: A Framework for Critically Comparing Welfare States?' in Kennet, P. (ed.), *A Handbook of Comparative Social Policy*. Cheltenham: Edward Elgar.
Girvan, N. (2006) 'The Search for Policy Autonomy in the Global South' in Utting, P. (ed.), *Reclaiming Development Agendas*. Basingstoke: Palgrave.
Glasius, M., Kaldor, M. and Anheier, H. (2006) *Global Civil Society 2005/6*. London: Sage.
Glatzer, M. and Rueschemeyer, D. (2005) *Globalization and the Future of the Welfare State*. Pittsburgh, PA: University of Pittsburgh Press.
Global Fund (2003) 'Guidlines for Proposals'. www.theglobalfund.org/en/apply/proposals.
Global Fund (2005) www.theglobalfund.org (accessed 1 July 2005).
Global Health Watch (2005) *Global Health Watch 2005–2006*. London: Zed Books.
Global Policy Forum (2004) 'Global Compact Counter Summit'. www.globalpolicy.org.
Goodin, R., Heady, B., Muffels, R. and Dirven, H. (1999) *The Real Worlds of Welfare*. Cambridge: Cambridge University Press.

Goodman, R., White, G. and Kwon, H. (1998) *The East Asian Welfare Model*. London: Routledge.

Gore, C. (2000) 'The Rise and Fall of the Washington Consensus as a Paradigm for Developing Countries'. *World Development*, 28: 789–804.

Gore, C. (2004) 'MDGs and PRSPs: Are Poor Countries Enmeshed in a Global-local Double Bind?', *Global Social Policy*, 4: 277–283.

Gottret, P. and Schieber, G. (2006) *Health Financing Revisited*. Washington, DC: World Bank.

Gough, I. (1979) *The Political Economy of the Welfare State*. Basingstoke: Macmillan.

Gough, I. and Woods, G. (2004) *Insecurity and Welfare Regimes in Asia, Africa and Latin America*. Cambridge: Cambridge University Press.

Gould, J. (2005) *The New Conditionality: The Politics of Poverty Reduction Strategies*. London: Zed Books.

Graham C. (1994) *Safety Nets, Politics and the Poor*. Washington, DC: Brookings Institute.

Grinspun, A. (2001) *Choices for the Poor*. New York: UNDP.

GSP Digest (2006a) 'GSP Digest', *Global Social Policy*, 6: 2.

GSP Digest (2006b) 'GSP Digest', *Global Social Policy*, 6: 1.

Haas, P. (1992) 'Introduction: Epistemic Communities and International Policy Coordination', *International Organisations*, 46: 1–35.

Hakkinen, U. (2000) 'Assessment of the Goal Attainment and Efficiency of Health Systems in the World Health Report 2000' in Hakkinen, U. and Ollila, E. (eds), *The World Health Report (2000): What Does It Tell Us about Health Systems?* Helsinki: STAKES.

Hakkinen, U. and Ollila, E. (2000) 'The World Health Report: What Does It Tell Us about Health Systems?', *Themes from Finland*. Helsinki: STAKES.

Hall, A. and Midgley, J. (2004) *Social Policy for Development*. London: Sage.

Hall, R. and Biersteker, T. (2002) *The Emergence of Private Authority in Global Governance*. Cambridge: Cambridge University Press.

Haq, M. (1998) 'The Case for an Economic Security Council' in Paolini, A.J. and Jarvis, A.P. (eds), *Between Sovereignty and Global Governance*. Basingstoke: Macmillan.

Hardt, M. (2002) 'Porto Alegre: Today's Bandung', *New Left Review*, 14: 112–118.

Hardt, M. and Negri, A. (2000) *Empire*. Cambridge, MA: Harvard University Press.

Hardy, D. (1991) *Soft Budget Constraints, Firm Commitments and the Social Safety Net*. Washington, DC: IMF.

Heidenheimer, H., Heclo, H. and Adams, C. (1991) *Comparative Public Policy*. New York: St Martin's.

Hein, W. and Kohlmorgan, L. (2005) 'Global Health Governance: Conflicts on Global Social Rights', German Overseas Development Institute. www.duei.de/workingpapers.

Held, D. (2000) 'The Changing Contours of Political Community: Rethinking Democracy in the Context of Globalization' in Holden, B. (ed.), *Global Democracy Key Debates*. London: Routledge.

Held, D. (2004) *Global Covenant: The Social Democratic Alternative to the Washington Consensus*. Cambridge: Polity.

Held, D. (2005) *Debating Globalization*. Cambridge: Polity.

Held, D. and McGrew, A. (2002a) *Globalization/Anti-globalization*. Cambridge: Polity.

Held, D. and McGrew, A. (2002b) *Governing Globalization*. Cambridge: Polity.

Held, D., McGrew, A., Goldblatt, D. and Perrit, J. (1999) *Global Transformations*. Cambridge: Polity.

Helsinki Process on Globalisation and Democracy (2005) 'Mobilising Political Will'. www.helsinkiprocess.fi.

Helton, A. (2003) 'People Movement: The Need for a World Migration Organisation', Open Democracy. www.opendemocracy.net.

Henry, M., Lingard, B., Rizvi, F. and Taylor, S. (2001) *The OECD, Globalization and Education Policy*. London: Pergamon.
Hettne, B., Inotai, A. and Sunkel, O. (1999) *Globalism and the New Regionalism*. Basingstoke: Macmillan.
High-Level Advisory Group (2000) 'Report of the High-Level Advisory Group of Eminent Personalities and Intellectuals on Globalization and its Impact on Developing Countries'. Uruguay: Social Watch.
Hilary, J. (2005) 'DFID, UK and Public Services Privatization: Time for a Change', *Global Social Policy*, 5: 134–136.
Hines, C. (2000) *Localization: A Global Manifesto*. London: Earthscan.
Holden, C. (2002) 'The Internationalization of Long-term Care Provision: Economics and Strategy', *Global Social Policy*, 2(1), 47–67.
Holden, C. (2005a) 'Organizing Across Borders: Profit and Quality in Internationalized Providers', *International Social Work*, 48(5), 185–203.
Holden, C. (2005b) 'Global Social Policy and the Development of the Welfare State', Global Poverty and Global Justice Conference, 7–9 September, Newcastle.
Holden, C. (2006) 'Regulation, Accountability and Trade in Health Services', unpublished manuscript.
Holliday, I. (2000) 'Productivist Welfare Capitalism and Social Policy in East Asia', *Political Studies*, 48 (4): 706–723.
Holzmann, R. (1999) *The World Bank Approach to Pension Reform*. Washington, DC: World Bank, Social Protection Advisory Service.
Holzmann, R. and Jorgensen, B.N. (1999) *Social Protection as Risk Management*. Washington, DC: Human Development Net, World Bank.
Holzmann, R., Koettl, J. and Chernetsky, T. (2005) *Portability Regimes of Pension and Health Care Benefits for International Migrants: An Analysis of Good Practice*. Washington, DC: Human Development Network, World Bank.
Holzmann, R., Orenstein, M. and Rutowski, M. (2003) *Pension Reform in Europe: Process and Progress*. Washington, DC: World Bank.
Hurrell, A. and Woods, N. (1999) *Inequality, Globalization and World Politics*. Oxford: Oxford University Press.
ILO (1995) *Report of the Director General: Fifth European Regional Conference*. Geneva: ILO.
ILO (2001) *Social Security: Issues, Challenges, Prospects*. Geneva: ILO.
ILO (2004a) *Economic Security for a Better World*. Geneva: ILO.
ILO (2004b) *A Fair Globalization: The Role of the ILO*. Geneva: ILO.
ILO (2004c) *A Fair Globalization: Creating Opportunities for All*, Report of the World Commission on the Social Dimension of Globalization. Geneva: ILO.
IMF (1992) 'Statement by IMF on the Realization of Economic, Social and Cultural Rights', (E/CN.4/Sub.2/1992/1957). Washington DC: International Monetary Fund.
IMF (1995) *Social Dimensions of Change: The IMF's Policy Dialogue*. Washington DC: International Monetary Fund.
IMF (1998) 'Equity and Economic Growth', Conference Background Paper. Washington, DC: International Monetary Fund.
IMF (2001a) 'Social Dimensions of the IMF's Policy Dialogue: Fact Sheet'. www.imf.org/external/np/exr/facts/social.htm.
IMF (2001b) 'Social Impact Analysis of Economic Policies: Fact Sheet'.www.imf.org/external/np/exr/facts/sia.htm.
Jacobs, M., Lent, A. and Watkins, K. (2003) *Progressive Globalisation: Towards an International Social Democracy*. London: Fabian Society.
James, E. (2005) 'How It's Done in Chile', *Washington Post*, 13 February.
Jobbins, D. (2005) 'Will GATS Be Good for Global Quality?', *Times Higher Education Supplement*, 11 November: 10.

Jolly, R. (1991) 'Adjustment with a Human Face: A UNICEF Record and Perspective on the 1980s'. *World Development*, 19: 1807–1821.

Jolly, R., Emmerij, L. and Weiss, T. (2005) *The Power of UN Ideas: Lessons from the First Sixty Years*. Indianapolis, IN: Indiana University Press.

Jomo, K.S. (1998) *Tigers in Trouble: Financial Governance, Liberalisation and Crises in East Asia*. London: Zed Press.

Jordan, B. and Duvell, F. (2003) *Migration: The Boundaries of Equality and Justice*. Cheltenham: Edward Elgar.

Josselin, D. and Wallace, W. (2001) *Non-state Actors in World Politics*. Basingstoke: Palgrave.

Kaldor, M. (2003) *Global Civil Society*. Cambridge: Polity.

Kanbur, R. and Vine, D. (2000) 'The World Bank and Poverty Reduction: Past, Present and Future' in Gilbert, C. and Vine, D. (eds), *World Bank: Structure and Policies*. Cambridge: Cambridge University Press.

Kangas, O. and Palme, J. (2005) *Social Policy and Economic Development in the Nordic Countries*. Basingstoke: Palgrave.

Kaul, I., Grunberg, I. and Stern, M. (1999) *Global Public Goods: International Cooperation in the 21st Century*. Oxford: Oxford University Press.

Kaul, I., Conceicao, P., Goulven, K. and Mendoza, R. (2003) *Providing Global Public Goods*. Oxford: Oxford University Press.

Keet, D. and Bello, W. (2004) *Linking Alternative Regionalisms for Equitable and Sustainable Development*. Amsterdam: Transnational Institute.

Kell, G. and Levin, D. (2002) 'The Evolution of the Global Compact Network', Academy of Management Annual Conference, Building Effective Networks, Colorado, 11–14 August.

Kennet, P. (2001) *Comparative Social Policy: Theory and Practice*. Buckingham: Open University Press.

Kennet, P. (2004) *A Handbook of Comparative Social Policy*. Cheltenham: Edward Elgar.

Khor, M. (2000) *Globalization and the South: Some Critical Issues*. Penang: Third World Network.

Khor, M. (2001) *Rethinking Globalization: Critical Issues and Policy Choices*. London: Zed Press.

Khor, M. (2006) 'UN Reform Process Hotting Up', South–North Development Monitor. www.globalpolicy.org/reform.

Killick, T. and Malik, M. (1991) 'Country Experiences with IMF Programmes in the 1980s, *ODI Working Paper 47*. London: ODI.

King, K. (2005) 'Knowledge-based Aid: A New Way of Networking or a New North–South divide?' in Stone, D. and Maxwell, S. (eds), *Global Knowledge Networks and International Development*. London: Routledge.

King, K. (2006) 'Knowledge Management and the Global Agenda for Education' in Utting, P. (ed.), *Reclaiming Development Agendas*. Basingstoke: Palgrave.

Koenig-Archbugi, M. (2002) 'Mapping Global Governance' in Held, D. and McGrew, A. (eds), *Governing Globalization*. Cambridge: Polity.

Koivusalo, M. and Ollila, E. (1997) *Making a Healthy World: Agencies, Actors and Policies in International Health*. London: Zed Press.

Kopits, G. (1993) 'Towards Cost-Effective Social Security Systems' in ISSA (ed.), *The Implications for Social Security Policies of Structural Adjustment*. Geneva: ISSA.

Kopits, G. (1994) 'Social Security in Economies in Transition', *Restructuring Social Security in Central and Eastern Europe*. Geneva: ISSA.

Korpi, W. (1983) *The Democratic Class Struggle*. London: Routledge and Kegan Paul.

Krajewski, M. (2003) 'Public Services and Trade Liberalisation: Mapping the Legal Framework', *Journal of International Economic Law*, 6: 341–367.

Kuptsch, C. (2006) *Merchants of Labour*. Geneva: ILO's International Institute for Labour Studies.

Kwon, H. (2001) 'Globalisation, Unemployment and Policy Responses in Korea: Repositioning the State', *Global Social Policy*, 1(1): 213–234.

Kwon, H. (2004) *Transforming the Developmental Welfare State in East Asia*. Basingstoke: Palgrave.

Langmore, J. (2001) 'The UN Commission for Social Development, February 2001: An Opportunity for International Political Evolution', *Global Social Policy*, 1(3): 277–280.

Lee, S. (2002) 'Global Monitor: The IMF', *New Political Economy*, 7(2): 283–298.

Lee, K. (2003) *Globalization and Health*. Basingstoke: Palgrave.

Lee, K., Buse, K. and Fustukian, S. (2002) *Health Policy in a Globalising World*. Cambridge: Cambridge University Press.

Lethbridge, J. (2002) 'Venture Capital and Private Equity Investments in Health Care', GASPP Seminar No.5, Dubrovnik, 26–28 September.

Lethbridge, J. (2004) 'Investment Strategies Underpinning Policy Promotion', GASPP Seminar No.7, Hamilton, 10–11 September.

Lethbridge, J. (2005) 'The Promotion of Investment Alliances by the World Bank: Implications for National Health Policy', *Global Social Policy*, 5: 203–226.

Linklater, A. (1999) 'The Evolving Sphere of International Justice', *International Affairs*, 75: 473–482.

Lotse, C. (2006) 'Brief Summary of Discussions at UNICEF ROSA/UNRISD/UNICEF IRC Workshop on Social Policy', Kathmandu, 24–25 May.

MacGregor, K. (2005) 'South Africa Claims Free Trade Will Undermine National Values', *Times Higher Education Supplement*, 11 November.

Mackintosh, M. and Koivusalo, M. (2005) *Commercialization of Health Care*. Basingstoke: Palgrave.

Marcussen, M. (2001) 'The OECD in Search of a Role: Playing the Ideas Game', Paper presented to the European Consortium for Political Research, Grenoble, April.

Marshall, K. and Butzbach, O. (2003) *New Social Policy Agendas for Europe and Asia*. Washington, DC: World Bank.

Martens, J. (2003) *The Future of Multilateralism after Monterrey and Johannesburg*. Berlin: Friedrich Ebert Stiftung Foundation.

Martens, J. (2005) *In Larger Freedom*. Berlin: Friedrich Ebert Stiftung Foundation.

Martin, P. (2006) 'Forming Clubs in Order to Enhance Efficiency: G20 and L20 as the main committee of world politics', Speech delivered at Multilateralism in Transition: Fragmentation, Informalisation and Networking Conference, Dresden, 8–9 June.

Martin, P., Abella, M. and Kuptsch, C. (2006) *Managing Labour Migration in the Twenty-first Century*. Geneva: ILO.

Maxwell, S. (2005) 'How to Help Reform Multilateral Institutions', *Global Governance*,11(4): 415–424.

Mayo, M. (2005) *Global Citizens: Social Movements and the Challenge of Globalization*. London: Zed Press.

Mehrotra, S. (2006) 'Job Law with Right to Information Can Cut Poverty in India', *Poverty in Focus*, June: 13–14.

Mehrotra, S. and Delmonica, E. (2005) 'The Private Sector and Privatization in Social Services: Is the Washington Consensus Dead?', *Global Social Policy*, 5: 141–174.

Mehrotra, S. and Jolly, R. (1997) *Development with a Human Face*. Oxford: Clarendon.

Mertus, J. (2005) *The United Nations and Human Rights: A Guide for a New Era*. London and New York: Routledge.

Meyer, J., Frank, D., Hironaka, A. and Tuma, N. (1997) 'The Structuring of a World Environmental Regime 1870–1970', *International Organisations*, 51(4): 623–651.

Milanovic, B. (2003) 'The Two Faces of Globalization: Against Globalization as We Know It', *World Development*, 31(4): 667–683.
Mishra, R. (1999) *Globalization and the Welfare State*. Cheltenham: Edward Elgar.
Mkandawire, T. (2004) *Social Policy in a Development Context*. Basingstoke: Palgrave.
Mkandawire, T. (2006) 'Targeting and Universalism in Poverty Reduction', *Poverty in Focus*, June: 3–5.
Monbiot, G. (2003) *The Age of Consent: A Manifesto for a New World Order*. London: Flamingo.
Munck, R. (2005) *Globalization and Social Exclusion*. Bloomfield, CT: Kumarian Press.
Nayak, S. (2003) *Monopolisation of Global Public Goods? Emigration of Medical Personnel from the South to the North*. Birmingham: Centre for Development Studies.
Nayyar, D. (2002) *Governing Globalization: Issues and Institutions*. Oxford: Oxford University Press.
Neill, S. (2005) 'G77 and China: Statement by HE Stafford Neill, Permanent Representative of Jamaica, to the United Nations and Chairman of the Group of 77'. www.globalforum.org.
Newland, K. (2005) *The Governance of International Migration: Mechanisms, Processes And Institutions*, Global Commission on Migration background paper, www.gcim.org.
Norton, A., Conway, T. and Foster, M. (2000) 'Social Protection: Defining the Field of Action and Policy', *Development Policy Review*, 20: 541–567.
Nuthall, K. (2005) 'Secret Offer to Open Markets', *Times Higher Education Supplement*, 11 November.
O'Brien, R., Goetz, A.M., Scholte, J. and Williams, M. (2000) *Contesting Global Governance: Multilateral Economic Institutions and Global Social Movements*. Cambridge: Cambridge University Press.
O'Neill, O. (1991) 'Transnational Justice' in Held, D. (ed.), *Political Theory Today*. Cambridge: Polity.
Ocampo, J.A. (2006) 'Some Reflections on the Links between Social Knowledge and Social Affairs' in Utting, P. (ed.), *Reclaiming Development Agendas*. Basingstoke: Palgrave.
Ocampo, J.A. and Matin, J. (2003) *Globalization and Development: A Latin American and Caribbean Perspective*. Chile: Economic Commission for Latin America and the Carribean.
OECD (1981) *The Crisis of the Welfare State*. Paris: OECD.
OECD (1988) *Reforming Public Pensions*. Paris: OECD.
OECD (1990) *Health Care Systems in Transition*. Paris: OECD.
OECD (1991) *A Study of the Soviet Economy*. Paris: OECD with IMF, EBRD and World Bank.
OECD (1993) *Economic Integration, OECD Economies, Dynamic Asian Economies and Central and Eastern Europe*. Paris: OECD.
OECD (1994) *New Orientations for Social Policy*. Paris: OECD.
OECD (1997) *Shaping the 21st Century: The Contribution of Development Co-operation*. Paris: OECD Development Assistance Committee.
OECD (1998a) *Harmful Tax Competition: An Emerging Issue*. Paris: OECD.
OECD (1998b) *Pathways and Participation in Vocational and Technical Education*. Paris: OECD.
OECD (1999) *A Caring World: The New Social Policy Agenda*. Paris: OECD.
OECD (2000) *Towards Global Tax Co-operation: Progress in Identifying and Eliminating Harmful Tax Practices*. Paris: OECD.
OECD (2001a) *Report on the Operation of the OECD Guidelines for Multinational Enterprises*. Paris: OECD.

OECD (2001b) *Guidelines on Development Cooperation and Poverty Reduction*. Paris: OCED Development Assistance Committee.
OECD (2002a) *Ageing Societies and the Looming Pension Crisis*. Paris: OECD.
OECD (2002b) *Private Pensions Series No.4. Regulating Private Pension Schemes: Trends and Challenges*. Paris: OECD.
OECD (2004a) *Towards High-Performing Health Systems*. Paris: OECD.
OECD (2004b) *Private Health Insurance in OECD Countries*. Paris: OECD.
OECD (2004c) *The OECD's Project on Harmful Tax Practices: 2004 Progress Report*. Paris: OECD.
OECD (2005a) *Extending Opportunities: How Active Social Policy Can Benefit Us All*. Paris: OECD.
OECD (2005b) *Pensions at a Glance: Public Policies across OECD Countries*. Paris: OECD.
OECD (2005c) 'The UN Global Compact and the OCED Guidelines for Multi-national Enterprises: Complementarities and Distinctive Contributions'. www.oecd.org/investment
OECD (2005d) Sweden (2005) *DAC Peer Review: Main Findings and Recommendations*: Paris: OECD, Development Assistance Committee.
OECD (2005e) *Paris Declaration on Aid Effectiveness*. Paris: OECD:DAC.
OECD (2005f) 'The OECD's Project on Harmful Tax Practice'. www.oecd.org/ctp
OECD (2006a) 'Babies and Bosses: Balancing Work and Family Life', Briefing Paper. Paris: OECD.
OECD (2006b) *Promoting Pro-poor Growth-overarching*, Paper. Paris: OECD: DAC Network on Poverty Reduction (DCD/DAC/POVNET(2005)/REV1 27 January.
OECD (2006c) *Boosting Jobs and Incomes: Policy Lessons from Reassessing the Jobs Strategy*. Paris: OECD.
OECD 2002, 2003, 2004, 2005 (2006c) *Babies and Bosses: Reconciling Work and Family Life*, Volumes 1, 2, 3, 4 and Summary Conclusions. Paris: OECD.
Ollila, E. (2003) 'Health-related Public–Private Partnerships and the United Nations' in Deacon, B., Ollila, E., Koivusalo, M. and Stubbs, P. (eds), *Global Social Governance: Themes and Prospects*. Helsinki: Ministry for Foreign Affairs of Finland.
Open Society Institute (2005) *Restoring American Leadership: Cooperative Steps to Advance Global Progress*. Washington, DC: Open Society Institute.
Orenstein, M. (2003) 'Mapping the Diffussion of Pension Innovation' in Holzmann, R., Orenstein, M. and Rutowski, M. (eds), *Pension Reform in Europe*. Washington, DC: World Bank.
Orenstein, M. (2004) 'The New Pension Reform: Global Policy and Democratic Deliberation', *GASPP Seminar No.7 Hamilton, 9–11 September*.
Orenstein, M. (2005) 'The New Pension Reform as Global Policy', *Global Social Policy*, 5: 175–202.
Orszag, P. and J. Stiglitz. (1999) 'Rethinking Pension Reform: Ten Myths About Social Security Systems', Conference on New Ideas About Old Age Security. World Bank, Washington, DC 14–15 September.
Ortiz, I. (2006) *Social Policy Guidance Notes*. New York: UNDESA and UNDP. (June Draft.)
Oxfam (2005) 'Gleneagles: What Really Happened at the G8 Summit?' London: Oxfam Briefing Notes.
Page, S. (2000a) 'GDN Governance E-discussion'. www.worldbank.worldbank.org/hm/hmgdnet.
Page, S. (2000b) *Regionalism among Developing Countries*. Basingstoke: Macmillan.
Pagrotsky, L. (2001) *A More Equitable Globalisation*. Stockholm: Ministry of Trade.
Pal, K., Behrendt, C., Leger, F., Cichon, M. and Hagemejer, K. (2005) *Can Low-income Countries Afford Basic Social Protection*? Geneva: ILO Social Security Department.

Parmar, I. (2002) 'American Foundations and the Development of International Knowledge Networks', *Global Networks*, 2: 13–30.
Patomaki, H. (1998) *Beyond Nordic Nostalgia: Envisaging a Social Democratic System of Global Governance*. Helsinki: Network Institute for Global Democracy.
Patomaki, H. (2001) *Democratising Globalisation: The Leverage of the Tobin Tax*. London: Zed Press.
Patomaki, H. and Denys, L. (2002) *Draft Treaty on Global Currency Transaction Tax*. Nottingham: Network Institute for Global Democratization.
Patomaki, H. and Teivainen, T. (2004) *A Possible World: Democratic Transformation of Global Institutions*. London: Zed Press.
Patomaki, H. and Teivainen, T. (2005) 'The Post-Porto Alegre World Social Forum: An Open Space or a Movement of Movements'. www.forumsocialmundial.org.
Pearson, R. and Seyfang, G. (2001) 'New Hope or False Dawn: Voluntary Codes of Conduct, Labour Regulation and Social Policy in a Globalising World', *Global Social Policy*, 1(1): 49–78.
Pijl, K. van der (2003) 'Two Modes of Capitalist Incorporation', *Historical Materialism*, 11(3): 201–13.
Plant, R. (1994) 'Labour Standards and Structural Adjustment in Hungary', Occasional Paper 7, Project on Structural Adjustment. Geneva: ILO.
Pogge, T. (2002) *World Poverty and Human Rights*. Cambridge: Polity.
Pollock, A. and Price, D. (2000) 'Rewriting the Regulations', *Lancet*, 356.
Porta, D., Kriesi, H. and Rucht, D. (1999) *Social Movements in a Globalizing World*. Basingstoke: Macmillan.
Public Services International (1998) 'Transnationals in Public Services'. www.psi-int.org.
Ramesh, M. and Asher, M. (2000) *Welfare Capitalism in South East Asia*. Basingstoke: Macmillan.
Rao, V. and Walton, M. (2004) *Culture and Public Action*. Stanford, CT: Stanford University Press.
Razavi, S. and Hassim, S. (2006) *Gender and Social Policy in a Global Context*. Basingstoke: Palgrave.
Reisen, M. van (1999) *EU 'Global Player': The North–South Policy of the European Union*. Utrecht: International Books.
Reynaud, E. (2002) *The Extension of Social Security Coverage: The Approach of the International Labour Office*. Geneva: ILO, Social Security Policy and Development Branch.
Richter, J. (2004a) *Public–Private Partnerships and International Health Policy*. Helsinki: Ministry for Foreign Affairs of Finland.
Richter, J. (2004b) *Building on Quicksand: The Global Compact, Democratic Governance and Nestlé*. Geneva and Zurich: CETIM, IBFAN/GIFA and Berne Declaration.
Rieger, E. (2005) 'The Wonderous Politics of Global Ideas', *Global Social Policy*, 5: 8–14.
Rieger, E. and Leibfried, S. (2003) *Limits to Globalization*. Cambridge: Polity.
Rimlinger, G. (1971) *Welfare Policy and Industrialisation in Europe, America and Russia*. New York: Wiley.
Rischard, J. (2002) *High Noon: Twenty Global Issues and Twenty Years to Solve Them*. Oxford: Perseus.
Roberts, M.J., Hsiao, W., Berman, P. and Reich, M.R. (2003) *Getting Health Reform Right: Guidelines for Improving Performance and Equity*. Oxford: Oxford University Press.
Roodman, D. (2005) 'The 2005 Commitments to Development: Components and Results', Centre for Global Development. www.cgdev.org.
Room, G. (2004) 'Multi-tiered International Welfare Systems' in Gough, I. and Woods, G. (eds.), *Insecurity and Welfare Regimes in Asia, Africa and Latin America*. Cambridge: Cambridge University Press.

Rosenau, J. (1997) *Along the Domestic–Foreign Frontier*. Cambridge: Cambridge University Press.
Sachs, J. (2005) *The End of Poverty*. London: Penguin.
Sainsbury, D. (1994) *Gendering Welfare States*. London: Sage.
Saltman, R.B. and Buse, R. (2002) 'Balancing Regulation and Entrpreneurialism in Europe's Health Sector' in Saltman, R.B, Busse, R. and Mossialos, E. (eds.), *Regulating Entrepreneurial Behaviour in European Healthcare Systems*. Buckingham: Open University Press.
Sands, P. (2005) *Lawless World: America and the Making and Breaking of Global Rules*. London: Allen Lane.
Scharpf, F. and Schimdt, V. (2000) *Welfare and Work in the Open Economy*. Oxford: Oxford University Press.
Schechter, M. (2005) *United Nations Global Conferences*. London: Routledge.
Scherrer, C. (2002) 'The Globalization of Higher Education: The Trade Regime Dimension', GASPP Seminar Number 5: The Emerging Global Markets in Social Protection and Health, University Centre, Dubrovnik, 26–28 September.
Scholte, J. (2005) *Globalizations: A Critical Introduction*. Basingstoke: Palgrave.
Scholte, J. and Schnabel, A. (2002) *Civil Society and Global Finance*. London: Routledge.
Scholvinck, J. (2004) 'Global Governance: The World Commission on the Social Dimension of Globalisation', *Social Development Review*, 8: 8–11.
Schroeder, F. (2006) 'Innovative Sources of Finance After the Paris Conference': Friedrich Ebert Stiftung Dialogue on Globalization. Berlin: FES.
Sen, A. (1999) *Development as Freedom*. New York: Knopf.
Sen, G. (2004) 'The Relationship of Research and Activism in the Making of Policy: Lessons from Gender and Development', UNRISD Conference on Social Knowledge and International Policy Making, Geneva, 20–21 April.
Sen, G. (2006) 'The Quest for Gender Equality' in Utting, P. (ed.), *Reclaiming Development Agendas*. Basingstoke: Palgrave.
Sen, J., Arnand, A., Escobar, A. and Waterman, P. (2004) *World Social Forum: Challenging Empires*. New Delhi: Viveka Foundation.
Sexton, S. (2001) *Trading Health Care Away? GATS, Public Services and Privatisation*. Sturminster Newton: The Corner House.
Shakow, A. (2006) 'Global Fund–World Bank HIV/AIDS Programs: Comparative Advantage Study', Centre for Global Development. www.cgdev.org.
Siarrof, A. (1994) 'Work, Welfare and Gender Equality: A New Typology' in Sainsbury, D. (ed.), *Gendering Welfare States*. London: Sage.
Siddiqui, J. (1995) *World Health and World Politics*. London: Hurst.
Sigg, R. and Behrendt, C. (2002) *Social Security in the Global Village*. New Brunswick, NJ: Transaction.
Silvey, R. (2004) 'Intervention Symposium: Geographies of Anti-sweatshop Activism', *Antipode*, 36: 191–197.
Singh, A. and Zammit, A. (2000) *The Global Labour Standards Controversy*. Geneva: South Centre.
Sklair, L. (2002) *Globalization: Capitalism and Its Alternatives*. Oxford: Oxford University Press.
Soederberg, S. (2006) *Global Governance in Question*. London: Pluto.
Solimano, A. (2001) 'International Migration and the Global Economic Order', World Bank Working Paper no 2720. Washington, DC: World Bank.
Soros, G. (2002) *On Globalization*. Oxford: Public Affairs.
St Clair, A. (2006) 'Global Poverty: The Co-production of Knowledge and Politics', *Global Social Policy*, 6: 57–78.
Standing, G. (2002) *Beyond the New Paternalism: Basic Security as Equality*. London: Verso.

Stean, J. (2005) 'The Potential and Problems of Human Rights and "Humane" Governance', ESRC Workshop on Alternatives to Neo-liberal Globalisation, University of Sheffield, February.

Stern, S. and Seligmann, E. (2004) *The Partnership Principle: New Forms of Governance in the 21st Century*. London: Archetype.

Stiglitz, J. (1998) 'More Instruments and Broader Goals: Moving Towards the Post-Washington Consensus', WIDER Annual Lecture, Helsinki, 7 January.

Stone, D. (2000) *Banking on Knowledge: The Genesis of the Global Development Network*. London: Routledge.

Stone, D. (2001) 'Think-Tanks , Global Lesson-drawing and Networking Social Policy Ideas', *Global Social Policy*, 1(3): 338–360.

Stone, D. (2004) 'Better Knowledge, Better Policy, Better World: The Grand Ambitions of a Global Research Institution', *Global Social Policy*, 4: 5–8.

Stone, D. (2005) 'Knowledge Networks and Global Policy' in Stone, D. and Maxwell, S. (eds), *Global Knowledge Networks and International Development*. London: Routledge.

Stone, D. and Maxwell, S. (2005) *Global Knowledge Networks and International Development*. London: Routledge.

Stone, D. and Wright, C. (eds) (forthcoming) *The World Bank's Decade of Reform and Reaction*. London: Routledge.

Strang, D. and Chang, P. (1993) 'The ILO and the Welfare State: Institutional Effects on National Welfare Spending', *International Organisation*, 47.

Streck, C. (2002) 'Global Public Policy Networks as Coalitions for Change' in Esty, D. and Ivanova, M. (eds), *Global Environmental Governance: Options and Opportunities*. Yale, NJ: Yale University Press.

Stubbs, P. (2003) 'International Non-state Actors and Social Development Policy', *Global Social Policy*, 3(3): 319–348.

Stubbs, P. (2005) 'Multi-level Governance and Policy Transfer in South Eastern Europe', SEERC Workshop, Zagreb, 4–5 February.

Stubbs, P. (2006) 'Towards an Ethnography of Welfare Reform', Baltics to Balkans seminar, Bristol, 8 February.

Subbarao, D. and Bonnerjee, A. (1997) *Safety Net Programs and Poverty Reduction: Lessons from Cross-Country Experiences*. Washington, DC: World Bank.

Sundaram, J.K. (2006) 'Current UN Reforms and Its Implications for Social Policy Work', UNICEF ROSA UNRISD UNICEF IRC Workshop on Social Policy: Towards Universal Coverage and Transformation for Achieving the MDGs, Kathmandu, 24–25 May.

Swank, D. (2002) *Global Capital, Political Institutions, and Policy Change*. Cambridge: Cambridge University Press.

Sykes, R., Palier, B. and Prior, P. (2001) *Globalization and European Welfare States: Challenges and Change*. Basingstoke: Macmillan.

Szalai, J. (2005) 'Poverty Traps of Post-Communist Welfare Reform in Hungary: A Fourth World of Welfare Capitalism on the Rise?', International Sociological Association RC19: Retheorising Welfare States, Chicago, 8–10 September.

Tanzi, V. (1992) *Fiscal Policies in Economies in Transition*. Washington, DC: IMF.

Tanzi, V. (1993) 'Transition to Market: Studies in Fiscal Reform', Washington, DC: IMF.

Taylor, L. (2000) *Liberalisation, Economic Development and Social Policy*. Oxford: Oxford University Press.

Tendler, J. (2004) 'Why Social Policy Is Condemned to a Residual Category of Safety Nets and What to Do About It' in T. Mkandawire (ed.), *Social Policy in a Development Context*. Basingstoke: Palgrave.

Therborn, G. (2000) 'Globalizations: Dimensions, Historical Waves, Regional Effects, Normative Govenance', *International Sociology*, 15: 151–179.

Thomas, M. (2005) 'Migrant Labour, Citizenship and Social Provision in Comtemporary Welfare States', ISA Research Committee 19, Annual Conference, Chicago: North West University. September.

Thomas, S. (2000) 'Taking Religious and Cultural Pluralism Seriously: The Global Resurgence of Religion and the Transformation of International Society', *Millennium: Journal of International Studies*, 29: 815–841.

Thompson, G. (2005) 'Alternative Globalizations', Presentation at ESRC Seminar on Alternative Globalizations, Sheffield, April.

Threlfall, M. (2002) 'The European Union's Social Policy: From Labour to Welfare and Constitutionalised Rights?' in Sykes, R., Bochel, C. and Ellison, N. (eds), *Social Policy Review 14*. Bristol: Policy.

Titmuss, R. (1974) *Social Policy*. London: Allen and Unwin.

Townsend, P. (2004) 'From Universalism to Safety Nets: The Rise and Fall of Kenynesian Influence on Social Development' in Mkandawire, T. (ed.), *Social Policy in a Development Context*. Basingstoke: Palgrave.

Townsend, P. and Gordon, D. (2002) *World Poverty: New Policies to Defeat an Old Enemy*. Bristol: Policy.

Toye, J. and Toye, R. (2006) 'The World Bank as a Knowledge Bank' in Utting, P. (ed.), *Reclaiming Development Agendas*. Basingstoke: Palgrave.

Transnational Institute (2004) 'Report of Alternative Regionalisms Programme'. www.tni.org.

Trogemann, G. (2006) 'Conference Verbal Contribution', Mulilateralism in Transition, The Development and Peace Foundation's Summer Dialogue, Dresden, 8–9 June.

UKDFID (2000a) *Realising Human Rights for Poor People*. London: Department for International Development.

UKDFID (2000b) *Making Globalisation Work for the World's Poor*. London: UKDFID.

UKDFID (2006a) *Eliminating World Poverty: Making Governance Work for the Poor*. London: UK Government, DFID.

UKDFID (2006b) 'DFID and the G8 Presidency 2005: Gleneagles Implementation Plan for Africa'.

UN Millennium Project (2005a) *Towards Universal Primary Education: Investments, Incentives, and Institutions: Task Force on Education and Gender Equality*. London: EarthScan.

UN Millennium Project (2005b) 'Investing in Development: A Practical Plan to Achieve the Millennium Development Goals. Overview'. New York: UNDP.

UN Millennium Project (2005c) 'Who's Got the Power? Transforming Health Systems for Women and Children. Summary Report of the Task Force on Child Health and Maternal Health.' New York: UNDP.

UN Secretary-General (2000) *We the Peoples: The Role of the United Nations in the 21st Century*. New York: United Nations Department of Public Information.

UN Secretary-General (2001) *Enhancing Social Protection and Reducing Vulnerability in a Globalizing World*. Commission for Social Development E/CN.5/2001/2002. New York: UN Economic and Social Council.

UN Secretary-General (2002) *Strengthening the United Nations: An Agenda for Further Change (A/57/387)*. New York: United Nations.

UN Secretary-General (2004) *Improving Public Service Effectiveness*. Commission for Social Development. E/CN.5/2004/(2005). New York: United Nations, Economic and Social Council.

UN Secretary-General (2005a) *Review of the Further Implementation of the World Summit for Social Development and the Outcome of the 24th Session of the General Assembly: E/CN.5.2005/2006*. New York: United Nations: Economic and Social Council, Commission for Social Development.

UN Secretary-General (2005b) 'In Larger Freedom: Towards Development Security and Rights for All, Report to the UN summit 2005'. UN Doc A/59/(2005). New York: United Nations.

UN Secretary-General (2006a) 'Coherence, Coordination and Cooperation in the Context of the Implementation of the Monterrey Consensus and the 2005 World Summit Outcome'. New York: Note by Sec. Gen. for Special High Level Meeting of ECOSOC with the Bretton Woods institutions, WTO, UNCTAD.

UN Secretary-General (2006b) 'Report of the Secretary-General on the Theme of the 2006 ECOSOC Coordination Segment'. New York: UN (Advanced unedited version).

UNCTAD (2006) *Doubling Aid: Making the 'Big Push' Work*. New York: UNCTAD.

UNDESA (2001) *World Public Sector Report: Globalization and the State*. New York: Division for Public Administration and Development Management.

UNDESA (2003) *Report on the World Social Situation (2003)*. New York: Division of Social Policy and Development.

UNDESA (2004) 'Agreed Conclusions on Public Sector Effectiveness', Commission for Social Development, 42nd Session, New York, 4–13 February.

UNDESA (2005a) *Report on the World Social Situation: The Inequality Predicament*. New York: Division for Social Policy and Development.

UNDESA (2005b) *Equity, Inequalities and Interdependence, Summary of the Debate at International Forum for Social Development, 4th Meeting, 5–6 October 2004*. New York: Division for Social Policy and Development.

UNDESA (2005c) Progress Towards the Millennium Development Goals. New York: UNDESA Statistical Division.

UNDESA (2006) *Social Justice in an Open World: The Role of the United Nations*. New York: The International Forum for Social Development, Division for Social Policy and Development.

UNDP (2003) *Human Development Report 2003: Millennium Development Goals: A Compact among Nations to End Human Poverty*. New York and Oxford: Oxford University Press.

UNDP (2005) *Human Development Report 2005: International Cooperation at a Cross Roads, Aid Trade and Security in an Unequal World*. Oxford: Oxford University Press.

UNESCO (1990) *World Declaration on Education for All: Adopted at the World Education Forum, Jomtien, Thailand*. Paris: UNESCO.

UNESCO (2000) *The Dakar Framework for Action: Adopted at the World Education Forum, Senegal, 26–28 April 2000*. Paris: UNESCO.

UNESCO (2002a) *Medium-term Strategy: Contributing to Peace and Human Development in an Era of Globalization through Education, the Sciences, Culture and Communication*. Paris: UNESCO.

UNESCO (2002b) *An International Strategy to Put the Dakar Framework for Action on Education for All into Operation, April (2002)*. Paris: UNESCO.

UNESCO (2004) *Education for All: The Quality Imperative. EFA Global Monitoring Report (2005)*. Paris: UNESCO.

UNESCO (2005) *Guidelines for Quality Provision in Cross-Border Higher Education*. Paris: OECD.

UNESCO (2006) 'Buenos Aires Declaration', *UNESCO Social and Human Sciences Newsletter*, 12(March–May): 16–17.

UNICEF (1993 et seq.) 'Economies in Transition Regional Monitoring Reports'. Florence: UNICEF International Child Development Centre.

UNICEF (1995) *The State of the World's Children*. New York: UNICEF.

UNICEF (2006a) 'UNICEF's Corporate Partnerships', New York. www.unicef.org.

UNICEF (2006b) 'Convention on the Rights of the Child', New York. www.unicef.org.

United Nations (1995) *Report of the World Summit for Social Development*. New York: United Nations.

United Nations (2001) 'Recommendations of the High-Level Panel on Financing for Development'. New York: United Nations.

United Nations (2005a) '2005 World Summit Outcome A/60/L.1'. www.un.org (accessed 17th September 2005)

United Nations (2005b) 'Revised Draft Outcome of the High-Level Plenary Meeting of the General Assembly of September 2005 (A/59/HLPM/CRP.1/Rev2), Annotated US Proposed Version'. New York: United Nations.

United Nations (2006a) 'Report of Global Commission on International Migration: Migration in an Interconnected World: New Directions for Action'. New York, CGIM. www.gcim.org.

United Nations (2006b) 'Delivering as One: Report of the Secretary-General's High-Level Panel'. New York: United Nations.

United Nations Economic and Security Council (2005) *Achieving the Internationally Agreed Development Goals: Dialogues at the ECOSOC*. New York: United Nations.

United Nations Statistical Division (2005b) 'Millennium Development Goals Report 2005'. New York: United Nations.

United Nations System Chief Executive Board for Coordination (2002) 'High Level Committee on Management: Overview and Terms of Reference'. www.ceb.unsystem.org/hlcm/overview.htm.

UNRISD (2005) *Gender Equality: Striving for Justice in an Unequal World*. Geneva: UNRISD.

Utting, P. (2000) *Business Responsibility for Sustainable Development*. Geneva: UNRISD.

Utting, P. (2006a) *Reclaiming Development Agendas*. Basingstoke: Palgrave.

Utting, P. (2006b) 'Introduction: Reclaiming Development Agendas' in Utting, P. (ed.), *Reclaiming Development Agendas*. Basingstoke: Palgrave.

Valdes, J. (1995) *Pinochet's Economists: The Chicago School in Chile*. Cambridge: Cambridge University Press.

Vasquez, E. and Mendizal, E. (2001) 'States and Challenges of Social Protection Policies in Latin America', *Cooperation South*, (2): 4–30.

Voipio, T. (2006) 'The Overarching Paper', personal correspondence.

Wade, R. (2001) 'Showdown at the World Bank', *New Left Review*, 7: 124–137.

Wade, R. (2002) 'Us Hegemony and the World Bank: The Fight over People and Ideas', *Review of International Political Economy*, 9: 215–243.

Wade, R. (2004) 'On the Causes of Widening World Income Inequality', *New Political Economy*, 9: 163–188.

Wagstaff, A., van Doorslaer, E., van der Burg, H., Calonge, S., Christiansen, T., Citoni, G., Gerdtham, M.G., Gross, L. and Hakinnen, U. (1999) 'Equity in the Financing of Healthcare: Some Further International Comparisons', *Journal of Health Economics*, 18: 263–290.

Wahl, P. (2006) *From Concept to Reality: On the Present State of the Debate on International Taxes*. Berlin: Friedrich-Ebert-Stiftung Foundation.

Wainwright, H. (2005a) 'Civil Society, Democracy and Power: Global Connections' in Anheier, H., Glasius, M. and Kaldor, M. (eds.), *Global Civil Society 2004–2005*. London: Sage.

Wainwright, H. (2005b) 'WSF on Trial'. www.forumsocialmondial.org.

Wallerstein, I. (2004) 'The Dilemmas of Open Space: The Future of the WSF', *International Social Science Review*, 56(4): 629–637.

Walt, G. (1993) 'WHO Under Stress: Implications for Health Policy', *Health Policy*, 24: 125–144.

War on Want (2004) *Tax Havens and Tax Competition*. London: War on Want.

War on Want (2005) *Profiting from Poverty: Privatisation Consultants, DFID and Public Services*. London: War on Want.

Waterman, P. and Timms, J. (2005) 'Trade Union Internationalism and Global Civil Society in the Making' in Anheir, H., Glasius, M. and Kaldor, M. (eds.), *Global Civil Society 2004–2005*. London: Sage.

Watkins, F. (2000) *The Oxfam Education Report*. Oxford: Oxfam.

Wedel, J. (1998) *Collision and Collusion: The Strange Case of Western Aid to Eastern Europe*. New York: St Martin's.

Wedel, J. (2000) 'US Economic Aid to Russia: A Case Study in Subcontracting Governance' in Deacon, B. (ed.), *Civil Society, NGOs and Global Governance*, GASPP Occasional Paper 7, 33–44.

Wedel, J. (2004) '"Studying Through" a Globalizing World: Building Method Through Aidnographies' in Gould, J. and Secher Marcussen, H. (eds.), *Ethnographies of Aid: Exploring Development Texts Encounters*. Roskilde University IDS Occasional Paper 24, 149–174.

Weiss, L. (2003) *States in the Global Economy*. Cambridge: Cambridge University Press.

WHO (1978) *Alma Ata Declaration: Primary Health Care*. Geneva: WHO.

WHO (1981) *Global Strategy for Health for All by the Year 2000*. Geneva: WHO.

WHO (2000) *The World Health Report (2000): Health Systems, Improving Performance*. Geneva: WHO.

WHO (2001a) *Public Health and Trade: A Guide to the Multilateral Trade Agreement (January 2001 version)*. Geneva: WHO.

WHO (2001b) *Macroeconomics and Health: Investing in Health for Economic Development*. Geneva: WHO, Commission on Macroeconomics and Health.

WHO/ WTO (2002) *WTO Agreements and Public Health: A Joint Study by the WHO and WTO Secretariat*. Geneva: WTO/WHO.

Wilensky, H. and Lebeaux, C. (1958) *Industrial Society and Social Welfare*. New York: Russel Sage.

Wilkinson, R. (2002) 'Global Monitor: The WTO', *New Political Economy*, 7(1): 129–141.

Williams, F. (1989) *Social Policy: A Critical Introduction*. Cambridge: Polity.

Williams, F. (2001) 'Race/Ethnicity, Gender and Class in Welfare States: A Framework for Comparative Analysis', in Fink, J., Lewis, G. and Clarke, J. (eds.), *Rethinking European Welfare*. London: Sage.

Williams, F. (2005) 'Intersecting Issues of Gender, "Race" and Migration in The Changing Care Regimes of UK, Sweden and Spain', Annual Conference of the International Sociological Association's RC19, Chicago, 8–10 September.

Witte, J.M., Reinicke, W.H. and Bennet, T. (2000) Beyond Multilateralism: Global Public Policy Networks. *International Politics and Society*, 2.

Wolf, M. (2006) 'Modernizing the IMF', *Finance Times*, 21 February.

Woodward, D. (2005) 'The GATS and Trade in Health Services: Implications for Health Care in Developing Countries', *Review of International Political Economy*, 12: 511–534.

Woodward, R. (2004a) 'The Organisation for Economic Cooperation and Development', *New Political Economy*, 9: 113–127.

Woodward, R. (2004b) 'Global Monitor: The OECD', *New Political Economy*, 9(1): 113–127.

Woolcock, S. (1995) 'The Trade and Labour Standards Debate: Overburdening or Defending the Multilateral System', Paper for the CRUSA/RIIA Study Group, Oxford.

World Bank (1990) WDR2000: Poverty. Washington, DC: World Bank.

World Bank (1991) *Assistance Strategies to Reduce Poverty*. Washington, DC: World Bank.

World Bank (1992) *Poverty Reduction Handbook*. Washington, DC: World Bank.

World Bank (1992) *Education: Section Strategy*. Washington, DC: World Bank.

World Bank (1993) *WDR1993: Investing in Health*. Washington, DC: World Bank.

World Bank (1994a) *Higher Education: The Lessons of Experience*. Washington, DC: World Bank.

World Bank (1994b) *Averting the Old Age Crisis*. Washington, DC: World Bank.
World Bank (1996) *WDR1996: From Plan to Market*. Washington, DC: World Bank.
World Bank (1997) *Health, Nutrition and Population: Sector Strategy*. Washington, DC: Human Development Network, World Bank.
World Bank (1999a) *Education Sector Strategy Paper*. Washington DC: World Bank.
World Bank (1999b) 'Principles of Good Practice in Social Policy: A Draft Outline for Discussion and Guidance', paper for Executive Directors meeting as a committee of the whole, April 1st.
World Bank (1999c) 'Principles and Good Practice in Social Policy: An Outline for Discussion and Guidance', paper for joint development committee of World Bank and IMF, April 28th.
World Bank (1999d) 'Principles and Good Practice in Social Policy', communiqué of Development Committee, 28 April.
World Bank (2000) 'Global Public Goods', Paper for Joint Development Committee of World Bank and IMF. Washington, DC: World Bank.
World Bank (2001a) *WDR 2000/2001: Poverty*. Washington, DC: World Bank.
World Bank (2001b) 'ECOSOC–Bretton Woods Dialogue', Communiqué of Joint Development Committee of IMF and World Bank. Washington, DC: World Bank.
World Bank (2002a) *Policy Roots of Economic Crisis and Poverty*. Washington, DC: World Bank.
World Bank (2002b) *Private Sector Development Strategy*. Washington, DC: World Bank.
World Bank (2003a) *The Contribution of Social Protection to the Millennium Development Goals*. Washington, DC: World Bank: Social Protection Advisory Service.
World Bank (2003b) *Opening Doors: Education and the World Bank*. Washington, DC: World Bank Human Development Network.
World Bank (2003c) *WDR2004: Making Services Work for Poor People*. Washington, DC: World Bank.
World Bank (2004a) *Education for All-fast Track Initiative: Accelerating Progress Towards Quality Universal Primary Education*. Washington, DC: World Bank, Education Advisory Service.
World Bank (2004b) *The World Bank and the Copenhagen Declaration: Ten Years After*. Washington, DC: World Bank, Social Development Department.
World Bank (2004c) *Education Notes*. Washington, DC: World Bank.
World Bank (2005a) *World Development Report 2006: Equity and Development*. Washington, DC: World Bank.
World Bank (2005b) 'Flagship Global Course on Health Sector Reform and Sustainable Financing'. www.worldbank/WBSITE/EXTERNAL/TOPICS/EXHEALTHNUTRITIONANDPOPULATION.
World Bank (2005d) *Empowering People by Transforming Institutions: Social Development in World Bank Operations*. Washington, DC: World Bank.
World Bank Institute (2006) Conference on Conditional Cash Transfers (CCTs), Istanbul, Turkey, June. www.worldbankinstitute.org.
World Development Movement (2006) *Pipe Dreams: The Failure of the Private Sector to Invest in Water Services in Developing Countries*. London: World Development Movement.
World Economic Forum (2005) 'Finance for Development Initiative'. www.wef.org.
World Trade Organisation (1996) *Guidelines for Arrangements on Relations with Non-Governmental Organisations*. Geneva: WTO.
Yeates, N. (2001) *Globalization and Social Policy*. London: Sage.
Yeates, N. (2004) 'Global Care Chains: Critical Reflections and Lines of Enquiry', *International Feminist Journal of Politics*, 6: 369–392.

Yeates, N. (2005a) 'The General Agreement on Trade in Services (GATS): What's in it for Social Security?', *International Social Security Review*, 58: 3–22.

Yeates, N. (2005b) *Globalization and Social Policy in a Development Context: Regional Responses*. Geneva: UNRISD.

Yeates, N. and Deacon, B. (2006) 'Globalism, Regionalism and Social Policy: Framing the Debate', UNESCO, High-Level Symposium on the Social Dimension of Regionalism, Montevideo, 21–23 February.

Zammit, A. (2003) *Development at Risk: Rethinking UN–Business Partnerships*. Geneva: South Centre-UNRISD.

附　　录

附录一　数据及表格列表

表格 1.2 来自 Gough and Woods G（2004）：Insecurity and Welfare Regimes in Asia, Africa and Latin America, Cambridge：Cambridge University Press.

表格 5.1 来自 Stubbs P（2003）：'International Non-state Actors and Social Development Policy', Global Social Policy, 3(3)：319－348.

表格 6.1 来自 Oxfam（2005）：'Gleneagles：What Really Happened at the G8 Summit'. Briefing Notes.

表格 6.2 改编自 Atkinson A（ed.）（2005）：New Sources of Development Finance. Oxford：Oxford University Press. 由 Oxford University Press 授权。

附录二　缩写与首字母缩略词

ADB	亚洲开发银行
AIDC	替代信息和发展中心
AIDS	获得性免疫缺乏综合征，即艾滋病
APEC	亚太经济合作组织
ASEAN	东南亚国家联盟（东盟）
ASEM	亚欧会议
AU	非洲联盟（非盟）
BIAC	商业与工业顾问委员会
CAN	安第斯国家共同体
CCMs	国家协调机制
CDF	综合发展框架
CEDAW	消除歧视妇女委员会
CERD	消除一切形式种族歧视委员会
CERI	教育研究与创新中心
CESCR	经济、社会及文化权利委员会
CLASCO	拉丁美洲社会服务理事会
CODESRIA	西非社会科学委员会
CRC	儿童权利公约
CROP	贫困比较研究计划
CSD	社会发展委员会
CSI	（美国）服务业联盟
CSR	企业社会责任
CUT	（巴西）中央工会联合会
DAWN	新时代妇女发展战略选择
DFID	国际发展部门
ECLAC	拉丁美洲和加勒比地区经济委员会

ECOSOC	联合国经济和社会理事会
EDRC	经济发展监督委员会
EFA	全民教育
EFA－FTI	全民教育快车道计划
ESCAP	亚太经济与社会委员会
ESSD	环境与社会可持续发展
ETI	道德贸易倡议
EU	欧盟
FDI	国际直接投资
FPSI	金融、私人部门和基础设施
FTAA	美洲自由贸易区
FTO	公平贸易组织
GAPS	公共服务总协定
GASPP	全球化与社会政策方案
GATS	服务贸易总协定
GATT	关贸总协定
GAVI	疫苗和免疫全球联盟
GCC	全球企业公民权
GDP	国内生产总值
GDN	全球发展网络
GINS	世界议题网络
GCIM	国际移民全球委员会
GNI	国民总收入
GNP	国民生产总值
GPPN	全球公共政策网络
GSM	全球社会运动
HD	人类发展网络
HDI	人类发展指数
HDR	人类发展年度报告

HIPC	重债穷国
HRC	人权委员会
IADB	泛美开发银行
IBASE	巴西社会与经济研究所
IBRD	国际复兴开发银行
ICC	国际商会
ICCs	国际咨询公司
ICCPR	公民权利和政治权利国际公约
ICEDAW	消除对妇女一切形式歧视公约
ICERD	消除一切形式种族歧视国际公约
ICESCR	经济、社会及文化权利国际公约
ICFTU	国际自由工会联盟
ICU	国际清算组织联盟
IDA	国际开发协会
IDB	泛美开发银行
IDPF	国际药品采购机构
IFC	国际金融组织
IFF	国际金融机构
IFFIm	免疫国际金融机构
ILO	国际劳工组织
ILOSES	国际劳工组织社会与经济安全方案
IMF	国际货币基金组织
IMO	国际移民组织
INGO	国际非政府组织
ISO	国际标准化组织
KNET	知识网络
MDGs	千年发展目标
MEI	多边经济机构
MERCOSUR	南方共同市场

MOST	社会转型计划管理（针对联合国教科文组织）
NGO	非政府组织
NHRIs	国家人权机构
NHS	国家医疗服务体系
OCS	运营核心服务
ODA	官方发展援助
ODC	海外发展合作
OECD	经济合作与发展组织
OECD：DAC	经合组织开发援助委员会
OHCHR	人权事务高级专员办公室
OMC	开放式协调方法
PSYG	现收现付制
PHARE	波兰与匈牙利经济援助
PPPs	公私伙伴关系
PREM	扶贫与经济管理
PRGF	减贫与增能贷款政策
PRSP	减贫战略文件
PSI	贫困战略倡议
SA8000	社会责任标准
SAARC	南亚区域合作协会
SADC	南部非洲发展共同体
SAI	社会责任国际
SAPRIN	结构调整与参与审查倡议
SARN	南亚性别法研究网络
SARS	严重急性呼吸道综合征，俗称非典型肺炎
SDD	（世界银行）社会发展部门
SDR	（国际货币基金组织的）特别提款权
SPS	实施卫生与植物检疫措施协议
SPS	（世界银行）社会保障部门

SPSP	社会保障战略文件
SRM	社会风险管理
TBT	贸易技术壁垒
TFESSD	环境与社会可持续发展信托基金
TNC	跨国公司
TNI	跨国专业机构
TRIPs	与贸易有关的知识产权
TUAC	工业咨询委员会
TWN	第三世界网络
UDHR	世界人权宣言
UKDFID	英国国际发展部
UN	联合国
UNCED	联合国环境与发展会议
UNCTAD	联合国贸易与发展会议
UNDESA	联合国经济和社会事务部
UNDP	联合国开发计划署
UNDPTCDC	联合国开发计划署发起的发展中国家间的技术合作项目
UNEP	联合国环境规划署
UNESCO	联合国教科文组织
UNHCR	联合国难民事务高级专员公署
UNHDR	联合国人类发展报告
UNICEF	联合国儿童基金会
UNIDO	联合国国际发展署
UNRISD	联合国社会发展研究机构
UNUCRIS	联合国大学区域一体化研究中心
USAID	联合国国际发展局
WDR	世界发展报告
WEF	世界经济论坛
WFTU	世界工会联合会

WHA	世界卫生大会
WHO	世界卫生组织
WSF	世界社会论坛
WTO	世界贸易组织

致　谢

本书的完成，首先感谢曾与我交流合作过的很多国际公职人员，以及在全球化与社会政策方案项目中与我密切合作的芬兰同事（梅里·科沃萨拉、埃娃·奥利拉、明娜·伊尔瓦）。其次，我想感谢那些对我所写作的价值给予肯定和信任以及品酒畅谈时迸发了许多灵感的同仁们，他们是：格里·莱弗里、桑托什·梅洛特拉、盖伊·斯坦丁、保罗·斯塔布斯、蒂莫·沃皮奥和尼古拉斯·耶茨。再次，我想感谢我的家人们，感谢我的妻子琳达对我情感和生活等方面的照料和支持，还有我们的六个孩子（他们大多已经成人），以及我的岳父和我的宠物狗的照顾者雷吉，虽然他们有时不太认同我。最后，谢谢我在谢菲尔德的学生们，以及我的博士生亚历山德拉，他读过我写的每一篇文章和评论。还要感谢曾经给过我很多有价值的建议的两位评审专家，以及在 SAGE 出版公司（世哲出版公司）工作的佐伊·埃利奥特和安娜·卢克，感谢他们的包容和支持。

斯基普威思

霍利·豪斯

2006 年 7 月 20 日

译 后 记

《全球社会政策与治理》是一本关于全球社会政策、社会发展、国际关系和全球化的专著。本书的研究核心围绕社会政策、社会发展、国际关系和全球化展开，关注的焦点是各个国际行为主体（国际组织）所参与和推动的国家社会政策的发展与对策，以及作为新兴的超国家的社会政策、全球再分配、全球社会规则和全球社会权利机制等。本书的内容重点围绕两个方面内容，即不同国际组织推动并参与的不同国家社会政策的发展脉络，以及当前创新型的跨国社会政策与全球资源再分配、全球社会规则和全球社会权利机制等。

该著作的作者是鲍勃·迪肯教授。鲍勃·迪肯教授（1944—2017）是英国约克大学全球社会政策专业荣誉教授和英国谢菲尔德大学国际社会政策专业荣誉教授。1966 年，在英国伦敦经济学院担任科研助理时，鲍勃·迪肯教授便开始了对社会政策的研究和思考。自 1969 年起，他开始在北伦敦理工学院担任讲师，主讲社会政策课程。1974 年至 1987 年期间，他在普利茅斯理工学院担任社会政策方面的学术顾问。他于 1980 年参与创办了《批判社会政策》期刊，该期刊及其年度会议促成了英国高等教育和国际社会对社会政策采取更积极的立场。在 1987 年至 1997 年间，鲍勃·迪肯在利兹大都会大学担任社会政策系主任。1991 年，他与人合作创办了《欧洲社会政策期刊》。这本期刊至今仍是欧洲比较福利分析的重要期刊之一。从 20 世纪 90 年代中期开始，鲍勃·迪肯教授将其研究专注于全球社会政策领域，涉及世界各国各地区的社会福利和社会正义，其研究框架大致可以概括为监管、权利和再分配三个方面。他先后出版了《全球社会政策：国际组织和福利的未来》《全球社会政策和治理》《全球社会政策在制定：社会保护底线的基础》。这三本著作使其在该研究领域产生了重要的影响作用。1997 年，他来到谢菲尔德大学，成为国际社会政策教授，拟制了《全球化和社会政策方案》（GASPP）。这份方案最初是与芬兰赫尔辛基国家福利和健康研究中心合作的。该方案后来得到了积极的推广。此后，他再次创办了一本有影响力的期刊《全球社会政策》。该期刊于 2001 年首次出版。2011 年，他成为教科文组织区域一体化、移民和人民自由行动方面的主席。退休后，他成为约克大学全球社会政策荣誉教授，继续教授、研究和倡导全球社会正义。此外，他还开发了一些关于全球社会政策的首批研究生课程，包括谢菲尔德大学的硕士学位和世界大学网络内的硕士课程。鲍勃·迪肯教授对全球社会政策研究领域的发展起到了开创性的影响作用。他毕生致力于教学、研究和倡导寻找“现有体制的改革方向，以及超越资本主义和国家社会主义运动的可能性”。国际劳工组织社会保护主任伊莎贝尔·奥尔蒂斯将鲍勃·迪肯描述为“社会政策的巨人”。作为一名学者，他培养并影响了一批又一批致力于社会进步、社会正义、全球社会政策的研究人员、决策者及活动家。

本书的核心内容包括两个层面：关于由国际行为主体（例如国际组织）所参与和推动的国家社会政策的发展与对策，以及关于作为新兴的超国家的社会政策和全球再分配、全球社会规则和全球社会权利机制等。本书根据各个国际行为主体的工作职能的不同，分类别进行了梳理并回顾了其参与及制定各类跨国家、跨地区的社会政策。在此基础上，作者试图构建一个在区域和全球层面上超越国家的社会政策与治理的体系。这个治理体系不同于新自由主义全球化的思路，而是试图开创另一种发展思路。关于全球再分配、全球社会治理以及全球社会权利等方面，本书在政策分析层面给予了全面的分析与探讨。本书还关注跨国家层面上的社会福利与全球政治问题。在主体内容中，作者引用了大量案例并不仅仅论述某个特定国家所受到的全球化的影响，或全球新自由主义的经济压力对一些福利国家的改变及其程度。作者提出的社会政策治理和全球治理框架，反映了变化中的国际政治某些方面新的发展趋势，有助于人们对国际秩序的分析。其建构的“全球社会治理”的构想是一个值得深入研究的议题。

在翻译上，我们遵循了专著翻译的基本工作原则，但是要让译文全部展现原作的研究结论与思想脉络，又保持原作的写作特色及行文通畅度，这并非易事。在原作翻译过程中，这些文字片段需要结合上下文多次推敲，才能准确把握作者在该处的价值判断。有些关键词句，作者会运用比喻的手法来讲述。在翻译这些词句的过程中，我们通常从比喻的本身意义入手，在汉语文字中寻找恰当的用词。整个翻译的过程对于译者而言，是与原作者的思想进行交流和碰撞的过程。在翻译原著的前期工作中，译者将大量的精力用于了解作者的研究背景及适应作者的行文特点上，因此前半段的翻译进展较慢。当进入本著作的第三部分以后，翻译工作逐渐变得顺畅。令人遗憾的是，在本书的翻译过程中作者离开了人世。我们以本书中文译本的出版来表达对鲍勃·迪肯教授深深的怀念。今后，译者希望能更多地接触相关的研究主题，通过自己的翻译工作将鲍勃·迪肯教授的研究成果让更多的读者看到。

内 容 提 要

本书的研究核心围绕社会政策、社会发展、国际关系和全球化展开，关注的焦点是各个国际行为主体（国际组织）所参与和推动的国家社会政策的发展与对策，作为新兴的超国家的社会政策以及全球再分配、全球社会规则和全球社会权利机制等。作者提出的社会政策治理和全球治理框架，反映了变化中的国际政治领域一些新的发展趋势，有助于人们对国际秩序的分析。其提出的“全球社会治理”的构想是一个值得深入研究的议题。本书适合从事社会管理与社会政策研究、学习的学者、教师、本专科学生以及实务工作者参考。